大型会展项目
全过程工程咨询服务模式和应用

张 辉 主编

中国建筑工业出版社

图书在版编目（CIP）数据

大型会展项目全过程工程咨询服务模式和应用／张辉主编．—北京：中国建筑工业出版社，2020.9
ISBN 978-7-112-25180-3

Ⅰ.①大… Ⅱ.①张… Ⅲ.①展览会 — 建筑工程 — 咨询服务 Ⅳ.① F407.9

中国版本图书馆CIP数据核字（2020）第086842号

　　本书作者结合自身多年的大型会展项目管理经验，对会展项目建设全过程的咨询管理重点进行了提炼总结。全书共分为 10 章，包括：全过程工程咨询概述、大型会展项目全过程工程咨询服务、大型会展项目前期策划管理、大型会展项目投资控制、大型会展项目设计管理、大型会展项目进度控制、大型会展项目质量管理、大型会展项目安全管理、大型会展项目改造管理、大型会展项目信息及BIM 管理。内容全面、实用性强，可供会展项目投资方及工程参建各方参考使用。

责任编辑：王砾瑶　范业庶
责任校对：张　颖

大型会展项目全过程工程咨询服务模式和应用
张　辉　主编
＊
中国建筑工业出版社出版、发行（北京海淀三里河路9号）
各地新华书店、建筑书店经销
北京点击世代文化传媒有限公司制版
北京建筑工业印刷厂印刷
＊
开本：787×1092毫米　1/16　印张：13　字数：235千字
2020年9月第一版　2020年9月第一次印刷
定价：59.00元
ISBN 978-7-112-25180-3
（35901）

本书编审委员会

主　任：张　强

副主任：孙亚龙　庄国方　薄卫彪　曾立强

委　员（排名不分先后）：

本书编写委员会

主 编：张 辉

编 委（排名不分先后）：

随着经济贸易的全球化高速发展，我国对高标准、大规模的展览需求越来越高，我国会展业进入了高速发展阶段，大型场馆建设和既有场馆更新改造日益增多。当代会展业的发展水平、展览的运作方式和现代化的展示技术等，带来了会展建筑全新的创新需求，催生了新型现代化会展建筑向建设规模化、功能多元化方向发展。

全过程工程咨询作为建设项目工程咨询发展的方向，打破了目前工程咨询行业碎片式的生产方式，面对工程建设项目形成一站式、系统化的综合咨询解决方案。随着国家"一带一路"倡议的实施、加快推进建筑业信息化发展、推行全过程工程咨询、工程总承包工程建设组织模式等政策引导为建筑企业的转型发展指明方向，从单一分散模式向全产业链一体化模式升级发展。住房城乡建设部《关于开展全过程工程咨询试点工作的通知》（建市 [2017]101 号）确定了 8 个省份和 40 家企业开展全过程工程咨询试点工作。国家发展改革委和住房城乡建设部《关于推进全过程工程咨询服务发展的指导意见》（发改投资规 [2019]515 号）提出在房屋建筑和市政基础设施领域中推进全过程工程咨询服务，重点培育发展投资决策综合性咨询和工程建设全过程咨询。

本书作者张辉曾参与多个大型会展项目的工程咨询管理工作，参与项目获得詹天佑奖、鲁班奖、钢结构金奖、安装之星及装饰奖等。鉴于当前国内缺乏对大型会展项目的全过程工程咨询管理模式方面的研究，作者结合项目实践，主动思考，凝练成本书。本书对会展项目全过程工程咨询模式的选择、前期策划管理、投资控制、设计管理、进度控制、质量控制、安全管理、改造管理、信息管理及 BIM 技术应用等进行全面、系统的介绍，并把建设过程中的管理经验和改进提升方向进行了分享。

本书旨在使大型会展项目的投资方和工程参建各方对全过程工程咨询服务模式有一个比较全面的认识和了解，并为之提供会展项目建设全过程的工程咨询管理重点。

本书内容丰富、全面，具有很高的实用价值，对其他大型公共建筑的建设和管理也具有一定的指导意义和参考价值。

周红波

教授级高级工程师

上海市建筑科学研究院（集团）有限公司副总工程师

FCIOB，享受国务院政府特殊津贴专家

2020 年 5 月

前 言

FOREWORD

当今时代，经济贸易全球化发展的趋势使得世界范围内会展业整体规模持续扩大、设计领域不断拓展。相应的，会展活动展出规模急剧增长，会展场馆的总体建筑面积逐步增加，功能需求日趋多样化。

传统的会展工程项目建设模式将前期咨询、勘察设计、造价咨询、招标、监理等分别交由不同的咨询方完成，图、材、量、价由不同的咨询单位"分体式"交付。在传统模式下，设计与施工互相分离和脱节，工程施工各阶段之间缺乏相应的联系，割裂了工程产品信息在项目全过程的传导路径，人为增大了业主和承包人之间的信息不对称，即为传统碎片化服务模式。在这种碎片化管理体系下，由于缺少全产业链的整体把控，信息流被切断，很容易导致会展项目管理过程中各种问题频繁出现，使得业主难以得到完整的建筑产品和服务。

全过程工程咨询服务在政府的大力推动下，逐渐成为工程类咨询服务的主流业务。全过程工程咨询不同于以往的前期咨询、造价咨询或监理，是以项目管理优化、项目目标增值为目标，整合专项咨询、设计、监理等服务内容，对整个工程建设过程的各环节提供整合式、一体化咨询服务，可以有效解决图、材、量、价分离，设计与施工的分离，技术与管理的割裂等问题。

本书共分 10 章，主要研究国内大型复杂会展项目的全过程工程咨询服务模式应用，内容包括会展项目全过程工程咨询模式的选择、前期策划管理、投资控制、设计管理、进度控制、质量控制、安全管理、改造管理、信息管理及 BIM 技术应用等，同时基于笔者的大型会展项目经历向广大同行分享一些可借鉴的全过程工程咨询管理经验，衷心希望本书的出版能够对我国大型会展项目的建设和管理有所贡献。

本书主要成果源于笔者参与的大型会展项目管理经验积累以及积极的思考探索，

编写过程中得到了集团、公司领导和同事们的悉心指导和大力帮助，在此一并表示衷心的感谢。在本书的编写过程中还参考了许多专家学者的论著，在此表示深深的谢意。

限于笔者的水平，疏漏之处在所难免，恳请广大读者、专家批评指正。

2020 年 4 月

目 录

CONTENTS

第1章　全过程工程咨询概述　　　　　　　　　　　　　　　　　　**001**

　1.1　全过程工程咨询　　　　　　　　　　　　　　　　　　　　　001

　　1.1.1　全过程工程咨询的定义与特点　　　　　　　　　　　　　001

　　1.1.2　全过程工程咨询的发展背景　　　　　　　　　　　　　　003

　　1.1.3　全过程工程咨询的发展趋势　　　　　　　　　　　　　　004

　1.2　全过程工程咨询服务内容　　　　　　　　　　　　　　　　　006

　1.3　全过程工程咨询服务模式　　　　　　　　　　　　　　　　　007

　　1.3.1　投资决策综合性咨询服务模式　　　　　　　　　　　　　008

　　1.3.2　工程建设全过程咨询服务模式　　　　　　　　　　　　　008

　　1.3.3　基于价值链的全过程集成咨询服务模式　　　　　　　　　008

　1.4　全过程工程咨询服务实践探索　　　　　　　　　　　　　　　010

第2章　大型会展项目全过程工程咨询服务　　　　　　　　　　　　**012**

　2.1　会展建筑的定义　　　　　　　　　　　　　　　　　　　　　012

　2.2　会展建筑的特点　　　　　　　　　　　　　　　　　　　　　013

　2.3　大型会展项目建设管理现状　　　　　　　　　　　　　　　　014

　2.4　大型会展项目全过程工程咨询模式　　　　　　　　　　　　　014

第 3 章　大型会展项目前期策划管理　　017

3.1　前期策划概述　　018

3.1.1　前期策划的定义　　018

3.1.2　前期策划的目的　　018

3.1.3　前期策划存在的问题　　019

3.2　前期策划主要内容　　020

3.2.1　决策策划　　020

3.2.2　实施策划　　021

3.2.3　前期手续策划　　022

第 4 章　大型会展项目投资控制　　028

4.1　投资控制概述　　028

4.1.1　投资控制的定义　　028

4.1.2　投资控制的目的　　028

4.2　招标采购管理　　030

4.2.1　招采方式　　030

4.2.2　管理重点　　031

4.2.3　经验分享　　034

4.3　工程签证管理　　035

4.3.1　签证文件分类　　035

4.3.2　签证管理　　036

4.3.3　经验分享　　036

4.4　竣工结算管理　　039

4.4.1　竣工结算文件管理　　039

4.4.2　竣工图审查　　040

4.4.3　结算审核　　040

4.4.4　经验分享　　041

第 5 章　大型会展项目设计管理　　　　　　　　　　**045**

5.1　设计管理概述　　　　　　　　　　045

　　5.1.1　设计管理目的　　　　　　　　045

　　5.1.2　设计管理特点　　　　　　　　046

5.2　设计图纸管理　　　　　　　　　　047

　　5.2.1　图纸质量管理　　　　　　　　047

　　5.2.2　图纸界面管理　　　　　　　　047

5.3　设计进度控制　　　　　　　　　　049

　　5.3.1　设计需求　　　　　　　　　　049

　　5.3.2　审批流程　　　　　　　　　　050

　　5.3.3　设计计划　　　　　　　　　　050

　　5.3.4　设计经验　　　　　　　　　　051

　　5.3.5　设计协调　　　　　　　　　　051

5.4　设计变更管理　　　　　　　　　　052

　　5.4.1　建设功能需求　　　　　　　　053

　　5.4.2　设计交底和图纸会审　　　　　053

　　5.4.3　设计变更实施　　　　　　　　054

5.5　设计管理经验分享　　　　　　　　054

第 6 章　大型会展项目进度控制　　　　　　　　　　**058**

6.1　进度管理概述　　　　　　　　　　058

　　6.1.1　进度管理的定义　　　　　　　058

　　6.1.2　进度管理的方法　　　　　　　059

6.2　进度管理内容　　　　　　　　　　059

　　6.2.1　编制总体进度计划　　　　　　059

　　6.2.2　识别进度风险因素　　　　　　060

　　6.2.3　制定风险预控措施　　　　　　061

　　6.2.4　进度情况比较调整　　　　　　062

6.3 进度控制经验分享 062

6.3.1 总体进度计划编制 062

6.3.2 进度风险因素识别及预控 064

6.3.3 关键环节分析及计划 069

6.3.4 进度情况比较及管控 072

第7章 大型会展项目质量管理 075

7.1 质量管理概述 075

7.2 大面积混凝土地坪施工质量管理 075

7.3 展位箱施工质量管理 078

7.4 大跨度自密实混凝土施工质量管理 081

7.5 大跨度钢结构屋架施工质量管理 087

7.5.1 钢结构焊接施工 087

7.5.2 大跨度钢结构滑移 091

7.6 鱼腹式幕墙施工质量管理 095

7.7 大跨度膜结构施工质量管理 096

7.8 大型风管制作与安装施工质量管理 097

7.9 风阀安装施工质量管理 101

7.10 虹吸雨水系统施工质量管理 102

7.11 大空间消防水炮灭火系统施工质量管理 103

7.12 电气工程施工质量管理 105

7.12.1 桥架和管线施工 105

7.12.2 防雷接地保护 106

7.12.3 二次配电设计 108

7.12.4 灯具安装 109

7.12.5 变配电室施工 110

7.13 智能化工程施工质量管理 111

7.13.1 建筑设备监控系统 111

7.13.2 门禁系统 112

7.13.3 智能照明系统 113

7.14　精装修施工质量管理 　114

　　7.14.1　材料管理 　114

　　7.14.2　地面施工管控 　115

　　7.14.3　墙面施工管控 　118

　　7.14.4　吊顶施工管控 　119

7.15　消防探测器施工质量管理 　121

7.16　不同专业施工界面管理 　121

　　7.16.1　机电与幕墙专业 　121

　　7.16.2　机电与土建专业 　123

　　7.16.3　机电与钢结构专业 　124

　　7.16.4　机电与精装专业 　124

第8章　大型会展项目安全管理 　126

8.1　安全管理概述 　126

8.2　全过程安全管理 　127

　　8.2.1　安全管理总体策划 　127

　　8.2.2　全机构安全监管层级体系 　128

　　8.2.3　安全风险辨识 　128

　　8.2.4　安全风险源分析 　132

　　8.2.5　安全风险管理对策 　134

　　8.2.6　安全风险预警及动态管理 　138

　　8.2.7　危险作业安全管理 　142

　　8.2.8　检查与纠正 　144

8.3　施工安全管理 　144

8.4　经验分享 　147

第9章　大型会展项目改造管理 　154

9.1　改造管理概述 　154

9.2　会展改造管理 　154

9.2.1　设计管理 155

9.2.2　投资控制 158

9.2.3　进度控制 160

9.2.4　质量管理 163

9.2.5　安全管理 166

第 10 章　大型会展项目信息及 BIM 管理　　170

10.1　信息管理 170

10.1.1　资质报审 170

10.1.2　过程资料 171

10.1.3　归档资料 174

10.1.4　创奖资料 174

10.2　BIM 管理 175

10.2.1　BIM 管理概述 175

10.2.2　BIM 管理措施 179

参考文献 191

第1章
全过程工程咨询概述

工程项目传统建设管理模式是由业主、设计、造价咨询、工程监理、施工总包、各专业分包等组成的碎片化模式，其弊端主要有四个方面：

（1）图、材、量、价分离。如图纸精度不足导致材料设备型号缺失、工程量计算偏差过大、施工过程中变更增加、中标价低但结算价高导致超预算等。

（2）设计与施工分离。如设计不考虑实际，可操作性不强；现场按图施工，一旦出现问题易造成互相推诿等。

（3）技术与管理割裂。懂技术的不擅管理，懂管理的不懂技术，管理流于形式。

（4）建设与使用的矛盾。如建设方只负责按图完成工程建设，不考虑使用需求；使用方过于强调使用功能和观感，忽视建设难度和投资概算。

在不断的实践应用中，为解决碎片化服务模式问题，全过程工程咨询模式应运而生，其对整个建设过程的各环节提供整合式、一体化咨询服务，打破专业壁垒，整合项目碎片，从需求的角度解决建设问题，实现建管一体化管控。

1.1 全过程工程咨询

1.1.1 全过程工程咨询的定义与特点

1. 全过程工程咨询的定义

全过程工程咨询是对工程建设项目前期研究和决策以及工程项目实施和运营的全

生命周期提供包含规划和设计在内的涉及组织、管理、经济和技术等各有关方面的工程咨询服务 [1]。全过程工程咨询服务可采用多种组织方式，为项目决策、实施和运营持续提供局部或整体解决方案，主要包括建设单位、全过程工程咨询单位及总承包单位，三者的关系如图 1-1 所示。

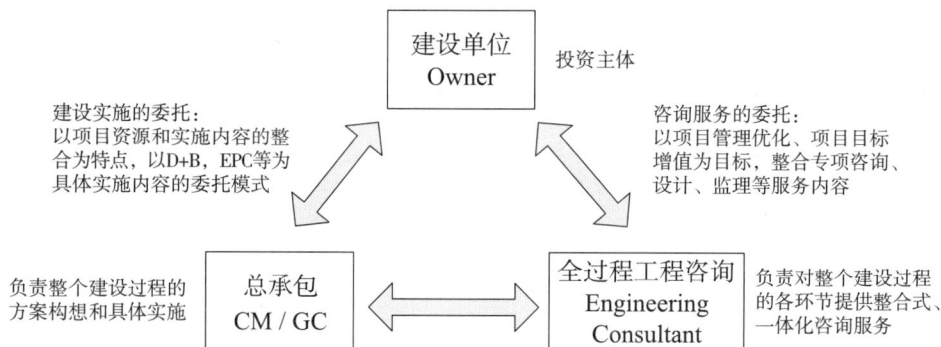

图 1-1 全过程工程咨询"三足凳"

2. 全过程工程咨询的特点

全过程工程咨询是一项以技术、经济、管理的所有内容为基础，以现代信息技术为方法的工程咨询，有以下诸多特性：

（1）系统性

全过程工程咨询提供的是系统、全面的服务，在工程项目全过程中，提供的咨询服务前后保持一致性和贯穿性。保证前期决策咨询服务的引导性，准备期的实施性，施工期的监督性以及竣工验收的合理性。

（2）强调项目总体策划

总体策划是项目开始运作前的首要工作，对未来项目实施阶段起到指导和引导作用，是行动纲领和指南。

（3）周期长

与传统的工程咨询不同，全过程工程咨询贯穿工程项目的全过程，从项目投资决策期一直到项目竣工验收，时间周期至少为 2~3 年。

（4）预测性

全过程工程咨询从顶层设计出发，在工程造价上能够统一决策，事先确定工程项目的投资回报率，保证了项目机会研究的准确性，加强项目风险的抵抗性，能够预判项目的风险。

（5）提供的是智力服务

工程咨询业是朝阳产业，目前正在由劳动密集型产业过渡到知识密集型产业，主要为业主方提供咨询服务，成果为咨询报告，不参与具体的工程项目实施。

1.1.2　全过程工程咨询的发展背景

全过程工程咨询是一项以技术、经济、管理为基础，以现代信息技术为方法的系统、综合的工程咨询服务模式。全过程工程咨询作为建筑业和咨询业的交集，在市场需求和政策环境影响下愈发成为工程咨询行业发展的热点及方向。

1. 市场需求刺激全过程工程咨询发展

我国已经较早地提出全过程工程咨询理念，但是在实际咨询行业发展过程中并未得到很好实践。咨询企业大多是依据咨询主体划分的，针对不同的咨询服务成立专业咨询公司，包括前期策划公司、勘察设计咨询公司、招标代理公司、监理公司、造价咨询公司、项目管理公司等，这就导致不同专业咨询的分离和独立咨询个体的产生，工程咨询不再具有连续性，各项咨询工作独立进行会出现相互制约、漏洞和真空地带以及信息孤岛的现象，给工程项目整体组织协调管理增加不少难度。而以业主的建设目标为导向的全过程工程咨询更集约、更完整，可以打破原本碎片化的项目咨询业务，且专业覆盖全面、业务范围多样、各阶段工作环环相扣、资源整合度高，传统工程咨询与全过程工程咨询业务关系对比如图 1-2 所示。另外随着社会技术的不断进步，建筑工程的规模、复杂程度、投资额都在持续增长，工程建设要求显著提高，完善工程建设组织模式，配合"一带一路"建设，培育全过程工程咨询成为现阶段具有战略意义的重大任务。

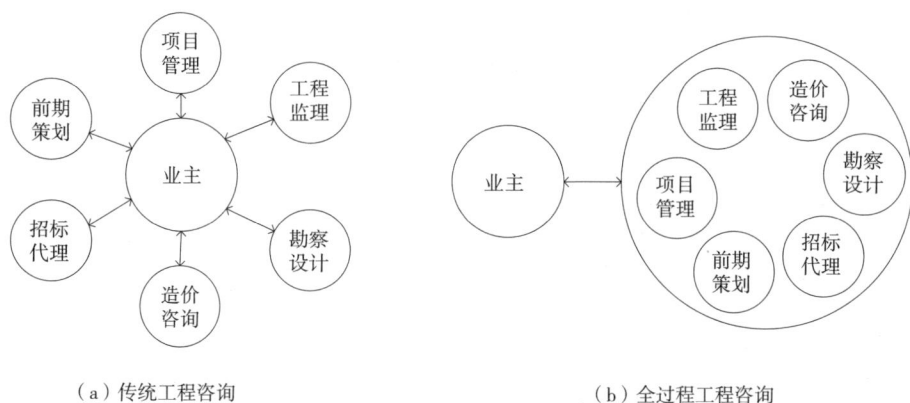

（a）传统工程咨询　　　　　　　　　　（b）全过程工程咨询

图 1-2　传统工程咨询与全过程工程咨询业务关系对比图

2. 政策环境推动全过程工程咨询发展

新时代建筑业的发展和变革对工程咨询行业提出了更高的要求，同时国家"一带一路"倡议的实施，给工程咨询行业带来新的机遇和挑战，工程咨询行业的转型升级势在必行，国家和政府颁布多项政策文件以引导和大力推动全过程工程咨询在我国的应用和发展，各地也纷纷积极响应。2017 ~ 2019 年间，国务院办公厅、住房城乡建设部颁布的推进全过程工程咨询系列文件如表 1-1 所示。

全过程工程咨询相关政策文件   表 1-1

发布时间	发布机构	文件名称	主要内容
2017 年 2 月	国务院办公厅	《关于促进建筑业持续健康发展的意见》（国办发 [2017]19 号）	提出"培育全过程工程咨询"，这是政府发文中首次明确使用"全过程工程咨询"这一新说法
2017 年 5 月	住房城乡建设部	《关于开展全过程工程咨询试点工作的通知》（建市 [2017]101 号）	选择北京、上海、江苏、浙江、福建、湖南、广东、四川 8 省（市）以及中国建筑设计院有限公司 40 家企业开展全过程工程咨询试点
2017 年 7 月	住房城乡建设部	《关于促进工程监理行业转型升级创新发展的意见》（建市 [2017]145 号）	提出监理单位"培育一批智力密集型、技术复合型、管理集约型的大型工程建设咨询服务企业"工作目标
2017 年 11 月	国家发展改革委	《工程咨询行业管理办法》（国家发展和改革委员会令第 9 号）	进一步明确了"全过程工程咨询"的服务范围
2018 年 3 月	住房城乡建设部	《关于征求推进全过程工程咨询服务发展的指导意见》（建市监函 [2018]9 号）	明确了全过程工程咨询服务的定义，建立全过程工程咨询管理机制
2019 年 3 月	国家发展改革委和住房城乡建设部	《关于推进全过程工程咨询服务发展的指导意见》（发改投资规 [2019]515 号）	提出在房屋建筑和市政基础设施领域中推进全过程工程咨询服务

不难看出，全过程工程咨询已在我国得到国家和政府的充分重视，全过程工程咨询的定义更加明确，发展目标更加清晰，管理机制和相关标准要求更加具体，对全过程工程咨询的推行力度达到了新的高度，全过程工程咨询在我国的发展迎来了新的浪潮。

1.1.3 全过程工程咨询的发展趋势

发展全过程工程咨询是工程咨询行业发展创新的必然成果，全过程工程咨询能整体把控工程建设全产业链，减少信息衰竭并避免信息流断裂，可有效优化项目组织、简化合同关系，加快建设进度。在投资效益方面，全过程工程咨询采用单次招标方式，可使合同成本大大低于传统模式下设计、造价、监理等分别多次发包的合同成本，并且能够整合各阶段工作内容，实现全过程投资控制，还能通过限额设计、优化设计和精细化管理等措施提高投资收益，确保项目投资目标的实现。可见，随着全过程工程咨询的发展，其相对于传统工程咨询模式的优势越发明显，同时其发展趋势也越发清晰，对全过程工程咨询的发展趋势预测分析如下：

1. 政府对全过程工程咨询管理趋于精细化

十九大以来，政府在"新公共管理"理论的基础上结合企业精益化管理理念形成了政府精益化管理这一主流管理方式，全过程工程咨询作为工程咨询行业变革的重大举措，政府给予高度重视，在对全过程工程咨询的管理上也越来越精细化，主要体现在以下几点：

（1）坚持"放管服"政策，在宏观层面上做好顶层设计，消除资质、地方及审批手续等壁垒，协同出台完善全过程工程咨询的配套管理政策，加强行业制度化和规范化管理，如资信平台管理、告知性备案管理，以及企业与执业人员从业行为监督检查管理等具体办法，以进一步积极推进全过程工程咨询的精细化管理。

（2）鼓励政府投资项目率先试行全过程工程咨询，对其实施效果及对项目效益发挥进行综合评价，并根据试行情况进一步理清全过程工程咨询定义和范围，调整相关咨询及项目管理的政府管理程序及办法。

（3）针对全过程工程咨询出台相关技术与收费标准、税收优惠等措施，加强相关工程建设及运营信息的公开性，如项目信息、能耗信息、信用信息、个人执业信息等，在提高政府办事效率的同时，也促进全过程工程咨询的有序发展 [2]。

2. 相关企业积极转型融合

工程咨询相关企业开展全过程工程咨询业务必须具备提供全过程工程咨询的能力和水平，这就要求企业在自身专业能力基础上积极进行能力的拓展和服务的延伸，将多元化、专业化的咨询服务融合成综合性咨询服务，成为能够提供高水平全过程技术性和管理性服务的全过程工程咨询企业。

住房城乡建设部发布的"全过程工程咨询试点企业名单"中包括设计单位、工程咨询单位、建设管理单位和监理单位等，相关企业积极落实，转型融合工作如火如荼，成为工程咨询行业发展趋势及新常态。上海建科工程咨询有限公司是住房城乡建设部《关于开展全过程工程咨询试点工作的通知》（建市 [2017]101 号）确定的 40 家开展全过程工程咨询试点企业之一。为完成向全过程工程咨询的转型升级，2017 年 6 月公司编制了《全过程工程咨询企业试点工作方案》，制定并实施了"试点项目为先导，能力建设为核心，科研创新为保障，信息手段为支撑"的推进举措，落实全过程工程咨询业务实践。目前公司在建或已完成全过程工程咨询项目累计20余项，代表项目见表1-2，并依托试点项目和PMBOK指南编制了公司全过程工程咨询服务体系文件，通过构建"项目运营管理系统"对公司现有全过程工程咨询项目统一管理；采取发展重点领域的专业化、关键岗位人员培养等措施提升咨询能力。公司在工程咨询、项目管理、招标代理、造价咨询、工程监理、BIM咨询、绿建咨询等领域处于行业领先水平。

上海建科工程咨询有限公司全过程工程咨询代表项目　　　　表1-2

序号	项目名称	合同内容	区域
1	深圳技术大学建设项目（一期）	全过程工程咨询	深圳
2	深圳医院项目群（香港大学深圳医院二期扩建及科研楼项目；南方医科大学深圳医院二期工程；北京大学深圳医院门急诊楼扩建工程）	全过程工程咨询	深圳
3	九江市龙开河黑臭水体治理项目	全过程工程咨询	江西
4	以色列海法Bayport港口工程项目	全过程工程咨询	以色列
5	广西平江污水厂新建项目	全过程工程咨询	广西
6	杭州萧山国际机场三期项目新建杭州楼及陆侧交通中心工程1标段	全过程工程咨询	浙江

3. 技术应用与创新成为核心竞争力

工程咨询行业属于技术密集型和知识密集型行业，由具有相当经验的技术与经济知识型人才综合运用多学科知识、工程实践经验、现代科学和管理方法提供智力服务。无论是传统的工程咨询企业，还是设计、监理、造价咨询、招标代理等工程咨询相关企业，在进行咨询服务时都会采用一定的技术手段完成咨询服务，技术手段的运用可明显提高工程咨询服务效率和水平。

技术应用已经渗透到各个行业领域并产生极好的效果，在进行全过程工程咨询服务时也需要熟练掌握和运用大量先进的技术咨询手段，并努力创新，技术的应用和创新将会提高企业综合服务能力并成为行业核心竞争力。很多企业在开展咨询业务时运用BIM技术、互联网+、大数据、物联网等技术，并积极探索将智能监测系统、无人机、人工智能辅助系统等新科技设备作为咨询辅助手段。此外，很多企业纷纷建立科技创新体系，成立企业技术中心、专业技术委员会、专家工作室等，以促进企业技术应用与创新。

1.2 全过程工程咨询服务内容

全过程工程咨询的服务内容包括规划或规划设计、项目投资机会研究、前期策划、立项咨询、评估咨询、工程勘察、设计优化、工程采购、造价咨询、工程监理、竣工结算、项目后评价、运营管理以及拆除方案咨询等覆盖工程全生命周期的一体化项目管理咨询服务。各个阶段的咨询服务工作的内容和重点不同。

（1）项目前期阶段

项目前期阶段主要工作包括投资机会研究、初步可行性研究、可行性研究、项目评估及决策等。该阶段主要任务是对工程投资项目的必要性、可能性、可行性及何时投资、何地建设、如何实施等重大问题进行科学论证与多方案比较。项目前期工程咨询服务工作重点是对项目投资建设的必要性与可行性进行分析论证，并作出科学决策。

（2）项目准备阶段

项目准备阶段是工程建设中承上启下的重要阶段，也是建设项目投资控制的关键阶段。准备阶段主要工作包括项目初步设计、技术设计与施工图设计、工程项目征地及建设条件准备、货物采购、选定工程招标及承包商、签订合同等。本阶段是战略决策的具体化，在很大程度上决定工程项目实施的成败及能否高效率地达到预期目标。准备阶段咨询服务重点是准备和安排项目所需的建设条件。

（3）项目实施阶段

项目实施阶段是将可行性目标和设计理念从规划理念转变为现实的阶段。在这一阶段，目标是明确的，控制是最难的，影响目标实现的动态因素是最多的。工程咨询服务机构要对工程质量、安全、进度、费用等进行控制，并积极协调好各利益方的关系。此外，对工程建设过程中产生的设计变更要严格把控，并对项目的全过程投资进度进行分析，制定工程费用控制预案。

（4）项目竣工及后评价阶段

项目竣工及后期运行评价是建设项目全过程的最后一个阶段。咨询企业主要做好项目缺陷期质量问题的跟踪和处理、项目决算、项目业主后评价等工作，并负责合同收尾以及项目业主对产品使用过程中的意见和建议的跟踪收集与服务。

1.3　全过程工程咨询服务模式

国家发展改革委、住房城乡建设部联合印发《关于推进全过程工程咨询服务发展的指导意见》（发改投资规 [2019]515 号，以下简称《指导意见》），提出在房屋建筑和市政基础设施领域推进全过程工程咨询服务，在项目决策和建设实施两个阶段，着力破除制度性障碍，重点培育发展投资决策综合性咨询和工程建设全过程咨询[3]。

1.3.1 投资决策综合性咨询服务模式

投资决策综合性咨询要统筹考虑影响项目可行性的各种因素，将各专项评价评估一并纳入可行性研究统筹论证，提高决策科学化水平。投资决策综合性咨询服务可由工程咨询单位采取市场合作、委托专业服务等方式牵头提供，或由其会同具备相应资格的服务机构联合提供。《指导意见》鼓励纳入有关行业自律管理体系的工程咨询单位开展综合性咨询服务，鼓励咨询工程师（投资）作为综合性咨询项目负责人。

1.3.2 工程建设全过程咨询服务模式

工程建设全过程咨询，由咨询单位提供招标代理、勘察、设计、监理、造价、项目管理等全过程咨询服务。《指导意见》规定，工程建设全过程咨询单位提供勘察、设计、监理或造价咨询服务时，应当具有与工程规模及委托内容相适应的资质条件。这样的企业资质要求符合法律法规及相关政策规定。《指导意见》对工程建设全过程咨询项目负责人的资格提出较高要求：应当取得工程建设类注册执业资格且具有工程类、工程经济类高级职称，并具有类似工程经验。对于工程建设全过程咨询服务中承担工程勘察、设计、监理或造价咨询业务的负责人，应具有法律法规规定的相应执业资格。

同时，《指导意见》鼓励多种形式全过程工程咨询服务模式。除投资决策综合性咨询和工程建设全过程咨询外，咨询单位可根据市场需求，从投资决策、工程建设、运营等项目全生命周期角度，开展跨阶段咨询服务组合或同一阶段内不同类型咨询服务组合。鼓励和支持咨询单位创新全过程工程咨询服务模式，为投资者或建设单位提供多样化的服务。

在全过程工程咨询服务酬金计取方式方面，《指导意见》规定全过程工程咨询服务酬金可在项目投资中列支，也可根据所包含的专项服务（投资咨询、招标代理、勘察、设计、监理、项目管理等）在项目投资中列支的费用进行支付。全过程工程咨询服务酬金既可按各专项服务费用叠加后再增加相应统筹管理费用计取，也可按人工成本加酬金方式计取。鼓励投资者或建设单位根据咨询服务节约的投资额对咨询单位予以奖励。

1.3.3 基于价值链的全过程集成咨询服务模式

上海建科工程咨询有限公司提出"抓推进、建体系、补短板"方针，全面加速推进全过程工程咨询各工作，加快提升公司工程设计类服务能力，加快全过程工程咨询紧缺人才的储备和培养，完善考核与激励机制，优化部门协调配合机制，加快推进科研与创新领域工作实施进度，加强试点项目的跟踪和总结等。截至 2020 年 4 月，公司累计开展全过程工程咨询课题研究 10 余项，承接国内外全过程工程咨询试点项目 20 余项，在试点项目实施过程中不断尝试进行既有业务的整合，强调以建设单位的建设目标为导向的全过程工程咨询，更集约、更完整，打破原本碎片化的项目咨询业务，提出基于价值链的全过程集成咨询服务模式，为建设单位提供更大的价值。

若将建设项目视为某个"企业"的产品，那么围绕全寿命期，可以建立项目价值链模型（如图 1-3 所示）。

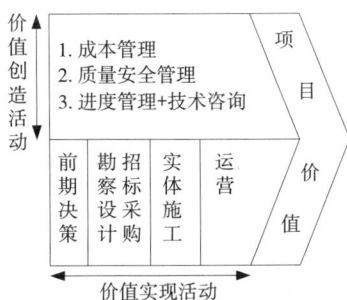

图 1-3　全过程工程咨询服务的价值链分析模型

基于价值链的全过程集成咨询服务模式是以全过程项目管理为基础，重组各阶段服务内容和流程、丰富全过程工程咨询的内涵；以项目运维为导向，应用数据信息手段、强化专业咨询，实现项目增值的总体目标。从阶段、组织、目标三个维度分解工作任务，寻找价值增长路径，实现全过程工程咨询的价值最大化（如图 1-4 所示）。

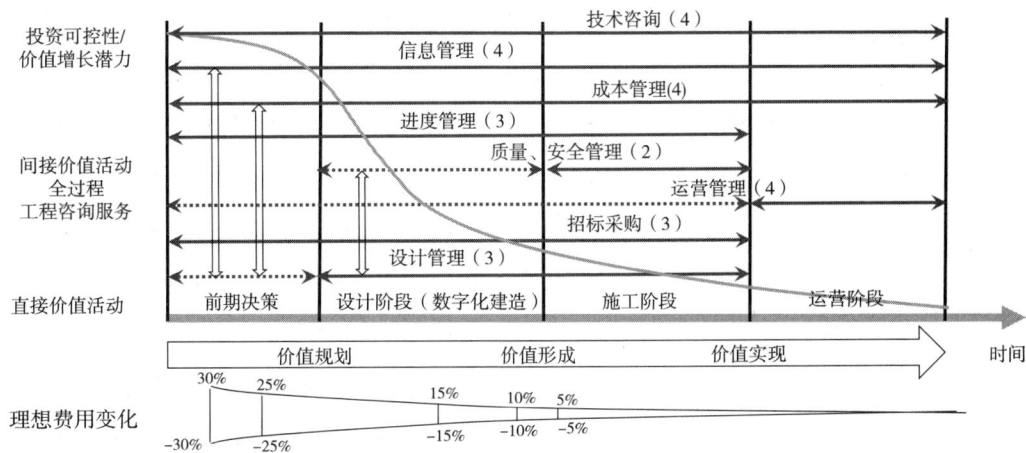

图 1-4　基于价值链的全过程工程咨询服务模型

咨询企业应具备提供全过程工程咨询服务的能力，根据项目不同和建设单位的需求提供多样化、菜单式的咨询服务模式，在最基础的项目管理＋监理模式下，可增加造价、招标采购、设计及各类专项技术咨询等（如表 1-3 所示）。

菜单式全过程工程咨询服务内容　　　　　　　　　　　　　　　　表 1-3

模式	投资咨询	勘察	设计咨询			工程监理	项目管理	全过程造价咨询	招标代理与采购	运营咨询
			方案	初步设计	施工图					
全过程项目管理＋技术咨询	√	√	√	（√）	（√）	√	√	√	√	√
项管＋监理＋造价＋招标＋设计	（√）		√	（√）	（√）	√	√	√	√	
项管＋监理＋造价＋招标	（√）					√	√	√	√	
项管＋监理						√	√			

注：括号内工作可根据所承担项目实际情况及业主需求综合考虑是否纳入全过程工程咨询服务内容。

1.4　全过程工程咨询服务实践探索

住房城乡建设部《关于开展全过程工程咨询试点工作的通知》（建市 [2017]101 号）选择北京、上海、江苏、浙江、福建、湖南、广东、四川 8 省（市）以及 40 家企业开展全过程工程咨询试点，在实践中汲取教训，总结经验，探索适合我国国情的全过程工程咨询发展之路。

试点工作开展以来，全过程工程咨询项目已在全国范围内发芽开花。广东省全过程工程咨询试点项目 77 个（其中深圳市 11 个），陆续制定了《广东省全过程工程咨询试点工作实施方案》（粤建市 [2017] 167 号）、《广东省住房和城乡建设厅关于报送全过程工程咨询试点经验的通知》（粤建市 [2018] 3012 号）等文件。浙江省全过程工程咨询试点项目 53 个，总投资规模达 2534.36 亿元，建设面积 25647.18 万 m^2，陆续制定了《浙江省建设工程咨询招标文件示范文本（2017 年版）》《浙江省建设工程咨询服务合同示范文本（2018 年版）》，组织编写了《建设工程项目全过程管理操作指南》等文件。江苏省全过程工程咨询试点项目 87 个，组织编写了《江苏省房屋建筑和市政基础设施项目全过程工程咨询服务招标投标规则》《江苏省全过程工程咨询服务导则》《江苏省全过程工程咨询服务合同示范文本》等文件。湖南省全过程工程咨询试点项目已完成公开招标 47 个，投资总额达 354.4 亿，建设规模达 232.6 万 m²，组织编写《全过程工程咨询招标文件试行文本》《全过程工程咨询合同文件试行文本》《全过程工程咨询服务实行清单》等。雄安新区将在工程建设中全面推行全过程工程咨询模式，甚至部分全过程工程咨询项目中标额过亿元，如深圳新华医院Ⅰ～Ⅲ标和雄安新区商务服务中心项目等。实践证明，全过程工程咨询可以对整个建设过程的各环节提供整合式、一体化咨询服务，打破专业壁垒，整合项目碎片，从需求的角度解决建设问题，实现建管一体化。

第2章
大型会展项目全过程工程咨询服务

2.1　会展建筑的定义

会展是指会议、展览、大型活动等集体性的商业或非商业活动的简称，是在一定地域空间，许多人聚集在一起形成的定期或不定期、制度或非制度的传递和交流信息的群众性社会活动，其概念的外延包括各种类型的博览会、展销活动、大中小型会议、文化活动、节庆活动等。

根据《展览建筑设计规范》JGJ 218—2010，展览建筑规模可按基地以内的总展览面积划分为特大型、大型、中型和小型，并应符合表2-1规定。

展览建筑规模 表2-1

建筑规模	总展览面积 S（m^2）
特大型	$S > 100000$
大型	$30000 < S \leqslant 100000$
中型	$10000 < S \leqslant 30000$
小型	$S \leqslant 10000$

展厅的等级可按其展览面积划分为甲等、乙等和丙等，并应符合表2-2规定。

展厅的等级　　　　　　　　　　　　　　　　　　　　　表 2-2

展厅等级	展厅的展览面积 S（m^2）
甲等	$S > 10000$
乙等	$5000 < S \leqslant 10000$
丙等	$S \leqslant 5000$

2.2　会展建筑的特点

会展建筑是以展览空间为核心空间，会议空间作为相对独立的组成部分，并结合其他辅助功能空间（包括办公、餐饮、休憩等）的大型展览建筑综合体[4]。会展场馆与体育场、博物馆等设施一样，具有城市公共基础设施的特点及社会公益的性质，其社会关注度高、社会影响力巨大。同时大型会展建筑还具有以下特点[5]：

1. 建筑规模大，占地面积大

当今社会会展活动频繁，参与人数越来越多，活动内容趋向多元化和复杂化，相应地要求会展建筑具有较大的场地和配套的活动空间。因此会展工程的总体建筑规模较大，占地面积与总建筑面积惊人，单座展厅的面积也日益增加。比如国家会展中心（上海）总占地面积约 85.6 万 m^2，建筑面积 147 万 m^2，其中地上建筑面积约 127 万 m^2，地下建筑面积约 20 万 m^2，室内展场 40 万 m^2，室外展场 10 万 m^2；深圳国际会议展览中心总占地面积 148 万 m^2，建筑面积 160 万 m^2，共 19 个展厅，室内展览面积约 40.8 万 m^2。

2. 建筑功能多元化，建设投资高

会展业是现代服务业，对于多元化的服务配套功能设施具有较强的依赖性，这就要求会展建筑提供一个先进、高效的举办平台，以容纳展览、会议、餐饮、商务等一系列功能的要求，因此大型会展工程的建筑功能具有多元化、复杂化的特点。此外大型会展建筑结构类型复杂、建设难度大，新技术、新材料、新设备的应用较多，使得大型会展工程总体造价较高。我国很多大型会展建筑已经成为一座城市较为重要和昂贵的工程项目，如国家会展中心（上海）建筑面积 147 万 m^2，总投资约 160 亿；深圳国际会展中心建筑面积 160 万 m^2，总投资近 200 亿。

3. 城市形象影响力大

会展建筑伴随着各种展览、会议活动的举办，带动城市经济和旅游业的发展，因此政府和企业对会展业的发展越来越重视，很多大型会展工程是在政府的鼓励推动下进行的，多家企业共同参与其中。会展建筑往往要求很好地体现城市特色、城市文化，成为一个城市印象的标杆名片，展现城市的经济水平和精神面貌。

4. 展会种类多，建筑布局灵活

会展场馆建设的同时就要考虑到运营的需求，需要具备大规模展览空间、优质先进的展览硬件配套设施、餐饮配套设施、交通流线及停车系统等。如：结构上通常采用无立柱展厅，因为立柱会极大降低展览空间的灵活性；货运装卸区宽度应满足国际常用集装箱卡车"不倒车掉头"的需求，并保障卡车可直接开进展厅，实现"一次装卸，完成布展"的高标准需求；升降舞台、活动座椅、空中悬挂点、室内精美装修的配备可以为展会的多样化运营提供便利。

随着我国经济的发展和第三产业的兴起，会展业的发展也迎来了新的阶段，其在推动城市发展方面具有一定的影响力，越来越多的会展工程项目相继落地，成为城市建设中重要的组成部分。

2.3 大型会展项目建设管理现状

截至 2019 年年底，中国展览馆的数量达到 173 个，室内可租用总面积约 1076 万 m^2。新经济形势下，展馆总供应量呈现持续增长的趋势[6]。对应会展活动展出规模的急剧增长，会展场馆的总体建筑面积相应增加，同时单个展厅的面积也逐渐超过 $10000m^2$，如国家会展中心（上海）单个展厅超过 $28000m^2$，深圳国际会展中心最大的展厅面积达到 $40000m^2$。会展活动对于多元化配套功能设施的依赖性也日益增强。相应地，会展建筑的体量尺度、屋顶轮廓、平面形态、界面形式、色彩材质、绿化环境和交通组织对城市空间形态、建筑天际线、环境品质、交通通行状况开始形成显著、深远的影响。

然而，同大型会展建筑发展需求形成反差的是，我国大型会展建筑发展还在初步阶段，整体建设水平依然参差不齐。在大型会展建筑的发展现状以及存在问题上有待改进及研究。近年来，随着我国会展经济的发展，我国会展场馆的建设在全国范围内到处开花，建筑规模与数量都有较快的增长。展览馆协会理事长郑世均曾明确表示，最好的展览馆就是最适用和最适度的展览馆。因此，对大型会展建筑的建设管理研究显得越来越迫切。

2.4 大型会展项目全过程工程咨询模式

国内新建大型会展项目在建设管理模式和施工承发包模式的选择上各有不同，比如上海、广州及天津的国家会展中心均由国家商务部和各市政府合作共建，采用 EPC

总承包模式，管理模式为全过程工程咨询模式；深圳国际会展中心采用建设、运营 + 综合开发的 BOD 模式；中国·红岛国际会议展览中心则是 CM 模式。

国家会展中心（上海），占地面积约 85.6 万 m²，总建筑面积 147 万 m²，其中地上面积 127 万 m²，集展览、会议、活动、商业、办公、酒店等多种业态为一体，是目前世界上最大的建筑单体和会展综合体。由国家商务部和上海市政府合作共建，采用 EPC 工程总承包模式、工程监理 + 项目管理 + 投资管理的全过程工程咨询服务模式，提供整合式、一体化的管理服务，有效解决了设计与施工分离、技术与管理割裂的问题，实现项目的无缝化管理。

深圳国际会展中心，占地面积约 148 万 m²，总建筑面积 160 万 m²，总投资近 200 亿人民币，整体建成后将成全球第一大会展中心。项目管理模式采用"建设、运营 + 综合开发"模式（BOD），由政府和社会投资人共同开发，以实现会展中心建设、运营以及周边配套商业用地综合开发的一体化。同时公开招标工程咨询及技术服务单位，负责对会展中心项目工程的建设实施检查，包括质量、工期和投资控制等，为项目提供项目计划统筹及总体管理、设计管理、招标及合同管理、档案与信息管理、投资管理、进度管理、质量管理等工程咨询及技术服务。BOD 模式导致项目前期过长，融资成本高；集专业咨询和技术服务为一体的咨询服务模式则有效保证了项目的进度、投资和质量三大目标控制。

国家会展中心（天津），是国家商务部和天津市政府合作共建的大型会展综合体项目，用地面积 1.31km²，总建筑面积 134.65 万 m²，总投资 175 亿人民币，是商务部继广州、上海之后，在全国布局的第三个国家级现代化展馆，是中国北方最大的国家级会展中心。建筑施工采用集设计、采购、施工为一体的 EPC 工程总承包模式，强调和充分发挥设计在整个工程建设过程中的主导作用，有效克服设计、采购、施工相互制约和相互脱节的矛盾，有利于设计、采购、施工各阶段工作的合理衔接，有效地实现建设项目的进度、成本和质量控制目标；建设工程质量责任主体明确，有利于追究工程质量责任和确定工程质量责任的承担人。

中国·红岛国际会议展览中心，总占地面积约 28.6 万 m²，总建筑面积约 48.8 万 m²，总投资额超过 60 亿人民币，是青岛市会展业标杆性项目，具备承办国际、国内著名展会的能力。项目管理模式采用代建制（CM），并聘请了十余家专业咨询单位。CM 制通过采用分散发包、集中管理的方式，使得设计与施工充分搭接，有利于缩短建设周期；CM 单位通过加强与设计方的协调，可以减少因修改设计而造成的工期延误；但碎片化的咨询服务模式导致各专业交叉协调管理困难，使得业主难以得到完整的建筑产品和服务。

　　EPC 总承包及全过程工程咨询模式在国内大型会展项目的应用比较广泛，且受到供需各方的积极响应。全过程工程咨询模式融合了各类专项咨询碎片，打破了专业间壁垒，真正实现由分散到集中，由部分到整体的集成模式；并参与项目全寿命周期管理，承担了策划到设计、设计到施工、施工到运维的各个阶段信息继承和传递的重任，能够有效避免信息的流失，实现工程各阶段的无缝衔接，提供整体式项目咨询服务，进而提高工程建设和管理效率，降低成本。在既有功能的基础上，全过程工程咨询的集成和整合更能实现一系列的增值价值，比如基于 BIM 技术的数据信息集成、以运营为导向的专业增值等。

第3章

大型会展项目前期策划管理

对每个工程建设项目而言，其全寿命周期通常包括决策阶段、设计准备阶段、设计阶段、施工阶段、动用前准备阶段、使用和保修阶段六个阶段。归纳起来可分为三大阶段，即项目决策阶段、实施阶段和使用阶段（也称运维阶段）。全过程工程咨询管理应完整涵盖以上三个阶段，而其中最开始的决策阶段，是项目全寿命周期的最关键阶段，其工作的成效很大程度上影响了整个项目的成败，起着非常关键的作用。

在长期工程实践过程中，人们往往非常重视项目的累计投资情况，而对项目的经济性影响程度关心不足。工程项目全寿命周期中累计投资曲线和经济性影响曲线正好相反，呈现出"X"型的关系（如图3-1所示），投资累计曲线逐步上升，经济性影响曲线逐步下降，如果不注意这种规律，就会把项目目标控制的重点放在实施阶段，而忽略了立项阶段管理工作的重要性[7]。因此，必须清楚地认识到，决策立项阶段很大程度上确定了项目总投资水平，其工作的重要性不言而喻。

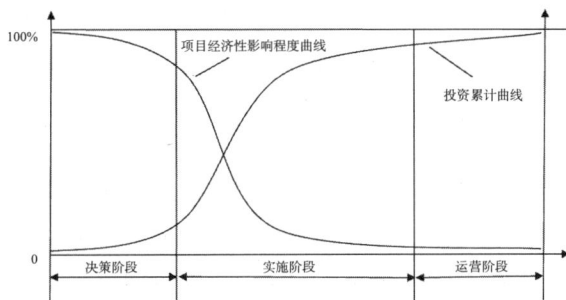

图3-1 工程项目的累计投资曲线和经济性影响程度曲线

3.1 前期策划概述

3.1.1 前期策划的定义

项目前期策划是指在项目前期，通过收集资料和调查研究，在充分占有信息的基础上，针对项目的决策和实施，进行组织、管理、经济和技术等方面的科学分析和论证[8]。这能保障项目建设方工作有正确的方向和明确的目的，也能促使项目设计工作充分体现项目建设方的意图。项目前期策划根本目的是为项目决策和实施增值，增值可以反映在项目使用功能和质量的提高、实施成本和经营成本的降低、社会效益和经济效益的增长、实施周期缩短、实施过程的组织和协调强化以及人们生活和工作的环境保护、环境美化等诸多方面。

3.1.2 前期策划的目的

项目的前期策划是工程项目的孕育阶段，其工作主要是识别项目的需求，确定项目的方向，对项目作出决策，通常由项目的上层组织（如投资者、项目发起人、政府部门、企业主管等）负责。工程项目前期策划工作，可以使项目建设顺利进行，实现工期、质量和投资三大控制目标，可以给项目后期运维带来方便，其重要性主要体现在以下几点：

（1）全面深入地调查、分析项目建设环境，编制科学合理的项目策划，可以为科学决策提供依据，避免决策失误。

（2）具有明确项目定义的前期策划可以为设计提供科学依据。项目定义是项目前期策划的重要组成部分和基础。项目定义的主要内容包括项目定位和项目结构。项目定位就是结合建设地点的自然条件和特点，提出项目的性质和特点，使得项目建成后能够独树一帜，并获得良好的经济效益。在当前市场经济激烈的环境下，准确的定位决定了后期项目的盈利水平。项目结构也就是项目的构成以及组成部分的规模。项目的构成及规模不能凭空想象，而是要经过认真论证，并且要有开创性的思维。比如建设一个大型的国际会展中心，展览的规模多大，会议部分的规模多大，它们各自的构成怎样；会展中心要不要建星级宾馆，若建，建几星级；会展中心是否应设置娱乐设施，什么样的娱乐项目等。项目结构的组成决定了项目长期保持盈利的能力。

（3）具有明确合理且确实可行的项目目标、项目管理策划、融资策划等内容的项目前期策划，是实现工期、质量和投资三大控制目标的根本保证。

项目前期策划是针对未来和未来发展及其结果所做的策划，能有效地指导未来工作的开展，并取得良好的成效，精心的策划是实现科学决策的重要保证，也是实现预期目标、提高工作效率的重要保证。

3.1.3 前期策划存在的问题

项目前期策划阶段存在的问题主要表现在：

1. 在项目的整个生命周期阶段，决策阶段没有受到足够的重视

项目决策阶段对项目的经济性影响程度很大，但由于目前在项目前期花的费用较少，因此大多数人仅将决策简单的看作项目全寿命周期的一个阶段，而没有真正意识到它对整个项目所起到的作用和影响。思想上的不重视造成工作上的不认真、不规范，项目建议书、可行性研究或前期研究流于形式，起不到应有的作用，最终势必造成整个项目的损失，甚至彻底失败。

有很多项目，由于前期策划阶段工作做得不够细致，造成实施阶段大量的设计变更，规模、功能和标准大量的调整，超投资现象严重，大大地拖延了工期，也影响了项目整体质量，给国家和企业造成损失，大大降低了工程建设整体水平。许多项目对前期策划的必要性重视不够，项目建议书内容粗浅，为应付政府审批而做，起不到应有的作用。可行性研究报告更是变成"力求可批性，戏说可行性"，不实事求是，为可行而"可行"，形式主义，只重视"规范文本"的格式要求。在编制项目建议书、可行性研究报告的过程中，对基础数据调查不仔细、经济分析与研究深度不足、缺乏全面性系统性，这不但不能为项目立项和决策起到决策支持、理性判断的作用，更可能造成整个建设项目的损失，甚至导致一些项目的失败。

2. 建设项目决策阶段缺乏科学的项目前期研究方法

许多投资建设项目决策没有经过严格科学的策划和论证。项目建议书往往寥寥几页，没有或没有足够的深度对决策问题进行全面研究。在项目实践中，采用这种可行性研究作为立项审批依据存在不少问题。首先，从目的方面，有不少项目的可行性研究往往是为了立项和报批而做，编造数据，其真实性、可靠性和科学性值得怀疑。其次，从方法方面，由于前期环境调查和分析不足，对实际情况掌握不充分，照抄、照搬其他项目数据，缺乏针对性，只注重形式，追求高"通过率"，结论肯定可行，无法为决策提供依据。第三，从内容方面，可行性研究只拘泥于经济分析和技术分析，缺乏全面性、系统性，其分析的广度和深度有限，导致可行性研究在项目定位、功能分析、产业策划、风险分析、实施战略等决策研究上存在不足。

大量失败的项目证明，项目前期决策阶段如不能得到充分的重视，如不进行系统的、深入的策划研究，将会给项目建设造成种种后患。因此，加强项目决策阶段的工作，采取全面、系统、深入的项目前期策划研究方法，不断提高项目决策工作的系统化、科学化以增加项目的成功率，具有十分重要的意义。

3.2 前期策划主要内容

3.2.1 决策策划

工程项目决策策划包括四个主要方面内容、一个中间成果及一系列相关报告。四个方面的内容是指：环境调查与分析、项目定义与项目目标论证、项目经济策划和项目产业策划；一个成果是指决策策划报告完成后需要编写的设计任务书；一系列相关报告是指决策策划所形成的各类文本或图纸资料（如表3-1所示）。

项目决策阶段的策划任务表 表3-1

策划任务	项目决策阶段
环境调查分析	1）项目周边自然环境和条件 2）项目开发时期的市场环境 3）宏观经济环境 4）项目所在地政策环境 5）建设条件环境（包括能源、基础设施等） 6）历史、文化环境（包括风土人情等） 7）建筑环境（包括风格、主色调等） 8）其他相关问题
项目定义与项目目标论证	1）项目定义 2）项目用户需求分析 3）项目功能定位 4）项目面积分配 5）项目定位
项目经济策划	1）项目总投资估算 2）项目融资方案策划 3）项目经济评价
项目产业策划	1）项目拟发展产业概念研究 2）项目产业市场环境发展现状探究 3）项目产业市场需求的分析 4）城市社会、经济发展趋势的研究 5）项目所在地拟发展产业优劣势分析 6）项目产业发展规划
项目决策策划报告	1）环境调查分析报告 2）项目定义与目标论证报告 3）项目经济策划报告 4）项目产业策划报告 5）设计任务书

3.2.2　实施策划

与项目决策策划不同，项目实施策划是在建设项目立项之后，为了把项目决策付诸实施而形成的具有可行性、可操作性和指导性的实施方案。项目实施策划又称为项目实施方案或项目实施规划（计划）。

就像施工企业在开始某一个项目的施工任务之前，要对施工全过程所采用的技术方案、进度安排、资源调配等进行统筹安排，编制施工组织设计时项目组织者在项目实施开始之前，也应对该项目如何实施进行统一部署和安排，包括管理的组织、工程进度策划、合同结构策划、信息交流平台策划等，这就是项目实施策划。

项目实施策划报告是项目实施阶段管理的纲领性文件，其具体内容针对不同项目而有所不同。通常情况下，工程项目实施策划应包括 5 个方面的内容及其相关策划报告，5 个方面的内容分别是：项目实施目标分析和再论证、项目实施组织策划、项目实施合同策划、项目信息管理策划和项目目标控制策划（如表 3-2 所示）。

项目实施阶段的策划任务表　　　　　　　　　　　　　　　　　表 3-2

策划任务	项目决策阶段
项目实施目标分析和再论证	1）投资目标规划，在项目决策策划中的总投资估算基础上编制 2）进度目标规划，在项目决策策划中的总进度纲要基础上编制 3）质量目标规划，在项目决策策划中的项目定义、功能分析与面积分配等基础上编制
项目实施组织策划	1）组织结构策划 2）任务分工策划 3）管理职能分工策划 4）工作流程策划 5）管理制度策划
项目实施合同策划	1）合同结构模式策划 2）承发包模式策划 3）合同类型策划 4）合同文本策划 5）合同管理策划
项目信息管理策划	1）项目信息分类策划 2）项目信息编码体系策划 3）项目信息流程策划 4）项目信息管理制度策划 5）项目管理信息系统 6）项目信息平台策划
项目目标控制策划	1）投资目标控制策划 2）进度目标控制策划 3）质量与安全目标控制策划

续表

策划任务	项目决策阶段
项目实施策划报告	1）项目实施目标分析和再论证报告 2）项目实施组织策划报告 3）项目实施合同策划报告 4）项目信息管理策划报告 5）项目目标控制策划报告

3.2.3　前期手续策划

项目建设准备阶段主要任务是办理各种审批手续，包括可行性研究报告审批、施工图审查、工程规划许可证及施工许可证的办理等，手续办理的进度直接影响工程开工的时间。

1. 前期手续办理流程

大型会展类项目一般为政府投资，根据《国务院关于投资体制改革的决定》，需报送审批项目建议书和可行性研究报告，即采取审批制。因各省市相关政府部门管理规定的不同，手续办理流程也不尽一致，但一般应如图 3-2 所示。

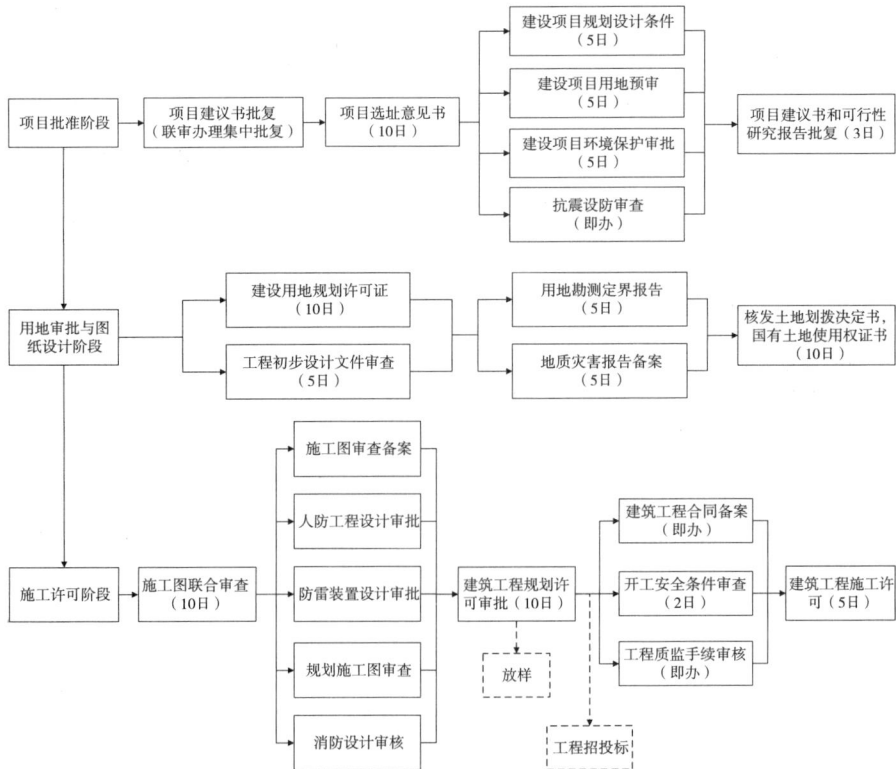

图 3-2　适用审批制的投资项目管理流程图

2. 前期手续办理内容

工程项目各项前期手续的办理需按照各省市相关政府部门要求提交一系列前置资料，现阶段常规内容见表3-3。

工程项目前期手续办理详表　　　　　　　　　　表3-3

序号	办理事项	前置资料	办理部门
1	项目建议书审批	1）项目建议书报告 2）基层计划部门或主管部门转报请示 3）有关部门审核意见	发展和改革委员会
2	环境影响审批	1）环境影响报告书（含表加专项分析） 2）项目所在县（市）环保部门和行业主管部门初审意见 3）投资主管部门备案通知书（审批、核准类除外） 4）专家名单、评审意见（要原件） 5）环评协议 6）建设单位报审报告 7）法律、行政法规及规章规定的其他材料	环保局
3	选址意见书核发	1）建设项目选址意见书申请表 2）项目申请报告 3）建设单位组织机构代码、法人资质证书、开发资质证书（验原件收复印件） 4）项目建议书的批复（原件） 5）预选址意见 6）环境影响审批意见（原件） 7）地灾评估报告（原件）（委托评估单位进行地灾评估并办理评估备案，备案表交到建设单位） 8）地形图2份（1∶500或1∶1000）	规划局
4	建设项目用地预审	1）建设项目用地预审申请表 2）用地预审申请报告 3）项目建议书批复或建设项目用地专题报告 4）项目可行性研究报告 5）规划选址意见书、环评意见 6）地质灾害危险性评估报告 7）其他办文需提交的常规性文件 8）国土资源管理部门出具是否压覆重要矿产资源的证明材料	规划局
5	可行性研究报告审批	1）项目可行性研究报告 2）具有相应资质的设计单位或咨询机构编制的可行性研究报告文书 3）具有相应资质的咨询机构组织对可行性研究报告的评估意见 4）规划选址意见 5）土地预审意见（国有划拨土地不用办理用地预审） 6）环境影响评估报告书批复 7）自由资金及银行贷款等建设资金的落实文件 8）工程招投标方案 9）项目建议书批准文件	发展和改革委员会

续表

序号	办理事项	前置资料	办理部门
6	建设用地规划许可	1）申请报告 2）建设用地规划设计要点批办单 3）土地部门批复 4）地形图1份（1：500或1：1000蓝图）、电子版地形图1份 5）相关部门意见 6）计划部门批复（项目建议书、备案证明）	规划局
7	土地划拨决定书及土地证	1）发展和改革委员会立项批复 2）用地单位营业执照或组织结构代码 3）建设项目用地勘测定界成果报告书 4）国有土地使用权划拨呈报表 5）用地申请 6）规划许可证及附件（定点通知书、附图） 7）环境影响评价文件 8）地质灾害危险性评估报告备案表	国土局
8	施工图审查	1）施工图设计审查、勘察报告审查报审表 2）规划定点图、立项批文 3）建筑设计方案节能专项设计审查合格证明 4）居住建筑（公共建筑）施工图设计节能情况一览表 5）勘察、设计合同备案表 6）施工图纸四套、地勘报告 7）节能、结构、暖通计算书等	审图中心
9	人防图纸审查	1）从事人防设计资质证书 2）报审表、结构计算书 3）符合深度要求的施工图 4）工程勘察成果报告 5）平战转换预案 6）人防办结合民用建筑修建防空地下室审核表 7）依法结合民用建筑修建人防工程协议书	人防办
10	消防设计审核	1）建设工程消防设计审核申报表、全套图纸 2）建设单位的工商营业执照等合法身份证明文件、授权委托书，设计单位资质证明文件 3）消防设计文件、消防设计质量承诺书 4）新建、扩建工程的建设工程规划许可证明材料	消防局
11	质量监督	1）图纸原件（审图中心盖章） 2）岩土工程勘察报告原件（审图中心盖章） 3）施工图设计文件审查合格书 4）施工图设计审查报告 5）监理合同、监理中标通知书或直接发包备案表 6）施工合同、施工中标通知书或直接发包备案表 7）建设工程质量监督申报表 8）廉政责任书	质监站

续表

序号	办理事项	前置资料	办理部门
12	安全监督	1）安全监督备案申报表、安全生产条件审查表 2）施工中标通知书、合同、施工企业资质及安全生产许可证 3）项目经理、专职安全生产管理人员等安全生产知识考核合格证书复印件 4）施工现场安全管理网络及安全技术措施 5）施工现场平面布置图 6）施工现场周边环境和地下设施情况交底表 7）危险性较大的分部分项工程工程量清单和安全管理措施 8）工程项目安全生产事故应急救援预案 9）建设工程项目农民工工伤保险登记证明 10）安全文明施工措施费支付计划或凭证 11）其他规定需要的文件	安监站
13	工程规划许可	1）可研报告的批复 2）国有土地使用证及附图、国有土地使用权出让合同 3）用地勘测定界成果报告书（54 坐标系的电子范围图） 4）规划设计条件及附图、规划总平面图及批准通知书 5）审批规划方案文本及电子版 6）交通影响评价报告及审查意见、日照影响分析报告及校核报告 7）施工图、施工图设计文件审查合格书 8）规划定点图及电子版 9）建设项目建筑面积汇总表及各栋楼建筑面积统计表、建设项目计算表格 10）施工图阶段要求征得的相关部门意见（水利、交通、消防、人防、文物、园林、山林、电力、市政、环保、部队等） 11）建筑方案节能审查表	规划局
14	工程施工许可	1）建设工程施工许可证申请表 2）建设工程用地批准文件、用地许可证、土地证 3）建设工程规划许可证 4）符合施工要求的拆迁证明（需拆迁的工程） 5）施工图设计审查批准书、施工图设计审查报告、防雷审查批准书 6）中标通知书及施工单位《信用手册》和《信用手册》备案记录、建设单位组织机构代码证 7）质量、安全监督通知书 8）银行出具的资金证明 9）相关费用缴纳证明	住房城乡建设局

注：详细前置资料以各省市相关政府部门要求为准。

3. 前期手续费用缴纳

在项目前期手续办理过程中，需按照各省市相关规定缴纳一定费用，详见表 3-4。

工程项目前期手续办理详表　　　　表 3-4

序号	收费事项	收费基数	费率标准	是否返还
1	规划信息公示费	单位工程	4000 元 / 工程	否
2	施工图设计审查费	建筑面积	1.44 元 /m²	否

序号	收费事项	收费基数	费率标准	是否返还
3	人防易地建设费	建筑面积	2400 元 /m²	否
4	防雷图纸审查费	建筑面积	1 元 /m²	否
5	档案编审费	建筑面积	1 元 /m²	否
6	新型墙体材料专项基金	建筑面积	10 元 /m²	是
7	散装水泥专项资金征收	建筑面积	2 元 /m²	是
8	白蚁防治费	建筑面积	2.3 元 /m²	否
9	城市建筑垃圾处理核准收费	建筑面积	2 元 /m²	否
10	配套费	建筑面积	105 元 /m²	否
11	印花税	中标价	0.3‰	否
12	社保费	投标文件	2.8%	否
13	综合保证金	中标价	2‰（20 万元封顶）	否

注：具体收费事项及费率标准以各省市相关政府部门要求为准。

4. 经验分享

（1）目前我国在工程前期手续方面存在的问题

1）对工程建设项目前期工作的资金投入不足。招标时建设单位往往对资金筹措情况的说明是"已落实"，而实际上却是在工程建设过程中边筹措、边建设。尤其是市政工程经常欠款，工程建设一般都由施工单位先行垫资，政府再逐年还款，这种方式的工程建设极易造成双方扯皮。

2）项目前期手续不完善。如项目建议书、可行性研究报告、建设项目立项批准书和土地使用手续等程序空缺；一些项目单位不认真履行基本建设程序，对项目审批中要求的立项、土地、规划、环保、节能减排等刚性手续，不能够全部履行审批手续，存在未审批先开工或边审批边设计边施工等现象，工程是边报批、边设计、边招标、边施工的"四边工程"，严重违反了国家基本建设程序。

3）项目前期工作不充分。有些项目的建设往往根据实际需要或领导指示确定，一般不会列入统一的项目建设计划，存在项目论证不充分，可行性研究不细致的问题，项目立项、资金筹措等工作缺乏计划性。

4）项目变更频繁。部分项目变更建设内容之后，未申请办理变更手续，而是通过投资评估中心进行概算评估，就予以拨款。原批准的可研报告、初步设计起不到控制建设内容和概算投资的作用，项目游离于基本建设程序之外运行。

这些问题的存在容易导致项目的前期工作失误，决策流于形式，工程盲目建设，工程投资超预算等，而政府执法部门对这方面的查处不严或者迫于某些压力不敢查处，施工单位处于弱势，即使发现有问题也不得不盲目施工，导致工程存在质量、安全隐患。

（2）主要原因分析

1）建设单位不熟悉工程建设基本程序，缺乏工程建设经验，安排工作不具有前瞻性。目前大多数报件人员均非建筑专业，对建筑设计、基本建设程序不太熟悉，当审批人员审核缺件时，才补办，这样就会延误办件时间，造成迟迟不能办结。

2）多数建设工程业主领导盲目追求工程进度，对项目前期工作的重要性缺乏认识，对前期手续办理不能给予及时有力的支持，加大了手续审批的难度，拖延工程前期工作进度。

3）部分手续办理非常繁复。仅一项手续的前置资料就可装订成一本厚书，且有些手续所需资料重复索要。

4）有些工程项目为了方便建设，经常置规划红线于不顾，擅自更改规划设计，违规建设，导致项目手续不能正常办理。

5）手续的审批时间太长，一些可以集中办理的手续划分太细而且办理地点不集中，办事效率太低，往往一个手续需要重复跑几个地方。

6）部分部门未严格执行国家及地方法律法规，导致手续办理拖拉、滞后、积压。

第4章
大型会展项目投资控制

4.1.1 投资控制的定义

建设项目投资指的是投资主体为获得预期收益或者为满足业主的功能和使用要求，从而在选定的建设项目上投入所需全部资金的经济行为。建设项目投资的构成如图 4-1 所示 [9]。建设项目投资具有投资额巨大、各项目投资差异明显、投资确定依据复杂、投资确定层次繁多等特点。

工程项目投资控制是指要在批准的预算条件下确保项目保质按期完成，即在项目投资使用过程中，以建设工程项目为对象，对项目所消耗的人力资源、物质资源和费用开支，进行指导、监督、调节和限制，及时纠正将发生和已发生的偏差，把各项费用控制在计划投资的范围之内，保证投资目标的实现。对工程建设项目活动总投资进行有效规划、控制和管理，降低项目成本，提高经济效益，一直是工程项目建设过程中的重点。

4.1.2 投资控制的目的

1. 减少投资风险，增加投资收益

大部分建设项目都是以获取目标投资收益为最终目的，在过程中对投资进行严格控制，以实现投资目标。大型会展项目具有建设规模大、建设周期长、投资额大的特点。

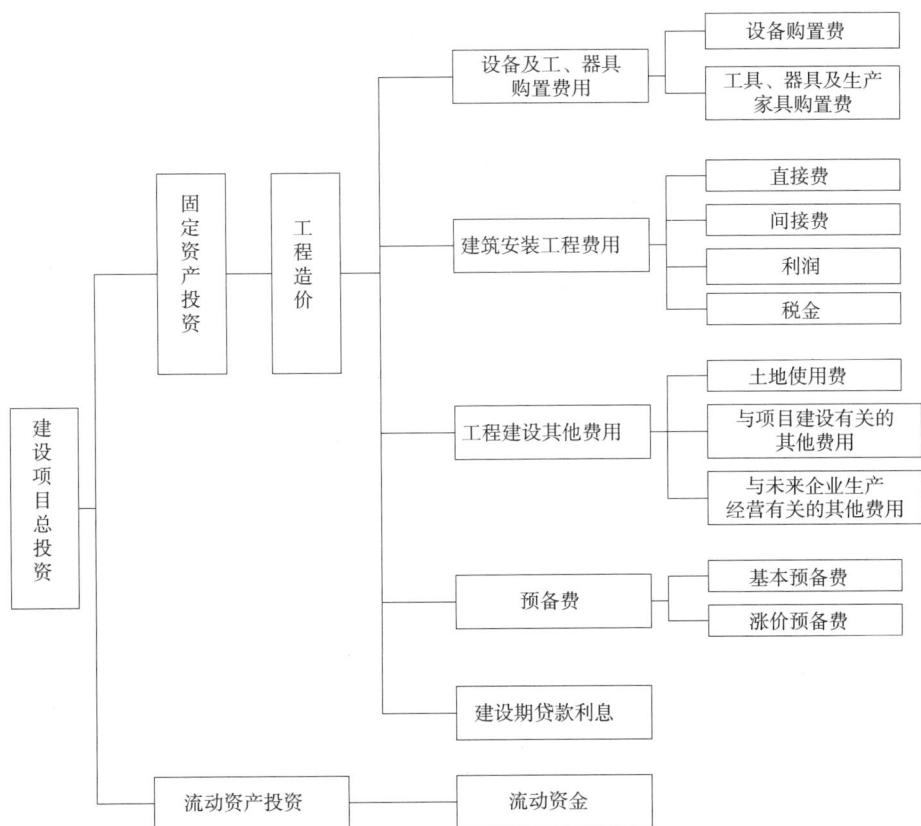

图 4-1 建设项目投资构成

在项目建设过程中存在着来自各个方面的风险影响着项目的投资，包括市场风险、技术风险、组织管理风险、合同风险及环境与社会风险，具体体现在工、料、机费用的市场价格变化，设计图纸有误、既定功能调整、实际施工与设计偏差导致的变更，组织不当、施工现场管理混乱，合同界面划分不合理、合同价格条款约定不详，自然条件、社会因素、政策法规变化及调整。可见，项目中存在的投资风险较多，对项目建设中可能出现的各种投资风险进行预测、分析、控制，减少投资风险对投资的影响，保证最终投资收益目标的实现。

2. 协调进度、质量控制，保障项目整体可控

进度、质量、投资控制一直是建设项目控制重点内容，三者的联系密切，相互制约又相辅相成。合理的投资计划及控制能够保证进度计划的顺利进行，满足项目活动有序开展需要的机械设备、人员安排等资源配置，为现场施工进度提供资金保障。建设项目建造过程中质量达到目标要求，减少质量问题整改及质量问题引发的变更及签证事项，协调工程材料及设备选择，降低过程中不必要的投资支出，同时，良好的投资分配也为质量保证体系建立及质量控制措施实施保驾护航。进行有效的投资控制，协调质量、进度控制，使投资、质量、进度目标实现平衡及可控。

4.2 招标采购管理

4.2.1 招采方式

工程建设项目通过招投标活动选择施工承包方及材料供应商，在进行招投标活动前，建设单位需要根据项目特点确定招标流程及招标文件内容，综合考虑、合理选择资格审查方式、材料设备供应方式及设备安装方式，有效招标采购方式的选择，将会大大地提高项目管理效率。

1. 资格审查方式

资格审查是工程招投标活动中不可或缺的环节，招标人按事先确定的资格条件标准对申请参加投标的投标候选人的资质、业绩、技术水平、财务状况等进行审查，选择合格投标人。资格审查方式可分为资格预审和资格后审，资格预审是在购买招标文件前对投标申请人进行的资格审查，以确定拟投标人是否有能力承担并完成该工程项目，是否可参加下一步的投标；资格后审则针对所有已购买招标文件的投标人，在评标时对投标申请人进行资格审查[10]。资格预审和资格后审的优缺点及适用范围如表4-1所示。

资格预审和资格后审分析　　　　　　　　　　　　　　表 4-1

资格审查方式	优点	缺点	适用范围
资格预审	1）提前淘汰不合格投标人，减少流标，节约时间和精力。 2）减少评标委员会评标阶段工作量，评标更加专注、准确。 3）事先掌握投标人基本情况，为选择中标人提供参考	1）延长招投标过程，增加招投标费用。 2）投标人信息保密程度低，投标人之间串标、围标等可能性较大	适用于对投标人资质要求较高、需提前掌握投标人基本信息的项目，或技术难度较大、工程规模较大的大型工程项目
资格后审	1）明显缩短招投标时间，提高招标效率。 2）投标人名单保密，串标、围标难度大。 3）节约投标经费，投标人能够充分竞争	1）评标工作量大，评标时间和成本增加。 2）投标人数不确定，流标风险大	适用于潜在投标人数量不多，具有通用性、标准化、一般技术要求的项目

2. 材料设备供应方式

大型会展项目建设过程中使用的材料设备数量较多，对材料设备的质量要求较高，材料设备采购费用在整个项目建设投资中所占比重较大。在招投标阶段前期业主需要对不同的材料供应方式进行权衡和选择，目前在工程建设市场上存在甲供、乙供、甲指乙供三种较为普遍的材料设备供应方式，对三种材料供应方式分析如表 4-2 所示。

材料设备供应方式一览表　　　　　　　　　　　　　　　　表 4-2

材料设备供应方式	定义	管控重点
甲供	业主通过公开招标方式确定材料设备供应商并与其签订供货合同	1）合理制定采购及资金周转计划。 2）协调材料设备进场交接及保管事宜
乙供	各承包商根据业主提供的技术要求自行采购和供货的模式	1）掌握材料设备到场计划。 2）严格把关进场材料设备质量
甲指乙供	甲方确定材料设备供应商范围，由乙方在指定范围内选择设备供应商，并与其签订供货合同	1）确定材料设备价格标准。 2）核对进场材料设备品牌及数量

3. 设备安装方式

随着创新能力和技术水平的提高，工程建设项目中新材料、新技术、新工艺及新设备的应用越来越广泛，大型会展项目建设中应用较多的新型、大型设备，设备安装方式成为项目建设过程中的管理重点，根据设备的技术要求，采用较多的设备安装方式有供货 + 安装和仅供货两种模式。供货 + 安装模式中只需与一家单位签订合同，此单位既是设备供应单位又是安装承包单位，仅供货则需与设备供应单位及安装承包单位分别签订合同，两种安装方式的对比如表 4-3 所示。

设备安装方式对比　　　　　　　　　　　　　　　　　　表 4-3

设备安装方式	优点	缺点
供货 + 安装	1）业主对设备安装的组织管理难度降低，减少精力投入。 2）不易在设备的试验、维护、保管、接口、协议、配合等问题上产生纠纷	1）设备由各承包商分散供应安装，规模效益差，增加成本。 2）对承包商安装能力要求高，安装质量难把控
仅供货	1）选择的安装承包商专业能力较强，设备安装质量高。 2）设备统一供货，便于对设备质量进行监督，减少设备品牌不同档现象	1）涉及单位多，业主对各单位组织协调难度增大。 2）设备供应商、安装承包商完全脱离，安装承包商参与设备到货管理的积极性差，两者间工作的配合程度低且容易出现扯皮现象

4.2.2　管理重点

1. 招标清单审查

招标工程量清单是工程量清单计价的依据，也是编制招标控制价、投标报价、计算或调整工程量、索赔等的依据之一，正确完整的招标清单能够降低不平衡报价、签证及索赔发生的概率，因此招标清单编制及审查必须严谨，以防清单缺漏项，重点审查内容如表4-4所示。

清单缺漏项审查重点　　　　　　　表4-4

审查方向	具体内容	审查措施
图纸	1）图纸不完整，遗漏部分工作内容或清单中遗漏图纸上的工程量。 2）图纸深度不足，具体做法和大样图不明确或缺乏材质尺寸及文字说明，无法在清单中体现	加强图纸设计及审查工作，保证图纸深度，核对图纸及清单的一致性
招标文件及法律、法规条款	遗漏招标文件及法律、法规条款，以及一些甲方要求的措施费或独立费等信息	掌握招标文件及法律、法规条款，核对清单与条款内容的符合性
编制人员	遗漏部分清单项或定额套用错误、遗漏	审查编制人员的专业能力及资质，核对定额套用准确性

2. 材料设备品牌审查

大型会展项目中使用的相关材料设备供应方式及品牌在前期就已经确定，若材料设备采用非甲供材的供应方式，就可能涉及材料设备品牌不同档问题，即不按合同约定的品牌采购，在建设过程中使用其他品牌代替。材料设备品牌不同档需要引起高度的重视，一是使用价格低的品牌替代价格高的品牌谋取利益，给业主带来投资的损失；二是实际使用品牌的质量标准可能与原定品牌质量标准存在差异，无法满足工程质量要求。

针对材料设备品牌审查工作，要求相关人员熟悉合同规定品牌内容，检验进场材料设备质量相关资料的同时核对材料品牌，并增加材料设备进场抽检数量，以防其中掺有其他品牌。对于已经与业主协商并取得业主同意或业主要求更改的材料设备要求提供书面材料证明，并附有负责人签字及盖章，否则不得进场使用。另外，在合同中明确惩罚条款，未经业主许可，材料设备使用合同规定外品牌的，相应单位必须无条件承担相应的后果及惩罚。

3. 投标清单审查

工程量清单招标方式的核心在于工程量价分离，但这一模式下，工程量清单的准确性和完整性由招标人负责。由于多种原因导致招标人提供的清单存在不准确性，比如少量、漏项、设计图纸不完善等，部分投标人利用工程量清单中的漏洞，采取不平衡报价策略进行投标，表现形式为对后期可能增加的工作内容采取高报价、对后期可能取消的工作内容进行低报价，以使总体报价偏低增加中标概率。任何不平衡报价都可能增加项目投资成本，甚至导致项目投资失控，为减少不平衡报价带来的影响，可在招投标环节采取图4-2中的控制措施。

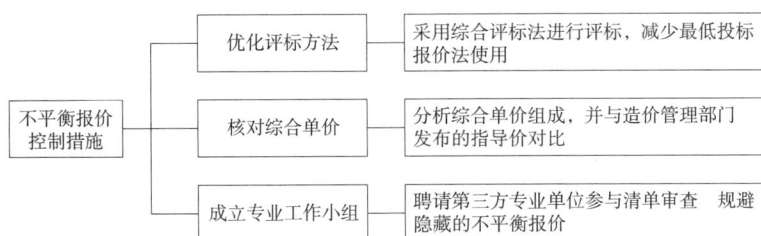

图 4-2　不平衡报价控制措施

4. 设备采购款支付节点

设备及工、器具购置费用作为建设项目投资构成的一部分，对建设总投资具有较大影响，首先是设备采购资金储备和规划不合理造成项目投资分配不均；其次设备采购款支付节点计划与实际现场施工进度不符，造成设备进场时间无法满足现场需求，过早则需考虑设备仓储保管，滞后则影响设备供应安装工期。

为实现设备采购款支付节点与投资分配、设备供应安装工期三者的相互协调，在确定设备采购款支付节点时，要结合项目总体资金计划及现场施工进度计划，并充分考虑环境因素对各个计划的影响，同时与各个计划的编制者要保持沟通，以便及时调整设备采购款支付节点，保持与设备供应安装计划及现场工期的适应性。

5. 合同条款审查

大型会展项目工程内容大多会涉及土建工程、幕墙工程、金属屋面、装饰装修工程、建筑电气工程、消防工程、给排水工程、暖通空调工程等诸多专业，必然有大量专业分包队伍、供应商签订相关专业合同，并且大型会展项目是集多个单体及配套工程组成的综合体，建筑、结构和使用功能上有一定的不可分割性，即使相同专业也可能会由不同分包单位施工并签订合同，导致合同关系复杂、合同界面难以划分，给施工界面协调管理增加难度。由此看出，合同界面的管理是整个项目管理的重点之一，签订合同时必须对合同条款进行审查，尤其注意合同界面划分是否存在遗漏和交叉，审查重点内容如表 4-5 所示。

合同界面审查内容　　　　　　　　　　　　　　　　表 4-5

界面问题	审查内容	控制措施
界面交叉	1）不同单位施工场地、施工范围重叠 2）不同专业施工工序时间、空间搭接错乱	1）合理划分标段及项目分包 2）严谨约定合同条款，不得随意套用合同模板 3）加强信息开放交流，提高合同界面管理水平
界面遗漏	1）施工内容遗漏 2）未规定界面处工程移交时间或质量标准	

4.2.3 经验分享

材料设备采购是招标采购的重点环节，尤其对于大型会展项目，建设过程中涉及大量的材料及设备，以及新材料、新设备的使用，设备及工、器具购置费用作为建设项目投资中重要组成部分，在招标采购阶段进行有效管理对控制项目整体投资具有重要意义。

1. 项目招标采购情况

会展建筑有较多的会展专用设备材料，比如为满足后期运营各类会展活动需求的展览建筑专用设备展位箱，又如用于双层展厅上层展厅防火隔离的脉冲风机等。会展建筑规模庞大，材料设备数量庞大，对重要材料、重要设备委托招标代理机构全部进行公开招标，材料设备招标采购工作量较大，管理工作难度大。

2. 招标采购管理措施

材料设备招标采购管理要综合协调工程质量、施工进度、投资费用等项目约束条件，为实现招标采购整体目标，某会展在招标采购前就材料设备招标采购风险进行分析，并采取相应措施，保证材料设备招标采购工作顺利开展。

（1）识别材料设备招标采购风险

材料设备招标采购阶段应用风险管理思想，对材料设备招标采购过程中存在的风险进行识别、分析，并采取相应措施规避，会展材料设备招标采购风险及对策如表 4-6 所示。

某会展招标采购风险及对策

表 4-6

风险	对策
技术指标不明确或错误造成现场返工或无法满足后期运营需求	组织专题会议，设计、监理、业主等会签技术规格书，控制技术标准和设备品牌档次
专用材料设备或大宗设备质量要求较高且采购价格较高	实地考察材料、设备厂家，比较各厂家质量、价格水平，形成考察报告；集中、批量采购材料设备，争取优惠条件
材料设备采购周期较长，采购价格可能存在较大波动	调查当地造价水平和类似工程的成本资料，预测材料价格的走势

（2）运用 BIM 技术提高招采质量

在材料设备采购前，通过 BIM 参数化建模创建不同尺寸机电设备进行比较选择，确定合适的设备类型、设备尺寸，并导出材料设备清单，可以实现在招标采购前基本确定设备规格、数量，业主确认设备质量要求后，对主要材料及设备进行摸底选材对比，在保证材料、设备质量达到设计及使用功能要求的前提下，通过多渠道询价将造价降到最低，降低采购价格过高风险，更易于选择适宜的材料设备采购方式。

（3）细化合同条款

合同是具有法律效力的约束文件，应对材料设备采购合同条款进行细化，主要针对合同内材料设备品牌方面：

1）明确材料设备品牌要求，在业主方招标范围外的品牌现场一律不得使用，并要求保证整个项目建设期间材料设备持续供应；

2）规定材料设备品牌变更程序及文件要求，严格材料设备品牌变更手续，基于数字化平台加快品牌变更申报及审批流程。

4.3 工程签证管理

工程签证是在施工过程中，承发包双方根据合同的约定，就合同价款之外的费用补偿、工期顺延以及因各种原因所做的签认证明，以及施工图纸中无法体现的工程内容在施工中又实际发生费用的签认证明[13]。工程签证的发生伴随着工程费用的增加，签证数量过多则会导致项目投资大幅度增加，在项目建设过程中对工程签证进行管理尤为重要，对于提升建设单位项目管理水平、降低工程成本、提高经济效益具有重要意义。

4.3.1 签证文件分类

工程签证一般可分为经济签证及工期签证，经济签证内容包含增减工程量、增减费用、人材机价格调整、零星用工、隐蔽工程、临时设施增补项目等，工期签证指由于人为因素或不可抗力原因导致的工期提前或延误的签证。在实际项目建设中，工程签证可分为以下几类：

1. 技术类签证

技术类签证主要是由于某一施工方法或施工工艺在原设计基础上进行改变而产生的，具体表现为设计单位完善设计内容、建设单位改变某项功能或施工单位为优化某项工艺要求而提出新的施工方案等。

2. 经济类签证

经济类签证适用范围包括：施工单位根据建设单位安排从事合同范围之外的临时性工作、零星工作或增加的工程项目，因设计变更造成现场其他工程量的变化，修改设计时施工单位已按原设计完成的部分或全部工作，以及其他应予以签证的情况。

3. 材料批价类签证

材料批价类签证主要是由于合同签订后材料价格变化较大引起的，这类签证处理要符合当时当地的市场行情及招标文件中对暂估价的相应约定，掌握当地工程造价管理部门和物价管理部门发布的材料信息价格。

4.3.2 签证管理

1. 加强工程签证合理性审核

大型会展项目庞大的建设规模一定程度上意味着建设过程中工程签证的数量较多，但有一点需要注意的是，并不是施工单位上报的每一份签证都是合理的，必须加强签证合理性审核，防止施工单位随意签证。建立建设单位、监理单位、施工单位及设计单位共同参与的签证管理体系，对每一项签证内容进行审核，对于有经验的施工单位能合理预见并采取保证措施的工程内容不予签认，对于设计、图纸及现场原因产生的签证必须经监理单位、建设单位联合确认并审批通过。同时制定签证办理规定，执行"一事一签""过时不签"的签证办理原则，签证文件资料要求完整齐全、真实有效，防止虚假签证、重复签证和事后签证现象。

2. 严格把关签证量、价审核

工程签证会涉及工程量的改变和工程费用的增加，工程签证的办理需严格按照审批程序，办理具有效力的签证文件及手续。签证办理过程中严格把关工程量、价审核，要求监理工程师对合同内签证工程量确认具体部位并用云线标注，合同外签证工程量进行现场确认，由造价工程师对签证工程量进行计价，并报造价咨询单位、建设单位进行复核计算，实行层层把关、层层审批制度，保证签证工程量与现场实际情况相符，签证价格合理准确。

4.3.3 经验分享

工程签证是工程项目建设中经常发生的，其作为一种补充协议形式将直接影响整个项目投资。因此，工程签证管理在整个项目投资控制管理中占据重要的地位。

1. 工程签证数据统计

某会展项目建设过程中按照引起签证的原因对签证进行分类，并建立各施工单位工程签证台账，记录签证编号、签证原因、签证内容等信息，归纳其签证类型包括设计变更引起的签证、图纸问题引起的签证及现场施工条件引起的签证。根据不完全统计，某会展项目已经归档工程签证共 418 份，其中设计变更签证 335 份，图纸问题签证 34 份、现场施工条件签证 49 份，各类签证比例如图 4-3 所示。

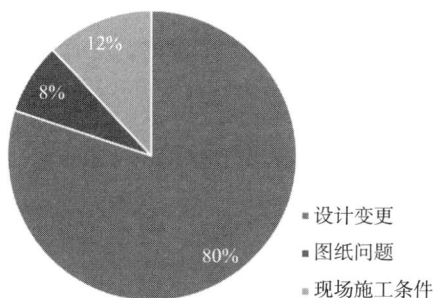

图 4-3 各类签证比例

2. 工程签证管理措施

管理单位在如何对项目建设过程中工程签证进行高效管理的问题上，应给予高度重视，在施工前就予以综合考虑，制定相关措施以降低工程签证的数量、加强工程签证的管理。

（1）制定工程签证预控流程（图 4-4）

（2）明确签证文件上报要求

对于项目建设过程中产生的工程签证，施工单位在上报签证文件时必须保证内容的真实性、合规性，签证文件包含以下内容：

1）签证原因；

2）签证事实发生日期或完成日期；

3）签证提交日期；

4）签证位置、尺寸、数量、材料等（签证数量应有逻辑关系清晰的计算式）；

5）执行签证事实的依据，如书面文件；

6）签证事实及完成情况简述；

7）附图示说明及照片；

8）项目监理机构、造价咨询单位、建设单位（工程部、成本部）审核意见；

9）施工单位经办人、项目经理签字加盖项目章。

上报的工程签证既要保证签证文件的有效性、合规性，还要保证签证文件的及时性，以"一事一签，过时不签"为基本原则，施工单位在签证工作完成后一周内上报完整的签证文件，监理单位、造价咨询单位、建设单位分别于一周内完成审核、批准工作。

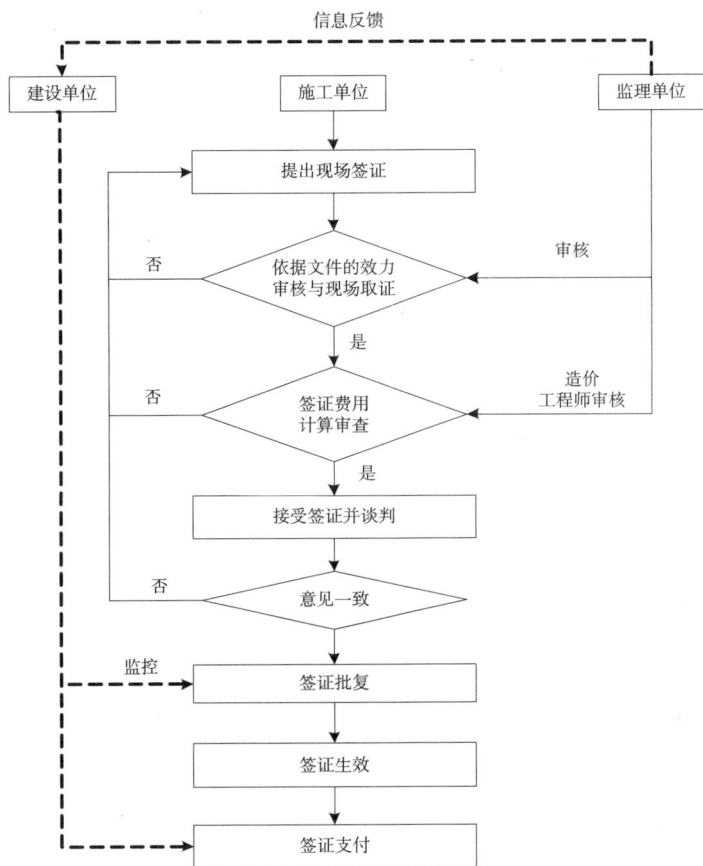

图 4-4　现场签证预控流程图

（3）运用 BIM 技术进行签证管理

某会展在项目建设期间积极运用 BIM 技术，通过 BIM 参数化三维建模提前发现图纸中的设计问题、各专业间的碰撞问题，汇总成碰撞报告报送设计完善，碰撞报告格式如表 4-7 所示。通过运用 BIM 技术，在相应工程施工前完成设计优化，减少现场设计变更带来的工程量拆改、返工，有效减少了工程签证的数量。另外，利用 BIM 技术进行签证工程量统计，导出工程量清单，对施工单位上报签证中的工程量进行复核，防止施工单位多算、冒算，有效降低工程签证金额。

BIM 碰撞报告格式　　　　　　　　　　　　　　　　　　　　　　表 4-7

专业	建筑 结构	模型名称	HZ_CD_AR_B1EH HZ_CD_ST_B1EH
图纸名称	20170308 双层展厅平面 _t3 双层展厅 7.5m 结构平面图 20170308	模型名称	HZ_CD_AR_B1EH HZ_CD_ST_B1EH
问题位置	7.500 轴（2-B ~2-C）（2-38~2-39）	涉及专业	建筑 结构

续表

问题描述	建筑开洞，但结构未开洞
问题截图	
设计院意见	

4.4　竣工结算管理

竣工结算管理是控制工程建设项目投资的最后一个环节，与招标采购管理、工程变更管理、工程签证管理不同，竣工结算管理属于事后控制，主观能动性不强，全凭工程竣工结算资料进行工程结算，管理难度较大，因此应严格进行竣工结算管理，减小投资超限概率。

4.4.1　竣工结算文件管理

1. 建立竣工结算资料体系

竣工结算需要收集项目建设过程中涉及工程价款的全部资料以作为竣工结算的原始凭证，建立资料管理体系，收集包括且不限于以下相关资料：

（1）图纸类，包括最终版完整的施工图纸，设计变更（含设计变更通知单及说明、设计变更实施确认单等整套资料），图纸会审记录，竣工图纸。

（2）结算类，包括结算书及计算书等。

（3）其他，包括工程签证单及相关资料，材料设备批价单及相关资料，工作联系单（含施工过程中往来的联系单），指令单，界面划分等会议纪要文件，批准的施工组织设计或方案，隐蔽工程验收记录及竣工验收资料。

2. 建立竣工资料管理制度

为保证竣工结算工作的顺利开展及竣工结算资料的完整性，要求竣工资料提供及接收人员对提供资料的真实性、有效性、完整性负责，并要求各单位必须一次性提交完整资料，严禁反复提交。另外，为缩短竣工结算的周期，设置结算资料提交时限，要求各单位在规定时间段集中提交结算资料，设置专门资料对接人，在竣工结算期间全程跟进结算资料管理。

4.4.2 竣工图审查

竣工图是竣工结算时确认工程量的主要依据，对竣工图的审查必须认真严谨，建立一套施工单位、设计单位、监理单位、建设单位共同参与、层层把关的审查程序，施工单位自检合格后依次报设计单位审核、监理单位复核、建设单位审批。审查过程中将竣工图审查重点放在竣工图及相关资料、竣工图与现场一致性两个方面。

1. 竣工图及相关资料审查

竣工图审查时，对于竣工图中未变更的部分进行施工图与竣工图一致性审核，对于竣工图中变更的部分重点审查变更部位变更依据的有效性，包括工程联系单、专题会议纪要、设计修改通知单、技术核定单、图纸会审记录等，变更依据必须与变更部位一一对应，并全部反映在竣工图纸上。对于提供的竣工图相关资料必须完整齐全并经各方签字盖章确认，缺失任何一项资料或缺少任何单位签字确认的一律退回施工单位，不予受理。

2. 竣工图与现场一致性审查

为加强竣工图复核与校审工作，进行竣工图与现场一致性审核，着重检查变更的内容现场是否已经全部实施，变更内容是否在竣工图中得到清晰准确的体现。要求竣工图审查人员深入现场检查复核，对于竣工图不清楚、与现场不对应的地方，形成书面审查意见，施工单位进行限期修改，做到实际施工现场与竣工图纸的高度契合。

4.4.3 结算审核

工程结算是最终结算工程价款的经济文件，经审核的竣工结算既是业主与施工方最终付款的依据，也是编制竣工决算文件和财务核定新增固定资产的重要依据。因此，结算审核在整个建设投资控制中起到决定性的作用。根据结算审核步骤和内容，梳理出结算审核重点工作包括结算资料的有效性审核、工程量的准确性审核、工程费用的合理性审核。

1. 审核结算资料的有效性

竣工结算以过程中形成的竣工资料为基础，结算资料必须具备有效性，才能够作为竣工结算的依据。大型会展项目相对于一般建设项目竣工资料更加繁多且复杂，结算资料审核工作量大，同时也需要更加严格。对结算资料进行分类汇总，各单体同类别的资料集中审核，例如签证、变更汇总之后统一进行审核，审核工作内容包括审核与工程量、工程价款变化相关的事件是否真实，资料是否齐全，是否具有相关指令及各方签字认可，是否附有真实发生并实施完成的证明文件等，如若有不满足有效性要求的结算资料不予作为结算依据，对应内容不予结算。

2. 审核工程量的准确性

大型会展项目建筑体量庞大，竣工结算时上报的工程量容易出现多报冒算的现象，并且不易被发现，因此工程量准确性审核的工作绝不能懈怠。结算人员按照竣工图纸、对涉及工程量变化的竣工资料进行工程量复核，尤其注意隐蔽工程、变更工程的工程量是否按实上报，合同内取消的工作是否重复上报。结算人员与现场技术人员相互配合，对于竣工图不清、变更量不确定之处，要得到现场技术人员的确认或到工地现场进行实地测量，使得上报工程量与现场实际施工工程量保持一致，保证工程量的准确性。

3. 审核工程费用的合理性

从建设项目工程投资构成中不难看出建设项目涉及的工程费用繁多，而大型会展项目因其结构特殊性及新材料、新设备应用，涉及的工程费用更具有大额性。在竣工结算的最后环节，更要注重工程费用合理性审核工作，减少不必要、不合理的费用支出。

工程费用合理性审查内容包括各种税费的支付确认，例如印花税、营改增变化下涉及材料购买的税费等，明确相应的垫付人。对于上报的工程费用，审核子项目套用清单/定额是否正确、主要设备及材料的认价及暂估价材料的认定是否合理、措施费是否与已审批施工方案相符、各项收费费率是否符合规定及是否为最新发布的费率等。严格进行工程费用的审查，对不合理的工程费用予以按实扣除。

4.4.4　经验分享

大型会展项目的竣工结算管理较一般建筑项目来说具有参建单位众多、竣工结算资料复杂、竣工结算周期长等难点，如何克服这些难点以便有效地开展竣工结算工作成为竣工结算管理的重点。

1. 竣工结算概况

某会展项目参建单位众多、合同关系复杂，涉及总包单位和多家甲指分包单位，并且此会展项目建筑规模庞大，涉及多个建筑单体，各个建筑单体的体量大，建设过程中涉及到的施工资料文件多，导致结算资料更加复杂、繁多，给竣工结算工作增加组织协调难度，某会展竣工结算工作情况如图 4-5 所示。

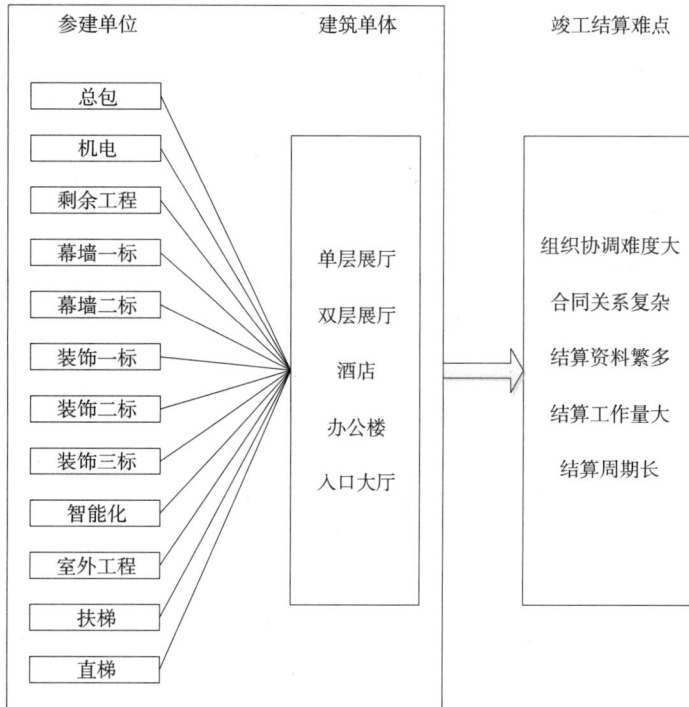

图 4-5 某会展竣工结算基本情况

2. 竣工结算管理措施

由于会展参建单位众多、合同关系复杂，在竣工结算工作启动前就要对整个结算工作进行统筹规划，确定总体结算工作流程和思路，确定结算资料要求、结算人员要求、结算工作制度。

（1）确定工程竣工结算预控流程（图 4-6）

（2）高标准要求结算人员

竣工结算工作启动前，组织召集各参建单位项目负责人及专业造价人员共同参与结算启动会议，要求结算的人员必须经项目负责人授权并在结算阶段全过程跟进参与，同时结算人员必须具备专业资质、足够的专业能力，熟悉预算定额的套用和费用的计取，

信息反馈

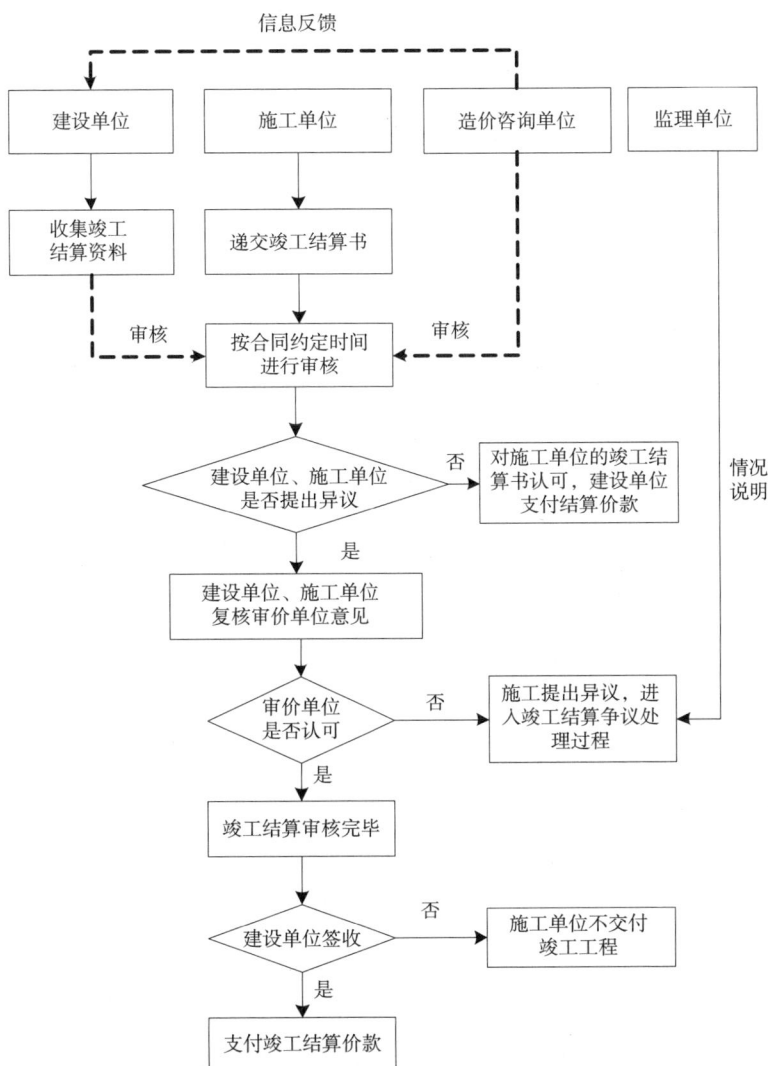

图 4-6　工程竣工结算预控流程图

熟悉项目建设过程资料，了解施工工艺、施工规范、建筑构造等知识，严格按照定额换算和增补，提高计量计价的准确性，为竣工结算工作夯实基础。

（3）严格要求结算资料提交工作

竣工结算资料是竣工结算的基础和依据，某会展项目在竣工结算时对竣工结算资料提出严格的要求，要求各施工单位认真对待结算资料，制定结算资料提交目录和提交计划。要求提交结算资料时必须保证资料具备完整性、系统性，严禁多次、分散提交或过程中发现漏交补交，同时对结算资料的真实性负责，否则建设单位有权暂停施工单位的竣工结算工作，后果由施工单位自行承担。

（4）建立竣工结算工作制度

某会展项目对工程竣工结算实行施工单位编制、监理公司审核、造价咨询审计、业主审定"四级"审核制度。同时为提高竣工结算工作进度和工作质量，联合各参建单位对参与结算工作的相关负责人和专业人员实行工作签到制度，要求参与结算核对的人员需每日进行签到，注明时间及核对的内容。制定成果确认制度，各结算人员对每日核对结果及时进行汇总并当日确认，保证结算工作有效推进。

第5章
大型会展项目设计管理

对于大型会展工程设计而言，设计质量不但影响工程进度、投资，更影响着整个工程的质量。设计问题导致的建筑物修补、重建，会为建筑工程带来很多负面影响。现阶段大型会展工程项目基本包含大型展览、会议、酒店、餐饮等诸多业态，如何使会展建筑满足其特殊功能需求，同时具有现代感，成为工程设计的难点。本章对会展工程全周期设计风险管理进行分析。

5.1 设计管理概述

5.1.1 设计管理目的

设计是工程实施阶段的龙头，是工程建设的灵魂。设计阶段工作的好坏，对整个工程项目目标的实现，无论从工程质量还是从投资和进度方面而言，都有着举足轻重的作用。近些年，众多大型公建项目蓬勃发展，这些项目往往质量要求高，施工工期紧，对设计质量提出了更高的要求。另外，边设计、边施工等问题在实际项目开展中也往往难以避免，设计管理的重心逐渐向项目实施阶段转移，项目设计管理愈发重要，设计质量的好坏对工程质量、进度、投资都有着重要影响，同时，大型项目有着其自身的特点，也凸显了设计管理的必要性。

由于现代技术进步以及社会建设快速发展需求，大型项目建设要求越来越高，在规模、技术、工期、成本等方面都体现出新的特征。

（1）协调复杂性

当前大型项目，如大型会展类项目建设越来越复杂，功能需要多元化、特殊化，不再像以往仅是建筑、水电、景观等几个方面要求，其往往涉及交通、信息、生态、能源等方面规划、设计，由于众多不同专业归结在一起引起专业化需求与不同单位之间经济和专业方面之间的矛盾，并且大型项目参与单位不再是以往小型项目常规几个专业单位之间的配合，而出现由生态、能源新兴专业等这些单位的合作，相关合作经验比较欠缺，导致项目过程中组织方面的高度复杂性。

（2）技术专业性

随着环境和节能环保要求的提高以及人们环保意识的提高，对安全、健康的关注提高，大型项目面临的技术问题越来越复杂，不再局限于传统领域的技术问题，而是延伸到生态、自然环境以及信息智能化、安全性等新的领域，技术含量越来越高，专业化程度越来越大，要求越来越严格。由于工程技术难度增大，设计面临更多的技术难题。

（3）工程紧迫性

由于市场竞争激烈，对建设工程项目在工期、投资方面提出更高要求。工程项目投资受市场影响比较大，对建设工程项目的设计、建造时间要求比较紧迫。在保证工程质量和目标的同时，要求降低投资费用，节约成本，实现利益的最大化。

5.1.2 设计管理特点

大型会展项目的复杂性及其在质量、经济效益方面的严格要求，对项目的设计管理产生较大的影响，使设计管理具有以下几个特征：

（1）设计规模大、参建单位多

现代大型会展项目因其体量巨大，涉及众多专业，项目复杂，项目的设计需要多个专业设计单位共同完成，设计周期时间长，设计工作量大，并且由于是大型项目比较重视新技术的应用，技术难度比较大，对设计单位的要求较高。

（2）设计界面多、协调难度大

由于项目设计专业比较多，且由不同的设计单位负责，各设计专业之间及不同的设计单位之间交叉界面多，设计管理所涉及的界面也就比较多，需要大量的沟通管理工作。同时由于项目的复杂性和设计的系统性要求，各专业之间技术协调难度较大。

（3）设计单位多、地域分布广

大型会展项目因其专业性较强，项目设计参与单位众多，设计单位往往遍布全国各地，分布于不同的地域，给设计管理在空间上带来挑战性。而且各个参与方围绕项目进行工作的条件和平台不同，各单位使用的软硬件平台和设计手段也具有各自的特点，对项目设计管理的整合和优化能力提出比较高的要求。

从服务内容来讲，设计管理囊括了项目策划阶段、勘察设计阶段、招标采购阶段、工程实施阶段直至运营维护阶段的各类设计相关的内容，设计管理复杂，任务繁重。总结以往工程经验，我们认为大型会展项目设计管理的重点为：设计图纸管理、设计进度控制及设计变更管理。

5.2　设计图纸管理

5.2.1　图纸质量管理

工程设计图纸质量是项目整体质量的保证。工程施工图纸缺陷不可避免，如图纸及文档不准确或不齐全、节点遗漏缺失、结构图纸与其他专业图纸墙柱定位、标高不对应等。有些节点缺陷在施工过程中未发现，往往在结构施工完成后显现，这将大大增加重新修改或返工工作量，必将增大施工造价，且无法保证后续施工质量。因此，图纸质量管理是控制施工质量和工程造价的关键因素，是设计图纸管理重点工作，我们列举了常见图纸质量问题，以供读者参考：

（1）某会展办公楼屋顶花园设计时未充分考虑屋面排水，雨天易导致积水，这将额外增加结构设计中并未考虑的荷载，给结构安全带来风险。

（2）某会展展厅 22.5m 屋面为混凝土屋面，其防水为 3mm+1.5mm 厚自粘防水卷材，但该区域幕墙埋件处无防水节点做法，对屋面防水整体不利。

（3）某会展精装修区域与幕墙交界处，墙面、顶棚与幕墙间空隙封堵做法设计不明确，导致此类区域收尾工作滞后。

5.2.2　图纸界面管理

1. 与幕墙专业深化图纸中存在冲突的内容

土建与幕墙专业的冲突主要是幕墙后增加埋件，对原结构墙体造成破坏，墙体修复质量难以控制且不利于成本控制，另外与幕墙收口处部分节点不明确，简例如下：

（1）某会展展厅外围（实体墙区域，包括楼梯间）均为 ECP 幕墙挂板，其墙体最下一排埋件为后来变更增加。该埋件施工时楼梯间、配套用房的墙体抹灰、腻子均已施工完毕，导致后续修补困难，质量也难保证。

（2）某会展展厅外大楼梯间处幕墙专业与精装专业的收口施工界面不清晰，且各专业图纸上此处收口缝隙无具体做法，导致收尾工作滞后。

（3）某会展展厅屋面处幕墙钢梁与出屋面管道冲突，幕墙深化设计与土建专业未充分考虑配合。

（4）某会展酒店屋面擦窗机基础设计尺寸过小，导致后续使用过程中可能出现柱头开裂的问题，造成擦窗机不能使用。

2. 与安装专业图纸中存在冲突的内容

土建与安装专业的冲突主要为预留洞口尺寸、位置未与安装专业充分沟通确认，导致部分原预留洞口在安装施工时不满足需求，增加了大量洞口封堵、新开洞口等工作量，对进度和成本控制不利，另外部分节点设计不合理。简例如下：

（1）某会展展厅多个轴线防烟前室 7.5m 结构平面图板洞口尺寸 700mm×700mm，但是展厅风管平面图显示，该部位风管直径为 800mm，结构预留洞尺寸与风管安装尺寸不符，根据现场安装条件需要将该结构预留洞口尺寸扩大至 900mm×900mm。

（2）某会展多功能厅空调机房内有 8 个穿过屋顶结构楼板的风管，其尺寸为 1000mm×1000mm，但在原结构施工图上无该预留洞口。

（3）某会展展厅建筑图中示意展厅配套用房、库房、东卫生间等房间门洞上方设置通风百叶，洞底距地 3000mm，现场预留完成；而根据房间功能、吊顶标高及通风专业图纸等条件，通风洞口需设置在距地 4500mm 以上，与原预留洞不符。

（4）某会展展厅东南侧回风管洞口在展厅内，结构预留洞口与通风洞口尺寸不符。

（5）某会展土建专业给电梯预留的电梯井尺寸与电梯门框的尺寸不符，导致电梯框安装完成后与洞口边有 100mm 左右的缝隙，后续需增加节点做法解决此问题。

3. 与精装修专业图纸存在冲突的内容

原建筑结构图与精装修专业图纸存在墙体、门做法不一致等问题，且在精装修施工过程中吊顶标高存在局部不能统一或冲突问题，另外部分节点在设计图纸中不明确。简例如下：

（1）某会展展厅连廊至登录大厅防火隔间处，现场墙体长 1520mm，精装图完成面尺寸为 1500mm，无法满足精装图尺寸要求。此类因原建筑结构图与精装修门洞位置、尺寸不匹配问题在施工过程中多处出现，增加现场施工协调工作量。

（2）某会展登录大厅部分防火卷帘因现场梁结构或消防管道的影响，卷帘下口高度不满足精装吊顶高度要求。

（3）某会展安装专业管道标高与精装修吊顶标高存在冲突，未能在施工前系统解决，导致后续吊顶施工滞后。

4. 与室外总体工程专业图纸存在冲突的内容

（1）某会展部分室外管道、管井在设计时未考虑原结构层标高，导致施工时现场进行位置调整，增加了协调工作量。

（2）某会展原设计未充分考虑室外广场苗木种植问题，导致地下室顶板标高有误，其上覆土厚度不能满足榉树等苗木种植要求，现场树池施工完成后重新加大，产生额外变更费用。

5.3 设计进度控制

设计管理工作贯穿整个工程项目建设开发全寿命周期，从项目前期（建议书、可行性研究、策划）、方案设计、扩初设计、施工图设计、施工、竣工到投入使用等每个阶段都离不开设计管理。设计管理工作中设计进度控制不仅是设计阶段的管控重点，也是建设项目全生命周期进度控制的重要内容。

一方面设计进度控制是施工进度控制的前提，设计进度跟不上，设计图纸出图滞后，施工单位就无法按计划施工。为了科学缩短建设周期，设计管理人员应合理安排设计单位的设计进度，以满足建设单位既定的开工日期。另一方面设计进度控制又是材料供应和设备采购控制的前提。设计过程要考虑有些材料采购周期长，设备供应时间久的因素，合理安排设计进度，保证充分的余量，避免出现材料、设备供应不上而导致工程进度滞后的现象。

5.3.1 设计需求

在进行设计时未能充分理解业主的设计需求，导致设计方案难以确定，或在实施过程中因设计意图的变化而导致设计变更。

设计一般来说分为方案设计、初步设计、施工图设计三个阶段。对于大型综合项目，在实施性方案之前还会经过总体规划设计、概念性方案设计，然后根据选定的概念方案进行方案深化设计、初步设计、扩初设计、施工图设计。在任一设计过程中皆可能出现未能充分理解业主需求导致后续设计变更甚至是设计工作暂停的现象。

在会展建筑的方案设计、初步设计等阶段，应充分论证考虑各展厅在未来一段时间需要具备哪些功能，供给何种展会使用，明确展厅展位的功能设计及定位。如果在设计前期对设计意图的理解不深刻、不明确，容易在施工阶段造成返工或者不必要的索赔。因此，在前期方案设计时便应充分理解业主对项目的预期目标，为达到预期目标依据业主自身能力合理制定设计方案，使其能在满足业主规模目标的同时也能充分调动业主自身的资源。

例如在对展厅的展位箱功能设定时，需要充分考虑是否所有展位需要全部配置给排水系统，如果取消展位箱的给排水系统，对一些需要提供水源的如"渔博会"等展会活动，就限制了其对外提供会展服务的能力。

5.3.2　审批流程

设计图纸一般由行业行政主管部门进行审批，审批过程中常存在因设计基础资料提供不及时或不准确、对专业文件或行业要求传达不明确等原因而造成的设计文件反复报送、审批。当然，施工图审图机构任务紧张、专业审图人员不足也是导致审图时间过长的原因。

因此设计管理人员要加强与规划、消防、人防等政府各主管部门的沟通和协调。关于设计报批事项，设计管理人员要及时跟踪与沟通，并通过合法的途径将设计意图反映出来，影响他们的决策倾向并加快报批进程。

2019年3月，国务院办公厅印发《关于全面开展工程建设项目审批制度改革的实施意见》，明确提出"探索取消施工图审查（或缩小审查范围）"；随后，多地出台取消图审相关文件，发文深化施工图审制度改革，以精简审批环节和事项，减少审批阶段，压减审批时间，提高审批效能。

5.3.3　设计计划

设计进度控制影响因素众多，是一个宏大的系统工程，目标不明确会导致进度计划编制不完善，无法合理的划分时间节点，不合理的进度控制计划不能很好地指导设计工作，将会导致设计进度控制难。

设计进度控制的目标是整个项目建设进度计划目标的重要分目标之一。通过甲乙方的沟通协调，在设计委托合同中明确设计周期的时间，包括设计各阶段提交设计文件成果的计划时间以及对计划完成时间的责任约束条款。

设计负责人应根据设计策划要求并根据具体项目设计范围和阶段的特点，依据主要项目建设总进度目标分解后对设计周期的要求、项目的规模及复杂程度、设计工期的定额、设计方的资源配备、类似项目的设计周期经验等制定合理的设计进度计划。

例如，精装修专业队伍进场施工前，需要提前预留 2 个月左右的时间完成精装招标图纸的确认工作，进而完成精装修专业的招标工作，招标图纸的滞后将直接给精装修施工单位的招标、进场带来影响；精装修单位签订合同后，需要尽快完成一次机电图纸和二次机电图纸的优化工作，为精装正式施工做好技术准备。在"确认精装招标图纸→精装单位招标完成→精装单位进场→一次机电和二次机电图纸深化→开始施工"这条主线工作中，对设计周期的精准管理将直接影响各项工作的正常开展。

5.3.4　设计经验

无论在设计的哪个阶段，前一阶段设计图纸的质量，将决定后一阶段的设计水准。若设计人员设计经验欠缺，将可能出现以下问题：

（1）建设单位设计管理人员经验不足，可能会导致设计要求及设计意图在决策的过程中出现滞后。

（2）建设单位无法为设计单位提供准确的前期准备资料；在设计委托及招标过程中经验不足无法快速地选择高质量的设计院；对重要设备与材料的选择不及时。

（3）需要建设单位进行确认的设计文件不能及时、准确的反馈意见；设计文件向有关部门送审报批不及时。

（4）设计单位设计人员的责任意识不强，未能充分的理解建设单位的设计意图，造成设计工作反复，设计人员对材料与设备的选择由于各种原因发生偏差。

因此，无论是建设单位还是设计单位，亦或施工单位和监理单位都应积极调配自身设计资源，配备高素质的设计人才，充分理解设计意图，制定详细的设计进度管理计划，确保图纸质量。

5.3.5　设计协调

一般来说大型会展类项目，除了主要的建筑、结构、暖通、给排水、强弱电外，还有一些为满足特殊使用功能的专业设计，通常是由于一次设计深度不足。专业设计一般由总包单位或者系统承包商根据现场施工阶段的需求和条件，委托专业设计人员进行二次深化设计，以发挥其专业技能和经验的优势。

例如，在某会展项目中，需要进行专业深化设计的内容包括智能化、小市政、人防、景观、泛光照明、太阳能采暖、室内外标识、厨房、精装修等；同时，为提升和保证建筑的档次和功能，对于幕墙、绿建、机电、智能化、厨房、声学等专门聘请专业顾问单位，为相关专项内容提供专业咨询和技术服务。众多设计和顾问单位在管理协调上存在一定的难度，但总体上需要统筹解决两个问题：

（1）设计界面协调管理问题，例如音视频类的小系统，在设计界面划分时容易遗漏，若在施工阶段才发现系统缺失，将会对整体施工进度带来极大的影响。

（2）设计管理流程问题，例如展厅外的路灯深化设计时需参考小市政专业的室外雨污水管道排布，尤其是一些高路灯基础开挖较深，在路灯点位设计时应避开小市政管所在的路由，因此路灯深化设计单位在设计前需要提前向业主单位索要"小市政管线排布图"，避免后期因路灯点位设计不合理而造成的设计变更进而影响现场施工。

5.4 设计变更管理

设计变更是指项目自初步设计批准之日起至通过竣工验收正式交付使用之日止，对已批准的初步设计文件、技术设计文件或施工图设计文件所进行的修改、完善、优化等活动。设计变更根据其变更目的和介入时间不同，主要有以下几种方式：

（1）在建设单位组织的有设计单位和施工单位参加的设计交底会上，经施工单位和建设单位提出，各方研究同意而改变施工图的做法，都属于设计变更，为此而增加新的图纸或设计变更说明都应由设计单位或建设单位负责。

（2）工程开工后，由于某些方面的需要，建设单位提出改变某些施工方法，或增减某些具体工程项目等，如建设单位要求增加的管线，在征得设计单位的同意后出具设计变更。

（3）施工单位在施工过程中，遇到一些原设计未预料到的具体情况，需要进行处理因而发生的设计变更。如工程的管道安装过程中遇到原设计未考虑到的设备和管墩、在原设计标高处无安装位置等，需改变原设计管道的走向或标高，经设计单位和建设单位同意，办理设计变更或设计变更联络单。这类设计变更应注明工程项目、位置、变更的原因、做法、规格和数量，经各方签字确认后即为设计变更。

（4）施工单位在施工过程中，由于施工现场、资源市场等原因，如施工条件不成熟或者材料供应不及时，需用其他材料代替，或者需要改变某些工程项目的具体设计等引起的设计变更，经双方或三方签字同意可作为设计变更。

任何项目在施工过程中都不可避免会发生设计变更。一方面，合理的设计变更会给建筑本身带来更为先进、优质的功能提升。另一方面，设计变更也可能给现场的施工进度、投资带来一定影响，尤其是影响施工关键线路的设计变更。因此，准确、及早发现施工过程中的设计变更项，加强设计图纸审核工作，对工程质量至关重要。

5.4.1　建设功能需求

施工过程的一些设计变更往往与建设单位功能需求的及时性及决策水平有很大关系。一个有着较高的管理水平、成熟的管理经验的建设单位，应根据现场施工情况，及时提出明确的建筑功能需求，忌"决策不及时""朝令夕改"，以避免对现场施工造成影响。

如某会展中涉及的办公业态中，裙房 4 ~ 6 层原设计方案作为办公使用，在主体结构和部分砌体结构施工完成后，建设单位决定将该区域改成客房，该变更不仅引起一定量砌体结构的拆改，相应的机电安装专业也出现了相当大的改动：给排水系统增加了部分给水管、重力排水管、通气管；卫生间增加排气管；消防系统增加了部分喷淋末端喷头；精装专业灯具数量增加，引起配电容量的增大，配电箱内的电气元器件相应改变；管道数量的增加尤其是增加了重力排水管，引起吊顶标高的改变，影响范围可谓巨大。总之，由于建筑功能需求的改变，不仅造成了大量的拆改和变更，一定程度上对工期也带来了不小的影响。

5.4.2　设计交底和图纸会审

由于各类客观或主观因素限制，设计人员和现场施工人员在施工前期不能全面、及时地发现各类设计缺陷，待现场工程实体施工过程中或者完成后，个别图纸缺陷及冲突才能暴露出来，此时需根据现场实际情况采取修补、返工等措施进行权衡处理。此类问题通常无法完全杜绝，实际施工中往往通过不断出变更单进行弥补，给现场施工质量、进度造成较大的压力。

对于图纸错漏碰缺问题造成的设计变更，最好的管理就是将变更消灭在摇篮之中。进行工程设计交底和图纸会审的目的就是为了减少图纸中的差错、遗漏、矛盾，将图纸中的质量隐患与问题消灭在施工之前，使设计施工图纸更符合现场施工的具体要求，避免返工浪费。

设计交底和图纸会审是为了参建各方对图纸以下内容有详细的了解：

（1）工程设计的主导思想、构思和要求；

（2）采用的设计规范、抗震设防烈度、防火等级；

（3）基础、结构、装饰装修、和机电设备的设计；

（4）对主要建筑材料、构配件和设备的要求；

（5）所采用的新技术、新工艺、新材料、新设备的要求；

（6）施工中关键部分的技术要求和应特别注意的事项等。

5.4.3 设计变更实施

对于会展类建筑规模较大的项目，若前期控制不力，将会导致设计变更较多，如不能采取有效的管理手段准确统计设计变更文件并保证切实落实，对工程的质量管理、投资管理及后期的竣工验收、物业交接都将带来较为严重的影响。

除了在施工前期能够及时预见的设计缺陷，在施工过程中且工程实体尚未施工完成前，如能及时发现设计文件中的缺陷并及时作出设计变更，一定程度上也能减少工程损失，但若对上述问题未能及时作出响应，则会贻误宝贵时机，带来更大损失。此外，某一个专业的设计变更会引起另外一个专业的变更或者某些设备重要参数的改变，很多情况下，后续专业的设计变更往往不能及时下达，甚至需要重新订购设备，造成施工工期的耽误。

对于此类变更，虽然参建各方在变更前期发现问题、制定变更等方面做了积极的努力，但是最后执行的环节滞后，未能及时对变更管理进行封闭、落实，同样给现场带来较大的损失。

例如，某会展厨房区域的建筑专业变更引起暖通专业的相应变更，导致部分已进场风机的风量参数不能满足设计要求，有的风机需取消安装，上述变更涉及签证费用巨大，延误了工期。另外，由于暖通设计工程师对上述变更确认滞后，又因风机排产需要一定时间，导致后续风机采购、安装严重滞后，对工程进度也产生很大的影响。

5.5 设计管理经验分享

大型会展工程设计管理是影响整个项目质量水平的关键。设计作为项目决策的基础性工作和工程质量控制的源头，一旦出现问题，必将给国家和企业造成重大损失。因此，关于设计管理的建议如下。

（1）合理安排设计进度，准确理解业主要求

设计单位应准确理解业主的设计及功能要求，认真研究招标文件，并对现场实地考察，加强与业主的沟通，了解业主对项目的真实想法，为设计提供更多的依据，使设计人员能够在设计概念上把握项目设计层次，避免超过或低于业主方的实际要求，从而造成不必要的返工损失。

在正确理解业主需求的前提下，为保证整个设计工作的顺利实施，设计单位需根

据实际情况，及时制定设计计划节点控制目标，充分调动设计人员的工作积极性。设计部门应规定设计各阶段的接口关系、分工和沟通方式，并按照工程设计及进度要求，适当予以更新调整。

（2）强化设计内部管理，加强图纸质量管控

为提高设计出图质量，在提交项目校核前，设计单位应加强对设计图纸校对、审核质量，例如重点审核各专业图纸总说明、结构计算模型参数、荷载工况、专业间碰撞等内容保证设计成品完整、无漏项，对所校核的设计内容的质量负责，不能流于形式。坚决避免为满足业主进度要求，设计单位加快图纸设计进度，而降低图纸质量。

（3）加强设计交底力度，护航工程施工管理

设计院应与施工单位建立协调机制。工程开工前，设计单位应对设计文件进行技术交底，说明设计意图，解释设计文件，明确设计要求。施工过程中，配合施工团队，落实专人参加专题技术协调会和工程例会，安排有丰富现场经验的各专业工程师定期巡查工地，进行现场答疑，对现场提出的技术问题和修改意见要认真研究，并在第一现场解决与设计相关的施工问题，提高工作效率。定期组织设计回访，不断优化设计。

（4）加快深化设计进度，有效配合现场施工

施工单位深化设计水平及速度决定着深化图纸的审核速度，质量较高的深化图能大大节省设计院的审核时间。因此施工单位要提高深化设计人员的设计水平，采取措施提高设计精度和速度，提高设计质量。施工单位设计人员在深化设计时积极与现场施工人员进行沟通，加强各专业图纸会审，对不足之处及时进行调整。

（5）深入开展 BIM 技术，减少错漏碰缺

引入 BIM 技术，加强 BIM 团队人员力量投入。开展 BIM 设计，提高设计质量，减少错漏碰缺。碰撞检查是针对整个建筑设计周期中的多专业协同设计，将不同专业的信息模型进行协调审查和碰撞分析。通过碰撞检查有助于建筑、结构、电气、暖通、给排水等专业的设计团队及时发现问题，有助于解决矛盾，优化工程设计，减少在项目实施过程中错误和返工可能性。

随着设计的不断深入，定期地对多专业的设计进行协调审查，不断地解决设计过程中存在的冲突，使设计日趋完善与准确，同时加强现场施工时对 BIM 设计图纸实施管理，使得 BIM 设计成果能真正落地。这样，各专业设计的问题得以在图纸设计阶段解决，避免在日后项目施工阶段返工，可以有效缩短项目建设周期，降低建设成本。

（6）加强签证变更管理，有效控制投资造价

业主、设计与施工单位尽可能减少在施工过程中或施工结束后发起的设计变更，

或缩短设计变更的时间，因为施工过程中及施工后的设计变更极大可能影响工期，增加投资，造成时间和财力的损失。需要业主加快变更决策、设计加快变更审批、施工单位加快变更实施，以便减少设计变更的时间，节省工期。

因设计变更导致的工程签证，施工单位应认真做好变更前、变更后的影像资料及其他纸质资料，监理及业主单位及时审核施工单位上报的资料是否属实，确认签证原因，落实签证的责任归属。

（7）充分考虑运维功能，降低运维阶段成本

会展项目前期设计一定要充分考虑后期运维阶段的应用，减少因展厅空置造成的人力、物力及财力的浪费，因此在设计阶段一定要充分考虑会展中心地上及地下空间布局、开展时与闲置时的综合利用情况，丰富会展的使用功能，增加会展社会效益与经济效益。例如利用会展周边敞开空间、增加使用空间，完善配套功能，解决交通问题，美化环境及降低能耗等，甚至闲时可以作为休闲娱乐场所，或者城市应急避难场所等。

（8）重视信息资源整合，加强设计沟通协调

大型会展项目设计团队由总体设计、专项设计、顾问单位、施工深化设计以及业主设计团队等组成。各单位对设计信息管理重视程度参差不齐，沟通主动性时有不足，沟通方式仍较为机械，一般通过邮件、短信、电话等方式，面对面高效、充分的沟通不足。因此，提高信息交流效率变得十分重要。全体设计人员应通过主动的培训学习树立正确的信息管理意识，积极利用新兴技术手段，如组织构建基于BIM+互联网的设计管理信息协同平台，选择更有效的信息沟通方法，建立正式沟通渠道的同时合理利用非正式沟通渠道。

（9）合理划分设计内容，做好合同界面划分

由于工程建设设计是分专业、分阶段设计，各个专业互相交叉、联系和制约，同时设计是项目前期设想方案的具体化，是后期落地、施工的蓝图，决定了设计管理的复杂性和重要性。其中设计界面管理是诸多问题中最重要也是最复杂的一个。在大型项目环境下，许多设计工作的遗漏与缺陷、纠纷与索赔都发生在界面上，而且界面上的纠纷往往最难处理，成为设计管理风险的主要来源。因此，首先应建立合理的设计组织结构来减少设计组织界面数，减少部分模糊边界。其次建设项目团队性质互相嵌入式的设计管理团队，各单位人员相互沟通，让团队服务于项目从而模糊单位概念。最后建立合理的合同管理策略，例如建立合理的设计合同结构图、加强合同界面识别分析并完善设计合同界面策划等。

（10）融入绿色建筑理念，推崇低碳会展设计

随着国家对环境保护的重视，鼓励业主和设计单位在建筑设计过程中充分考虑建筑在全生命周期的可持续性，采用国内外绿色建筑评价标准进行建筑设计。会展项目具有建设规模大、运行耗能高的特点，科学合理的设计是会展能否顺利建设、能否长期正常运行的重点，而基于绿色建筑的设计将合理整合建设过程中及运维过程中的各种资源，充分体现四节一环保，提高会展建筑可持续发展的动能。

第 6 章
大型会展项目进度控制

会展综合体既可以满足城市展览、会议活动的需求，又能够带动城市经济和地区旅游业的发展。目前，全国大中型城市会展项目建设热度呈上升的趋势，各地政府或企业往往将其列为城市建设重点项目，希望能够及早投入运营带来社会及经济效益。大型会展项目建设往往体量大、工期短，给项目进度管理带来极大挑战。如国家会展中心（上海）总建筑面积 147 万 m^2，合同工期 22 个月；深圳国际会议展览中心总建筑面积 160 万 m^2，合同工期 24 个月。本章从进度的管理方法、管理重点及管理实践等方面介绍会展项目进度管控经验，为今后类似项目提供借鉴。

6.1 进度管理概述

6.1.1 进度管理的定义

进度管理是指在工程项目实施阶段，对各阶段的进展程度和项目最终完成的期限所进行的管理。根据工程项目的进度目标，编制经济合理的进度计划，并据以检查工程项目进度计划的执行情况，若发现实际执行情况与计划进度不一致，就及时分析原因，并采取必要的措施对原工程进度计划进行调整或修正的过程，直至工程竣工，交付使用。项目实施阶段进度管理包括设计前准备阶段、设计阶段、招标采购阶段、施工前准备阶段、施工阶段、项目动用前准备阶段等。

6.1.2　进度管理的方法

根据工期目标编制项目实施阶段总体进度计划，找出关键线路及关键工序，对其主要影响因素进行分析，提出预控措施，同时定期与进度计划进行对比，如存在进度偏差，分析进度偏差产生的原因，并采取措施进行调整，以实现工期目标。

1. 进度风险预控

采用风险管理的方法对进度进行管理，是一种事前控制方式。通过已有项目信息和类似工程经验对关键线路进度风险因素进行识别与分析，提前做好主要风险因素的预控措施，将可能发生的偏差消除在萌芽状态中。工程进度的风险影响因素，一般有人为因素、技术因素、材料设备因素、资金因素、环境因素等，识别出的主要风险因素，针对性的做好风险预控措施，确保工程处于可控状态。

2. 进度动态控制

根据进度目标制定项目进度计划，定期检查过程建设的实际进度，并与计划进度进行比较，找出进度偏差，分析进度偏差产生的主要原因及对工期目标的影响程度，并采取必要的措施调整工程进度，确保实现工期目标，本方法实际是一个不断循环进行的 PDCA 过程，是一种事后控制方式。常用的比较分析方法有横道图比较法、S 形曲线比较法、香蕉曲线形比较法、前锋线比较法等。

6.2　进度管理内容

6.2.1　编制总体进度计划

项目总体进度计划是工程总体工期控制的依据。编制总体进度计划前要对项目结构进行详细分析，系统规则地分解项目结构构成，结合项目特点编制总体进度计划，然后根据结构构成情况制定各单项工程的计划，由于下级目标受上级目标的制约，下级目标保证上级目标，最终保证施工进度总目标的实现。总体进度计划除满足合同要求外，还要注意各个节点是否科学合理、施工工艺是否能满足要求。

进度计划编制的主要依据是：项目目标范围、工期的要求、项目特点、项目的内外部条件、项目结构分解单元、项目对各项工作的时间估计、项目的资源供应状况等。进度计划编制要与费用、质量、安全等目标相协调，充分考虑客观条件和风险预计，确保项目目标的实现。进度计划编制主要工具是网络计划图和横道图，通过绘制网络计划图，确定关键路线和关键工作。根据总进度计划，制定出项目资源总计划，费用总计划，把这些总计划分解到每年、每季度、每月、每旬等各阶段，从而进行项目实施过程的依据与控制。

6.2.2 识别进度风险因素

风险因素识别方法，一般有经验常识和判断、试验、核对表法、故障树分析法、头脑风暴法等，主要内容包括收集资料、分析不确定性、确定风险事件。

（1）收集数据和信息。一般认为风险是数据或信息的不完备或不准确而造成的，因此，收集与风险事件直接相关的信息可能是困难的，但是风险事件总不是孤立的，可能会存在一些与其直接或间接相关的信息，或是与本工程施工项目可以类比的信息，工程施工项目进度风险识别应注重对工程施工项目环境方面的数据资料和类似工程的有关数据的收集。

（2）分析不确定性。在基本数据或信息收集完成后，就要从不同的层面来分析工程施工项目进度的不确定性，包括不同建设阶段的不确定性，工程施工项目的阶段性使不确定事件在不同阶段不同种类和不同程度存在；工程结构的不确定性，不同的工程结构其特点不同，影响不同工程结构的因素不同；工程建设环境的不确定性，工程建设环境是引起各种风险的重要因素。

（3）确定风险因素。为方便风险管理，进度风险因素可按工程实施内部、外部分类，也可按技术和非技术分类，如表6-1所示。

进度风险因素分类

表 6-1

工程施工项目进度滞后的原因	具体因素
工程建设环境原因	1）自然环境（包括不利的气象条件，不利的水文条件，不利的地质条件，地震等） 2）社会环境（包括宏观经济不景气、资金筹措困难，物价超常规上涨，资源供应不顺畅，对外交通困难，政策、法规改变等）
项目法人/业主原因	1）项目管理组织不适当 2）工程建设手续不完备 3）施工场地无法及时提供 4）施工场内外交通达不到设计要求 5）内外组织协调不力 6）工程款项不能及时支付 7）其他
勘察设计方面原因	1）工程勘察、设计错误或缺陷 2）工程设计变更频繁 3）设计图纸供应不及时 4）其他

续表

工程施工项目进度滞后的原因	具体因素
施工承包方原因	1）施工组织计划不当 2）施工方案不当 3）出现质量或安全事故 4）施工人员生产效率低 5）施工机械生产效率低 6）施工管理水平差 7）材料设备供应不及时 8）项目分包不适当或分包商有问题 9）工程款支付不到位 10）其他

6.2.3　制定风险预控措施

在识别出进度风险影响因素的基础上，提出预控措施，并严格执行，以便整个实施过程能够保持有条不紊的状态，使工程实现预期进度目标。列举部分进度风险因素及相关预控措施，如表 6-2 所示。

进度风险因素及预控措施　　　　　　　　　　　　　　表 6-2

风险类别	风险因素	风险事件	风险预控措施
工程建设环境原因	不利气象条件	雨期、冬期、台风天气、恶劣天气等对工程进度影响	编制针对不良气象条件下的施工对策；调整进度计划，要尽量避开不利施工的气候条件
项目法人/业主原因	项目管理组织不适当	管理部门不明确、职责不清晰等，制约信息处理及决策效率，影响工程进度	建立完善的管理组织架构，明确清晰的管理职责，梳理高效的管理流程，落实严格的绩效考核
	工程建设手续不完备	报建不及时，开工手续不完备，导致工程开工延期	督促建设单位履行报建手续，及时取得施工许可证
勘察设计原因	工程勘察、设计错误或缺陷	工程质量缺陷，导致设计变更或返工，影响工期	选择技术实力强、经验丰富的勘察设计单位，加强设计图纸审查工作
	工程设计变更频繁	设计变更导致返工，影响工期	选择技术实力强、经验丰富的勘察设计单位，加强设计图纸审查工作
	设计图纸供应不及时	图纸供应不及时导致工序衔接不上，影响工期	明确设计出图节点，加强过程审查
施工承包原因	施工组织计划（方案）不当	施工组织设计（方案）不合理，导致工序衔接不上或质量问题，造成停工、返工或修复，影响进度	选择施工经验丰富的技术人员；施工组织计划（方案）经公司、项目部多级审批，确保合理可行
	材料设备供应不及时	材料设备供应不及时，影响工程施工、设备安装及调试等	超前编制准确的生产材料、设备计划，明确细化进场时间、质量标准等
	分包商工程款支付不到位	资金落实不到位影响分包商、材料设备供应商的配合度	拟定计划，避免资金的无计划管理；选择支付条件有利的分包商、材料供应商；建立专门工程资金账户，随着工程各阶段控制日期的完成，及时支付各专业队伍的劳务费用

6.2.4 进度情况比较调整

在项目实施过程中，即使针对进度风险因素采取预控措施，原进度计划也常常会因各种不确定因素的影响出现进度偏差，因此，在进度计划执行一段时间后，必须对进度执行情况进行动态检查，分析进度偏差产生的原因，并做出适当调整以确保实现进度目标。

项目部要定期地、经常地收集项目实施进展，形成进度报表资料，并反馈给相关管理人员，与计划进度进行比较，发现有进度偏差时，需分析进度偏差产生的主要原因及对后续工作及总工期目标的影响程度，从而采取必要的措施调整工程进度，确保实现工期目标。若出现进度偏差的工作为关键工作，则无论偏差大小，都将对后续工作及总工期目标产生影响，必须采取相应的调整措施。若不为关键工作，需要根据偏差值与总时差和自由时差的大小关系确定对后续工作和总工期的影响程度，当进度偏差大于该工作的总时差，则需采取相应的调整措施；当进度偏差小于或等于该工作的总时差，说明对后续工作无影响，无需采取调整措施。

6.3 进度控制经验分享

某会展项目总建筑面积约 48.8 万 m^2，其中地上建筑面积 35.7 万 m^2，地下建筑面积约 13.1 万 m^2。规划用地范围内建设入口大厅、4 个单层展厅、5 个双层展厅、1 座酒店以及 1 座办公楼等。主要涉及桩基工程、土建工程、钢结构工程、幕墙工程、装饰装修工程、给排水和消防工程、通风空调工程、电梯工程、智能建筑工程及室外总体等工作内容。

承包单位：设计单位 1 家、顾问单位 3 家、总包单位 1 家、幕墙单位 2 家、精装修单位 3 家、智能化单位 1 家、室外总体单位 1 家、电梯单位 2 家等。

合同约定工期：16 个月。

6.3.1 总体进度计划编制

总建筑面积 48.8 万 m^2，要在 16 个月工期内顺利完成，必须要精心组织，具体施工时各单体要平行作业，同步施工，合理组织流水，在施工过程中科学安排施工工序的搭接，统筹安排劳动力、施工材料及机械进场，方可确保工期目标的实现。

依据某会展工程特点初步进行了总进度计划编制，并以实现合同工期的有效控制为目标，随工程施工进展不断予以优化、调整和完善（表 6-3）。

某会展项目总进度计划（2017.5.1 ~ 2018.8.31） 表 6-3

施工项目	序号	施工项目、内容	工期（d）	开始时间	完成时间
单层展厅	1	桩基	31	2017.5.1	2017.5.31
	2	主体结构	153	2017.6.1	2017.10.31
	3	钢结构屋架	122	2017.8.15	2017.12.15
	4	金属屋面	133	2017.10.1	2018.2.10
	5	幕墙等围护结构	273	2017.8.15	2018.4.15
	6	装饰装修	212	2017.11.15	2018.6.15
	7	机电安装及调试	365	2017.8.15	2018.8.15
	8	地坪面层	47	2018.6.15	2018.7.31
	9	预验收	6	2018.8.20	2018.8.25
双层展厅	1	桩基	46	2017.5.1	2017.6.15
	2	主体结构	198	2017.6.1	2017.12.15
	3	钢结构屋架	167	2017.10.1	2018.3.15
	4	金属屋面	151	2017.11.15	2018.4.15
	5	幕墙等围护结构	227	2017.9.15	2018.4.30
	6	装饰装修	252	2017.11.15	2018.7.25
	7	机电安装及调试	320	2017.10.1	2018.8.15
	8	地坪面层	61	2018.6.15	2018.8.15
	9	预验收	6	2018.8.20	2018.8.25
入口大厅	1	桩基	46	2017.5.1	2017.6.15
	2	地下室	153	2017.6.1	2017.10.31
	3	主体结构	76	2017.9.15	2017.11.30
	4	钢结构屋架	121	2017.11.15	2018.3.15
	5	金属屋面	121	2018.12.15	2018.4.15
	6	幕墙等围护结构	151	2017.12.1	2018.4.30
	7	机电安装及调试	219	2017.10.1	2018.8.15
	8	装饰装修	224	2017.10.1	2018.8.20
	9	预验收	6	2018.8.20	2018.8.25
办公楼	1	桩基础（锚杆基础）	31	2017 5.1	2017.5.31
	2	地下室	107	2017.6.1	2017.9.15
	3	主体结构	153	2017.9.1	2018.1.31
	4	二次结构	121	2017.11.15	2018.3.15
	5	屋面工程	92	2018.3.1	2018.5.31
	6	幕墙系统	151	2017.12.1	2018.4.30

施工项目	序号	施工项目、内容	工期（d）	开始时间	完成时间
办公楼	7	机电系统安装及调试	288	2017.11.1	2018.8.15
	8	精装饰（含机电面板、灯具等安装）	247	2018.1.15	2018.8.20
	9	预验收	6	2018.8.20	2018.8.25
酒店	1	桩基础（锚杆基础）	31	2017.5.1	2017.5.31
	2	地下室	107	2017.6.1	2017.9.15
	3	主体结构	153	2017.9.1	2018.1.31
	4	二次结构	121	2017.11.15	2018.3.15
	5	屋面工程	92	2018.3.1	2018.5.31
	6	幕墙系统	151	2017.12.1	2018.4.30
	7	机电系统安装及调试	288	2017.11.1	2018.8.15
	8	精装饰（含机电面板、灯具等安装）	262	2018.1.1	2018.8.20
	9	预验收	6	2018.8.20	2018.8.25
室外展场	1	展场基层	61	2017.6.1	2017.7.31
	2	展场面层	61	2018.6.1	2018.7.31
室外总体	1	室外场地、道路及景观绿化等	86	2018.6.1	2018.8.25
竣工	1	整体竣工	6	2018.8.26	2018.8.31

6.3.2 进度风险因素识别及预控

考虑到本项目工程投资大、建设工期紧、施工难度大、专业单位多等情况，实施过程中必然出现各种不确定影响因素，造成工程进度的延误，为此，在工程实施前，结合工程概况及特点，从建设单位、设计单位、施工单位等角度对进度风险因素进行识别并提出相应的预控措施。具体如下：

1. 建设单位进度风险

（1）建设单位风险识别

1）职责分工不明确及专业能力不足。建设单位各部门之间推诿扯皮、不敢担当或因专业水平不足做出错误决断时，都将影响项目进展。建设单位各部门应职责分工明确，决策流程清晰，具有较好专业技术能力，及时做出正确的决策，将有助于建设项目的推进。

2）工程建设手续或前期准备工作不充分。建筑工程施工许可证是建筑施工单位符合各种施工条件、允许开工的批准文件，是施工单位进行工程施工的法律凭证，取得施工许可证前施工单位不得擅自施工。同时，前期工作如"三通一平"等是建设项目施工准备阶段的一项重要工作，也是建设工程进行发包或招标所必须具备的一项条件，未按计划完成也将影响项目正常进行。

3）建筑功能确定不及时。会展配套区域建筑功能无法确定，将会影响设计进度，进而影响到招投标进度以及工程施工进度，更有甚者，在已经完成部分施工后提出功能修改，不但影响工程进度而且会因大量返工造成投资费用的增加。

4）招标采购滞后。会展项目有大量招标采购工作，包括总包招标、分包招标，重要设备、材料等暂定物料的招标等（如钢结构、幕墙、屋面、装修、电梯、弱电、消防等各专业分包招标，各种专用材料、专业设备如重要装修材料、整体配电箱、展位箱、给排水泵、空调箱、消火箱等），国家招投标法对招投标要求程序及时间有较为严格规定，大型企业招投标流程决策也有严格的规定，各种招标文件的编制，招标策略方法的选择与决策，总包、分包、暂定物料、设备招标的确定等均直接影响工程的开展，招标标段的划分也是影响工程总进度的重要因素。

5）样板材料确定不及时。各种工艺样板、视觉样板等，以及需要建设单位确定的材料、设备选型等，若未能及时确定，将影响材料设备采购、技术方案准备，进而影响施工进展。应由建设单位组织相关单位制定样板确定流程，各方准备充分，保证决策效率。

（2）建设单位风险预控措施

1）完善组织架构、明确管理责任。建设单位可在现场项目经理的统一管理下，成立"综合管理部、施工配套部、技术质量部、安全保障部"，这四个部门基本可涵盖全部建设管理相关内容，形成"施工、设计、安全、质量、后勤"互相衔接的工程管理控制保障体系。"综合管理部、施工配套部、技术质量部、安全保障部"每个部门设一名部门负责人，并配置若干名管理人员，每个部门的人员数量根据建设单位现有资源有效分配。并且对每个部门的管理职责进行明确、清晰的划分。而且，必须明确每个部门还需要配合、参与一些其他部门负责或组织的工作内容。同时，应按照职责分工，确定各部门的项目管理目标以及工作计划和实施保障措施，高质量地完成责任期内的绩效目标。

2）运营管理公司参与前期建设。建议投资方尽快确定场馆运营管理公司，并要求运营公司参与前期建设过程，明确项目管理团队、运营管理团队、顾问团队与人员尽早进场，每周召开专题会解决各种设计及技术问题。

3）明确重大问题决策程序流程。项目存在的各项重大问题，如配套工程功能定位、关键技术要求、招标采购决策、重大设计变更、视觉样板等，建设单位应明确决策人员及程序流程，每周召开高层决策会议，相关决策领导与部门必须参会。

2. 设计单位进度风险

（1）设计单位风险识别

1）设计出图不及时。设计是保证本工程物资采购、专业招标和正常施工的关键技术条件，设计出图进度和质量是保证项目进度节点和如期交付使用的基础，工程施工图纸不能按照出图计划节点要求完成，将对工程如期交付造成重大风险。钢结构、幕墙、装饰装修及机电系统等专业工程图纸出图进度往往与现场施工进度脱节，入口大厅高大空间钢结构屋面，膜结构造型复杂，对钢结构、膜结构的深化设计提出较高的要求，设计、审批周期长，如在开始施工时图纸仍未审批，将造成现场停工，进度目标将会很难保证。

2）设计变更频繁。设计变更无法避免，往往由于施工图差错或深度不能满足施工需求，进行设计变更，导致返工影响工程进度。如会展项目展厅柱顶预埋件锚筋位置和数量与柱筋多处冲突，无法按图施工，若施工单位盲目作业必然造成返工；若电气设计对母线槽防护等级选型不当，造成后期运营时频繁出现电力故障风险；若消防设计及审图疏忽，验收时出现防火门或疏散通道等不符合要求，必然导致返工。

3）深化设计单位不能充分表达相关专业接口条件。建筑主体设计单位对深化设计图纸的确认流于形式，或不能按期签认专业施工图纸，对工程进度造成影响，也存在拆除返工的风险。设计变更涉及多个专业（多家单位），但未及时沟通，导致部分环节遗漏，如不同专业设计标高未协同考虑，导致施工界面处工作遗漏或细部处理不当等。

（2）设计单位风险预控措施

1）选择经验丰富的设计团队。择优选择国内有技术实力和类似会展项目经验的设计团队，优秀的设计团队可为建设方的功能定位提供全方位的技术咨询，并能按照计划出图同时保证质量。

2）重视图纸会审环节，组织多专业图纸会审。每个专业开工前，必须重视专业图纸的会审和设计交底，要求相关专业负责人同时参加，尽量避免图纸冲突、错误或设计遗漏，导致现场停工、返工。在工程施工过程中，为保证图纸问题能有效解决，建设单位要求设计单位在具体实施过程中应委派相关设计负责人常驻现场，并定期召开设计例会，切实保证设计图纸能满足现场施工需要。

3）重视工程变更的确认时限。工程变更包括业主方对使用功能的局部调整、设计方对施工图的错误进行修正以及施工方基于施工便利或材料代换等进行的变更建议，上述变更均需要设计单位进行技术确认，因此，必须有快速决策的设计团队常驻施工现场，以保证工程变更的高效确认。

4）深化图纸及时确认。督促建筑主体设计单位对幕墙、钢结构、精装修、弱电等专业深化设计单位的方案及施工图及时确认。利用合同条件、会议协调、主管领导洽商等多种手段进行约束和激励。

5）建立设计联络及专题会议机制。解决设计进度、专业接口条件确认、变更管理等技术问题，尤其注意消防性能化评审意见在施工图的落实情况、酒店精装修与客控、灯控等专业单位的协调、展位箱设备与土建和机电相关专业的协调等会展项目须规避的事宜。

根据大型会展项目管理经验，对设计图纸进度控制建议见表6-4。

设计图纸进度控制建议

表6-4

序号	图纸要求	进度控制的建议
1	建筑结构设计图纸版本升级	根据施工进度，分阶段提供最新版设计图纸
2	机电暖通给排水安装深化设计	根据施工进度，分阶段提供暖通深化设计
3	电梯、暖通风机口、楼层等深化设计	满足混凝土预理、预留基坑尺寸要求
4	钢结构深化设计	分阶段深化设计：钢结构埋件深化设计、屋面桁架钢结构深化设计
5	幕墙深化设计	混凝土结构施工阶段的幕墙埋件设计； 幕墙深化设计需经过图审，满足现场施工需求
6	金属屋面深化设计	考虑展厅流水作业时间：满足流水施工、檩条深化设计、屋面深化设计满足施工要求
7	精装修深化设计	考虑消防审查时间； 满足精装修施工需要，分部位深化设计

3. 施工单位进度风险

（1）施工单位风险识别

1）施工单位/专业分包选择不当。建设单位（总包单位）选定的施工单位（专业分包）现场管理把控能力不足，无法调集内部资源或与相关方不能有效协调，进而造成施工滞后风险。某会展的入口大厅膜结构总面积达3万㎡，是国内最大的反装膜施工，施工难度大，技术准备时间长，施工方案需反复论证，若专业单位能力及经验不足，将影响整个工程进展。

2）交叉施工组织不合理。大型会展项目专业工程种类多，涉及专业分包单位多，各专业施工周期长，相互制约因素多，如果各单位各工序间不进行有效的搭接流水施工，势必造成整个进度目标难以实现。某会展展厅连廊有地暖、水磨石地面，顶部有管道、格栅吊顶，连廊两侧有幕墙、扶梯等多家单位同时施工，相互影响；场区市政管线、道路、绿化等施工时，造成场区道路拥堵，施工机械、材料进出困难等，均将相互制约工程推进。

3）招标采购不及时。施工单位招标采购工作是工程如期交付的物质基础保证，也是项目投资控制的极其重要环节。货物类采购的风险主要包括技术指标不明确或错误造成现场返工或无法满足后期运营需求，以及货物无法按照进度节点要求交付现场安装，进而对工程进度造成影响。某会展展厅及连廊幕墙ECP板需求量共达到14万 m^2，国内供应商的产量有限，若不提前下单排产，将导致ECP板块供应不及时，影响工期进度。

4）工程质量、安全问题。紧张的工期往往给工程质量和安全带来巨大的挑战，一旦发生质量安全事故，轻则影响工程进展，重则给工程留下质量隐患或缩短建筑物的使用年限，影响使用安全，最为严重的是导致建筑物倒塌，造成人员伤亡和巨大的经济损失。

5）成品保护不到位。由于施工单位/专业分包多，各单位间存在交叉作业、相互影响，势必导致成品被破坏，不管最终是产生经济纠纷或重新修复、返工，均会影响项目进展。

（2）施工单位风险预控措施

1）选择经验丰富、综合实力强的单位。施工单位（分包单位）大型会展项目经验、管理水平、专业素质等均是影响项目施工进度的重要因素，经验丰富的团队能够提出合理施工组织计划，预判施工过程中的风险因素，减少不必要的损失，同时，优先选择长期合作、信誉好、积极主动配合的单位，便于工程项目的管理。

2）加强专业分包合同界面确认和协调。会展工程合同范围除涉及总承包单位土建结构外，还包括钢结构、金属屋面、幕墙、精装修、消防、虹吸排水、弱电智能化及泛光照明等诸多专业分包和劳务队伍签订的分包合同，施工界面多，交接交叉多，合同的实施、管理极为复杂，合同界面协调难度大。对此，必须建立各分包协调作业管理模式，尤其是要做好各分包合同界面处理和平行交叉施工中出现矛盾的协调工作，避免出现不同合同交界面"无人问津"的情形。如不同专业之间例如屋面钢结构管桁架安装时，消防与虹吸雨水管道及大截面空调风管要在桁架地面拼装时就要安装到位，再随桁架一起吊升，高空安装以及精装修收口与电气照明和弱电点位、消防烟感和喷淋安装等，施工时需做好配合协调工作。

3）明确材料设备类招标的方式和范围。类似项目材料设备类招标建设单位通常控制以下两类；一类是为节省采购环节投资，针对接口条件简单、金额较大的货物采用甲供的方式，如锅炉、冷水机组、变压器等；另一类是针对货物接口条件复杂、数量庞大、与现场协调量大，但对项目使用功能有重大影响的货物，采用甲控乙购的方式进行功能和金额的控制。如空调箱、高低压柜、水泵、空调箱、展位箱等。上述两类货物采购应在总承包及专业分包发包时予以明确，并结合整体工程进度，及时督促控制完成上述货物的采购工作。

4）加强质量安全管控。进度情况受到项目安全和质量的制约。项目实施过程中应使工程质量、安全处于受控状态，一旦出现质量、安全问题，能够及时分析原因，采取强有力的调整措施反馈指导施工，以达到最优的施工效果。质量、安全管控具体措施可参见相关章节。

5）增加中间验收及交接环节。对于交界面及交接节点，需增加中间验收及交接环节，如果交界面划分不清，将导致分包单位互相扯皮，势必对进度控制造成障碍。如地下室结构移交、办公楼酒店主体结构（含钢结构、二次结构）分段移交等都涉及中间验收过程，一旦忽略该验收及交接过程，将造成前施工工序与后序施工工序间工作面模糊，特别是前工序收尾拖拖拉拉，不仅影响最终验收时间，还可能造成使用功能受到影响。中间验收及交接环节能够划分分包单位责任，避免相互推诿扯皮。

6.3.3 关键环节分析及计划

1. 关键环节分析

在16个月的工程建设过程中，存在较多影响工期的不确定因素，如施工现场多个单体同时施工造成钢结构屋架现场拼装场地受限、主体结构施工、机电安装、幕墙等专业的协调配合、设备采购以及深化设计滞后等，任何一个影响因素处理不当均会严重影响施工进度。因此，合理的工序穿插、充足的资源配置、良好的综合协调调度以及运输能力的保障是工期实现的关键。

（1）施工工序搭接

本项目工序多，各专业施工周期长，相互制约因素多。如各工序间不进行有效的搭接流水施工，势必造成整个进度目标难以实现，以往类似工程中，经常出现各专业之间相互交叉作业导致施工矛盾的问题。本工程西侧单层展厅和东侧双层展厅较长，必须合理组织流水作业才能保证工程进度，流水段如何划分、流水节拍如何确定，至关重要。同时，对于办公楼和酒店主体结构施工，还需考虑裙房结构先行组织中间验收，以便机电、幕墙等专业单位交接后流水施工。

本工程机电专业包括给排水工程、电气工程、消防工程、智能化工程及通风空调工程等，风管制作安装工作量大、电气安装工作量较大、专业分包项目较多。如机电各专业单独施工其周期必然较长，严重影响后续施工，因此，可考虑在各流水施工段，按照水、风、电组织搭接施工，该组织方法既保证各自施工工作面，同时可尽量避免相互穿插造成返工影响等。

本项目精装饰施工周期长，对于工程能否顺利进行竣工验收有较大影响，由于精装饰的施工与办公楼、酒店、展厅连廊等其他专业施工完成与否有较大关系，尤其是幕墙工程是否封闭对精装饰施工极其关键，采取办公楼、酒店幕墙分层分段交接封闭，展厅、裙房分段封闭，穿插精装修施工，同时精装饰各工序间组织流水施工，确保精装修施工进度。为确保各专业沟通畅通，尽量降低各专业间交叉施工影响，可定期安排专业协调会，主要解决专业之间的交叉、协调配合问题，缩短协调时间，加快施工进度。

（2）屋面钢结构拼装

本工程要在16个月内完成，各展厅、入口大厅、办公楼、酒店等要组织大面积平行施工，届时地上、地下同步进行，不同展厅同步推进，这对现场的交通和材料运行提出了很高的要求，加上众多的施工机械和周转材料占据有限的场地，将很难在现场规划场地内进行屋面钢结构拼装，解决屋面钢结构拼装场地，将直接关系到钢结构的施工进程。

本项目及早地完成室外展场的结构层施工（面层可以最后施工），为现场钢结构拼装提供尽量多的拼装场地，同时在单层展厅施工时，也要确保地坪结构层先行施工，为钢结构现场吊装与拼装提供场地。双层展厅要合理组织，确保楼面混凝土强度与面积满足要求，为双层展厅屋面钢结构拼装与吊装提供场地。

（3）方案编制及比选

本项目主要施工技术难点集中在展厅及入口大厅屋面大型钢结构桁架安装上，特别是双层展厅屋面钢结构安装，钢结构构件材料堆场、钢结构拼装场地受限，同时大型吊装机械等都要在二层混凝土楼面上作业，大型吊装机械的布置对楼面结构的影响巨大，另外其他中小型机械在楼面上任意行走，均对二层楼面混凝土质量与安全构成重大影响。为确保工程进度，建议施工单位依据设计图纸及本工程特点及时编制施工专项方案。

另外，各个专项施工方案的参数、工艺及方法比选也非常重要，如桩基专项施工方案中，对桩的施工顺序、钻机型号、数量的选择，直接影响桩基施工的进度；地下室结构施工方案中，对塔吊型号、数量、位置的布置，施工流水段划分、施工缝划分等均对施工进度有影响。这些参数工艺方法的处理不当，将导致施工功效低，都会不同程度成为影响进度的关键点。因此对方案的比选很重要，优化可行的施工方案，提高机械化施工比例均是施工进度控制的重点。

（4）中间 / 专项验收把控

本项目包含 4 个单层展厅、5 个双层展厅、1 座办公楼、1 座酒店、1 个超大空间入口大厅和若干连廊附属用房，工程量大、专业多、工序多、交接协调配合界面繁多。因此，及时安排中间验收及专项验收是总进度计划顺利实施的保障。

为确保施工进度应明确涉及重要工作面的交接。对于交界面及交接节点，需增加中间验收环节，如果交界面划分不清，将导致分包单位互相扯皮，势必对进度控制造成障碍。专项验收是对专业施工使用功能是否实现的一种检验，同时也是施工进度保证的根本。否则如果出现系统性的返工将对总进度目标造成致命打击。比如给排水或空调水管施工完成未进行专项验收，立刻进行后续精装吊顶、饰面施工，待精装完成后进行管道冲洗试压出现渗漏情况，不仅对工程造成经济损失，同时返工将带来工期的延长，导致工程进度滞后。

2. 关键节点计划

本项目专业工程种类多，涉及专业分包单位多，如钢结构、幕墙及安装工程等。相关专业招标图及深化图纸、专业单位招标、材料设备招标等的及时性直接影响到工程进度推进。在施工总进度计划基础上，分解出设计出图计划、专业单位招标计划、材料设备采购招标采购计划、验收配套计划等，各单位合约、招采、设计、工程等各部门应紧密围绕此招标采购计划运转。

（1）设计出图计划（表 6-5）

某会展项目设计出图计划　　　　　　　　　　　　表 6-5

专业	出图时间	可能的影响因素
幕墙设计图纸	2017.5.10	幕墙设计单位确定
幕墙深化图纸	2017.7.10	幕墙单位招标
钢结构深化图纸	2017.6.14	钢结构单位进场
精装图纸	2017.8.20	精装设计单位确定
精装图纸深化	2017.10.31	精装施工单位确定
室外图纸设计	2017.5.25	室外设计单位确定
智能化图纸设计	2017.5.25	智能化设计单位确定
智能化图纸深化	2017.8.3	智能化单位确定

（2）专业工程招标计划（表6-6）

某会展项目专业工程招标采购计划　　　　　　　　　　　表6-6

专业	定标时间
幕墙	2017.6.20
钢结构	2017.5.1
精装修	2017.9.30
室外工程	2017.7.9
智能化	2017.7.4
电梯	2017.6.20 进场

（3）材料/设备招采计划（部分）（表6-7）

某会展项目材料/设备招标采购计划　　　　　　　　　　表6-7

材料/设备	定标时间	备注
消防/燃气	2017.9.1	
压缩空气	2017.10.1	
冷水机组	2017.9.15	11.15 进场
真空热水锅炉	2017.9.15	11.15 进场
开式冷却塔	2017.9.15	11.15 进场
变配电	2017.9.15	
太阳能	2017.11.1	
充电桩	2017.11.11	8.11 开始考察
光伏发电	2017.11.11	8.11 开始考察
网络	2017.11.11	8.11 开始考察
电话	2017.11.11	8.11 开始考察
有线电视	2017.11.11	8.11 开始考察
柴油发电机	2017.11.11	7.11 开始考察
厨房	2017.12.1	
洗衣房	2017.12.1	

6.3.4　进度情况比较及管控

1. 进度情况比较

进度情况比较分析方法通常有横道图法、S形曲线法、香蕉曲线形法、前锋线法等。本项目利用 BIM 技术，每月开展进度比对（4D 模拟与形象进度），根据对比结果制定管控措施或调整进度计划，确保进度达到合同工期要求。依靠 BIM 的可视化及信息化特性，以三维形式实时展示工程的进度情况（如图 6-1 所示），通过实际进度与项目计划间的对比分析，发现项目的进度偏差，对进度偏差进行管控或更新目标计划，以达到多方平衡，实现进度管理的最终目的。

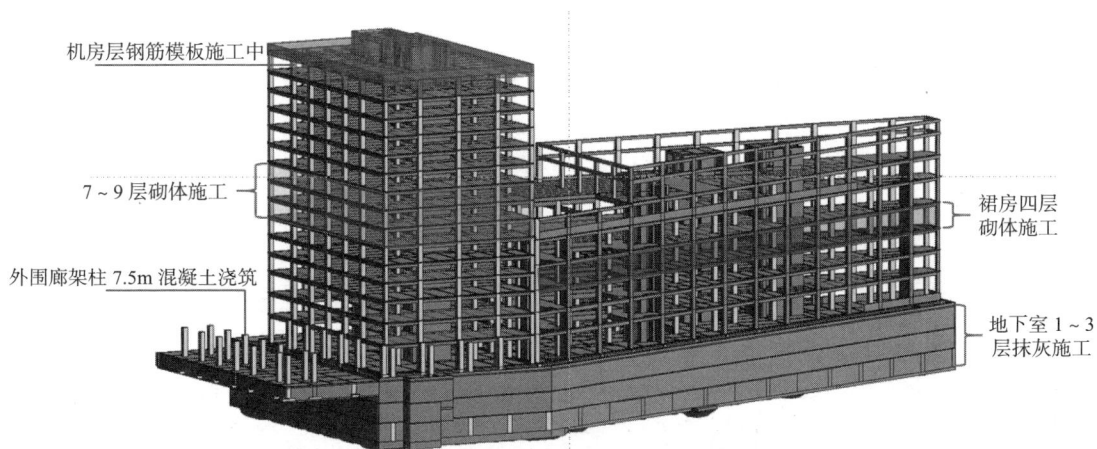

图 6-1 某会展项目酒店 BIM 形象进度展示

2. 进度偏差管控

当项目进度对比出现偏差后，需采取有效措施进行管控，纠正偏差，但导致进度偏差的原因很多，且又因项目特点而异，无法穷举，以下将从整体推进、分段验收、交叉管理等方面介绍实际施工过程中加快项目推进的管控办法。

（1）展厅架空层施工的整体推进

某会展项目东西展厅架空层是上部主体结构的基础，其施工进度是上部主体结构、钢结构屋架吊装正常施工的基本保证，因此对东西展厅架空层要合理组织流水施工，确保及早进行入口大厅钢结构屋架吊装工作。

该工程的开工时间为 5 月 1 日，展厅架空层施工处于雨期，因此雨期对本工程的地下部分施工将造成较大影响。针对该特点，制定计划时，充分考虑雨期对工程施工进度的影响，将受雨期影响大的施工项目尽可能安排在错开雨期进行。工程实施过程中，按照控制性计划按时或提前开始，完成各项工作，以保证总工期的实现。预先制定切合实际的场区临时排水方案，保证施工期间排水通畅。

（2）展厅结构施工确保分段验收通过

展厅上部结构施工完成后，即进行钢结构屋架吊装，同时各幕墙、机电等专业施工也会同时介入,由于本项目展厅数量多,各专业施工周期长,展厅结构分段组织中间验收,主体结构分段验收通过后,立即组织幕墙、装修及机电等专业的穿插施工。幕墙自下而上逐层封闭且机电安装工程基本施工完成后,穿插精装修施工。装饰工程进入收尾阶段时,各分区机电系统调试已完成,整个工程随后进入联动调试和竣工验收清理阶段。

(3)酒店、办公楼地下室与地上主体顺利搭接

酒店、办公楼地下室完毕后要及时为主体结构施工提供工作面,针对制约影响主体结构施工的因素,及时与当地质监部门协同,积极推动地下结构验收,为上部结构施工创造条件,同时督促地下外墙防水及时施工,回填完毕后,为主体结构施工提供工作面,有力保证了工程进度。

(4)主体结构、幕墙、安装、装饰装修交叉管理

办公楼、酒店主体结构施工完成后,多专业将进场进行施工,其中包括二次结构、通风空调、给排水、建筑电气、建筑智能化等分部分项工程,这些分部分项工程之间,相互联系十分密切,相互搭接又交叉干扰。为保证幕墙施工的及时跟进,在结构验收前必须完成幕墙设计图纸、幕墙施工方案专家评审、幕墙四性试验、材料复试等工作。为实现主体结构与装饰装修工程的顺利搭接,在结构验收前必须完成装饰装修深化图纸、施工方案、样板材料的颜色及规格等。

(5)及时系统调试,为验收创造条件

设备调试是关系到设备能否正常运转的关键工序,同时也是安装工程结束的标志,因此如何进行设备调试,关系到整体工期的实现和工程的正常使用。在本工程中,由于设备较多,安装调试复杂,为了缩短调试时间,采用单系统调试与联动调试结合的方法,单系统完成后立即组织调试,待全部机电设备工程结束后,进行整体调试。

通过组织协调会的方式,督促并明确各相关单位的工作完成节点,现场检查、现场解决问题,推动整个联动调试工作稳步有序进行,保证整个工程的按期竣工,为单位工程验收和消防验收创造条件。

第7章

大型会展项目质量管理

7.1 质量管理概述

建设工程质量的优劣，关系到人们的生命安全，关系到工程的正常运行，且大型会展项目建设的定位是集会议、展览、体育、休闲、旅游、文化、商贸一体的会展综合体，兼具提升城市品牌效应、带动区域经济发展的功能，因此质量控制是会展项目建设的生命线。

质量管理是一个系统工程，再加上大型会展项目建设由于其投资规模大、施工周期长的特点，施工阶段工程建设涉及质量管理的影响因素较多，引发质量管理问题的因素与风险比较复杂，如：质量策划不到位、组织机构不完善、管理制度不健全、施工人员技术力量薄弱、过程质量管控力度不足等。本章主要以某大型会展项目为例，对会展工程建设主要分部、分项工程施工过程中的质量风险管理问题进行分析、总结，为今后类似项目建设提供借鉴。

7.2 大面积混凝土地坪施工质量管理

随着我国会展业的蓬勃发展，对于展览面积的需求也越来越大，因此大面积混凝土地坪越来越被广泛地应用，其施工技术在随着建筑的需求和社会经济对它的要求程度增加而不断发展。

某会展项目设计展厅使用面积达 40 万 m^2，其中沿北广场一侧为 3 个净高 30m 的单层大展厅和一个小展厅，其余为双层展厅，底层展厅柱网 27m×36m，上层展厅柱网 54m×36m。单个展厅基本尺度为 108m×270m 的长方形，面积为 2.88 万 m^2。

大面积混凝土地坪施工过程中经常会出现诸如裂缝、表面平整度等问题，根据不同的工程情况和地坪的施工要求，今后的大面积混凝土地坪的施工将会有更多的挑战，因此，我们必须在施工过程中不断积累施工技术管理经验，收集现场第一手资料，逐项解决不同项目施工过程中出现的问题，防患于未然。

1. 主要问题分析

（1）重载车辆频繁进出，展厅地坪承载力要求高

某会展项目设计单层展厅、双层展厅及多功能展厅的一层展厅地坪荷载达到 50kN/m^2，二层展厅地坪荷载达到 15kN/m^2。布展期间，重载汽车频繁进出，首层展厅混凝土梁板结构架空层和二层展厅地坪钢筋混凝土结构楼板结构需严格按设计要求施工，确保地坪承载力。

（2）地坪面积超大，收缩裂缝控制难度高

在建筑工程中裂缝几乎无处不在，尤其是在地面混凝土中更是常见，已成为最常见的通病。会展项目中大面积地坪越来越多，同时展厅地面上会布置展沟、展位箱、地埋灯等，导致展厅超大地坪可能会在柱周边阳角处、切缝周围、地埋指示灯周围和展位箱四角应力集中部位产生裂缝和空鼓，因此，大面积地坪施工时混凝土收缩裂缝极难控制。

（3）地坪基层平整度需事前控制，面层平整度要求高

展厅地坪面层一般采用聚氨酯或者环氧地坪漆，面层涂料设计厚度通常在 0.5~3mm 之间，因此，面层涂料并不能改变地坪的平整度，为保证地坪完成后的美观，必须对基层混凝土施工平整度进行事前控制。

2. 质量管控建议

由于施工时混凝土配比不当产生收缩、面层混凝土施工分块不合理（过大或未考虑下部结构变形影响）、面层混凝土抗裂钢筋配置与位置不合理（未考虑柱、洞口角边等应力集中部位的加强处理）、面层混凝土抗裂钢筋施工时被施工人员踩踏、养护不到位或未及时养护以及混凝土未达一定强度过早上人、上车等原因，展厅地坪出现不规则开裂，地坪裂缝较为常见，如何有效地减少和避免裂缝风险的产生，建议从以下几个方面做好管控。

（1）材料质量控制

1）严格控制原材质量

工程材料的优劣直接影响成品质量，因此，对于地坪施工采用的钢筋、混凝土、

面层涂料等材料应严格把控。建议在商品混凝土生产过程中对水泥、黄砂、石子等原材的使用情况进行飞行抽检。

2）优化混凝土配合比

由于施工时混凝土配比不当产生收缩，建议施工前应根据项目实施的环境和温度情况，合理控制水泥 C3A 含量和细度，应用级配良好的粗细骨料且含泥量小于 1%，保证地坪成形混凝土表面强度高、耐磨；另外要降低水灰比，主要避免混凝土浇筑时失浆，混凝土成形后收缩小、水化热小，避免表面裂缝。

3）合理选择混凝土供应商

为保证商品混凝土质量，应在项目建设区域内选择优质的混凝土供应商，同时应考虑商品混凝土搅拌站与项目建设地点的运输距离，保证混凝土的连续浇筑。

（2）施工质量控制

地坪混凝土产生裂缝的原因除了原材料本身存在质量问题外，还有地基处理未压实造成的不均匀沉降、钢筋安装位置不合理、过早施加荷载等。

1）地基处理

为防止因地基处理不到位造成不均匀沉降，应严格控制土方回填及垫层的施工质量，某会展项目采用压实回填土 +30cm 砂石垫层，对人工回填的地基进行了重点处理。其次，碎石垫层压实过程中，应尽可能做到大面积压实成功后，再施工地坪，局部不能压实的地方用打夯机补夯，这是为了避免新浇筑地坪在振动荷载作用下断裂。

2）地坪基层施工

①混凝土在浇筑之前要做好钢筋混凝土楼板表面清理的工作，剔除清理表面垃圾杂物木屑，然后浇水润湿地面，用凿毛机进行凿毛，最后用清水进行清洗，彻底清理干净表面浮浆。

②由于展厅面积较大，应采用跳仓法或者间歇浇筑施工（图 7-1）。

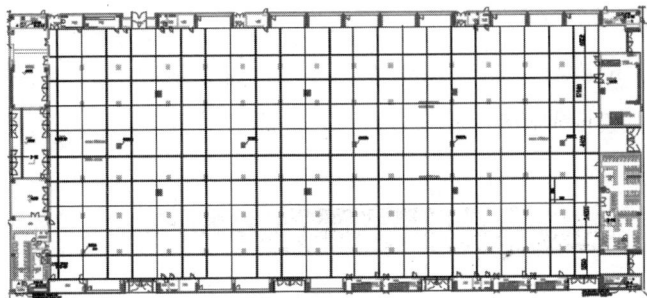

图 7-1　施工区域划分示意图

③地面分缝根据实际情况合理设置，分缝深度控制在 5cm，展位箱及六个大结构柱四周割环形缝，四个角割八字斜缝。

④混凝土浇筑过程中，要保证混凝土保护层厚度及钢筋位置的准确性，不得踩踏钢筋，如发现偏差和位移，要及时纠正。钢筋网片应在表面 2 ~ 30cm 之间，不得放置于混凝土底部，分缝处钢筋全部断开，钢筋搭接不小于 30cm。在展位箱阳角等易出现裂缝部位增设附加钢筋。

⑤混凝土浇筑要求一次性浇筑到设计标高，浇筑过程中不得随意加水，当坍落度不足时，及时通知商品混凝土搅拌站进行调整，浇筑前应做坍落度试验。

⑥混凝土的收浆是地坪施工的重点，对地坪成形质量极为重要。先对振动后的混凝土进行初找平，然后用收浆滚进行压实收浆。收浆完成后，要注意一定进行均浆工艺施工，这主要是为了使混凝土的浆层均匀，避免产生厚浆表面（易裂）、薄浆表面（易起皮）。

⑦混凝土浇筑后在初凝前进行二次抹压收光，收光时不能撒干水泥，一定要在振捣出的原浆上进行压光，确保混凝土面层达到强度。

⑧压光收面后进行毛毡保湿养护 7d 后，对混凝土进行分块割缝，割缝深度为 5cm。

3）成品保护

地坪混凝土浇筑完成后，立即对地面进行保护，四周做好护栏，禁止车辆进入。地坪边棱角部位应特别注意避免受损，因为损伤后无论如何修补，结合处强度均低于原强度。

（3）其他专业影响

1）机电安装专业

由于展厅混凝土地坪基层内有机电安装的管线布置，所以在浇筑之前要认真检查确保管线安装正确无误，各专业进行会签确认后方可进行混凝土浇筑。

2）装饰装修专业

因为施工地坪时通常也是展厅装修施工阶段最紧张的时候，交叉作业给地坪混凝土的质量带来严重的影响。根据实际的施工经验，建议地坪专人分区养护，保水要到位，养护要有时效性，表面要清洁。

7.3 展位箱施工质量管理

展位箱因其高度的集成性和专业性在现代会展活动中发挥着越来越大的作用，根据不同展会主题的要求，可以为参展商提供演示展品所需的水源、电源、语音、数据、音视频、CATV、气源等功能需求。随着展位箱系统集成程度的提高，展位箱施工质量控制存在诸多重点和难点。

1. 主要问题分析

（1）相对于展厅超大面积的地面施工，对展位箱的定位精度要求高。如果展位箱坑采取现浇混凝土的方式制作，在展位箱坑位定位环节出现偏差，后期安装展位箱盖板时，将会造成盖板不平齐。

（2）现浇展位箱边框采用 Z 形钢材边框制作并预留于混凝土内，如与混凝土结合不良，可能会因展框上车辆传导的振动导致地面开裂。

（3）展位箱体内综合管线排布难度大。一个功能配套完整的展位箱内通常包含给水快速接头、排水地漏、压缩空气接头、大功率工业插头、弱电插头，各接头与相对应的水管、无缝钢管、电缆电线等相连接，同时，水源与气源一般设置在同一展箱内；电源与信号源应设置同一展箱内，水与电要分别设置在不同的展位箱内。在电箱内，强电和弱电除了要有独立的接线盒，避免电磁干扰外，还要有单独的防尘防水专用盒。同时 125A 及以上大功率的工业插头，其行业加工尺寸往往较大，对接展位插座后，插头尾端电缆容易出现"顶盖"现象，导致展位箱盖板无法就位。所以深化时要特别注意展位箱的实际实用效果。上述问题给展位箱内的综合管线排布带来不小的挑战[14]（图 7-2）。

图 7-2　大管径电缆因排布不合理出现"顶盖"现象或过度弯曲问题

（4）展会往往人流较大，并且还有一些涉及较大型设备运输，所以展位箱盖板承重能力一般比较高。同时盖板的材质及面层的防滑能力也要进行合理选定。

2. 质量管控建议

（1）建议对展位箱基坑采用工厂预制的方式，减少在施工现场支模浇筑工序，减少展位箱坑位与地面施工的衔接问题，保证施工精度和效率。如果采用现场浇筑展位箱坑位的方式，需加强对展位箱坑位的定位观测（图7-3、图7-4）。

图 7-3　某会展预制式展位箱基坑　　图 7-4　安装完成的预制式展位箱基坑

（2）如果采用现浇式展位箱基坑，在 Z 形钢材边框就位前要对展位框四个边角进行测量，检查 4 个边角是否水平，高度是否一致，展框与展框中心是否成线对齐，如有变形应及时调正。展位箱框就位后要进行有效固定，下端要完全贴合基层，可以采用膨胀螺栓或在展框外侧焊接拉钩，均完全预留于混凝土内，使展框与地面形成一体（图7-5）。

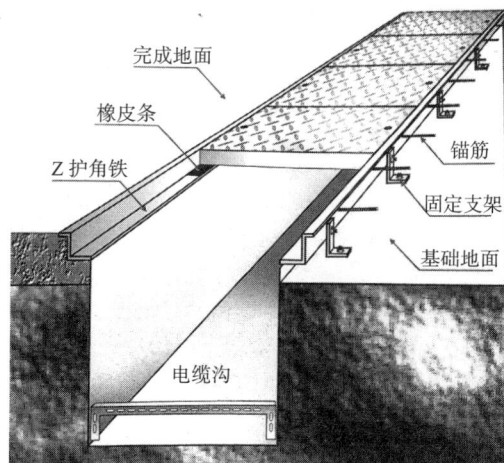

图 7-5　Z 形钢边框就位示意

（3）展位箱管线图纸深化

1）专业管线套管预留前借助 BIM 对展位箱内的管线排布进行施工模拟及图纸深化。

2）展位箱由于其具有较强的专业性和高度的集成性，施工蓝图中体现的尺寸并不能很好地与市场上实际产品对接，这就需要在施工前与专业厂家进行细致的技术对接。

3）由于展位操作空间有限，且各功能箱安装完成后不能反复拆改，在施工过程中，提前规划各系统管线的施工顺序，避免因施工问题出现管线拆改。

（4）承载及防滑措施保证

1）由总包单位向设计单位明确展厅地面荷载要求及防滑要求，及时将上述参数提交设备供应商，要求供应商在产品生产环节对上述参数进行明确响应，以满足现场使用要求。

2）建议组织业主单位、施工单位、设计单位、监理单位对产品在实际工程中的应用进行实地考察，如有必要，对展位箱盖板承重能力进行专项检测并见证。

3）产品进场前，由监理单位在场外对上述关键参数的质保资料进行核验，符合要求后，方可同意进场安装。

4）设备进场后采用样板领路的思路，要求各参建单位对展位箱施工样板进行评价，满足要求后再进行大面积施工。

7.4 大跨度自密实混凝土施工质量管理

自密实混凝土本身具有很好的流动性、均匀性和稳定性，在自密实混凝土浇筑施工过程中不要或仅需轻微的振捣，就能够在自身重力的作用下流淌，并使得整个模板系统内全部填满混凝土，因此适合使用于各种配筋密集、结构复杂的建筑工程，同时能够节约人力投入、减少施工成本，且在施工过程中能够很大提高施工效率。

以某会展项目为例，其双层展厅 15m 标高梁、柱设计为预应力混凝土结构，由于主次梁截面较小，配筋较多，再加上在梁内穿设的波纹管，造成钢筋之间的空隙过小，尤其是预应力张拉区域，另外由于箍筋档内布设较多波纹管，混凝土浇筑时振捣棒不能直接振捣波纹管，导致普通混凝土无法进行浇筑施工。

鉴于工程实际情况，调整采用自密实混凝土技术，合理进行配合比设计，现场采用自密实混凝土施工，既能保证混凝土结构的实体质量，又能推动工程的顺利进行（图 7-6）。

图 7-6　设计节点做法

1. 主要问题分析

（1）由于自密实混凝土有其自身的严格要求，且预应力梁又属于大体积混凝土构件，因此，具有构件尺寸大、水泥水化热释放集中、内部升温快、混凝土内部和外部的温度差过大等特点，很容易产生温度裂缝。

（2）自密实混凝土具有高流动性特点，在施工过程中，随着自密实混凝土浇筑量的不断加大，模板的侧向压力随之增加，其本身高流动性的特点对模板安装的拼缝要求也很高，否则将会造成浇筑过程中漏浆的问题。

（3）混凝土浇筑过程中应严格按照方案和工艺要求组织施工，施工人员的技术、施工组织水平对混凝土成型质量也至关重要。

2. 质量管控建议

（1）原材控制

由于自密实混凝土具有许多振动密实混凝土所不具备的优点，因此在原材料选择和配合比设计方面也有很多不同。正式施工前商品混凝土搅拌站应根据工程设计要求进行试配，通过实体样板验证配合比设计的合理性。

应对水泥、黄砂、石子、矿渣粉、粉煤灰等原材料进行严格筛选，以保证自密实混凝土的强度和其他性能。在生产过程中，商品混凝土搅拌站应做好分类堆放，避免与普通混凝土的原材料混用，可在过程中加强监督检查。

（2）混凝土浇筑前施工管理

1）组织管理

①根据每次浇筑的计划工程量与进度计划，安排专人提前与商品混凝土搅拌站联系，储备足各项材料，并做好混凝土配合比优化设计及试配工作，确定开盘时间，做好生产开盘的控制。浇筑过程中随时与商品混凝土搅拌站保持联系，根据现场进展合理调配人员、车辆、材料等，务必保证混凝土的连续有效供应（图 7-7）。

图 7-7　原材料质量控制

②安排专职管理人员到商品混凝土中心进行监督管理，严格控制混凝土各种原材料的质量以及配比、掺合料的数量、搅拌时间等，并在运输过程随机性的进行随车监控。

③合理安排浇筑前的道路交通，确保泵车和罐车能够顺利进、出，确保混凝土浇筑的连续性。

④选择具有丰富施工经验的队伍，并在施工前做好技术交底，确保每个操作人员能够熟练操作施工，确保浇筑工作顺利完成。

2）技术管理

①考虑波纹管、钢筋的密集程度，在自密实施工浇筑前，模拟现场实际钢筋、波纹管的排列情况，选取钢筋波纹管最密集的位置——梁柱节点进行实际模拟，拆模后进行钻芯检测其密实度，在全面施工前进行样板领路（图 7-8）。

图 7-8　现场实物样板领路

②在模板安装过程中，要求严格按照高大模板方案搭设支撑架体。架体搭设时

做好过程检查、分步验收，并对梁底、加腋等局部支撑体系进行加固处理，防止因为浇筑过程中混凝土量的增加，导致模板支撑体系出现坍塌等突发安全情况的发生（图 7-9）。

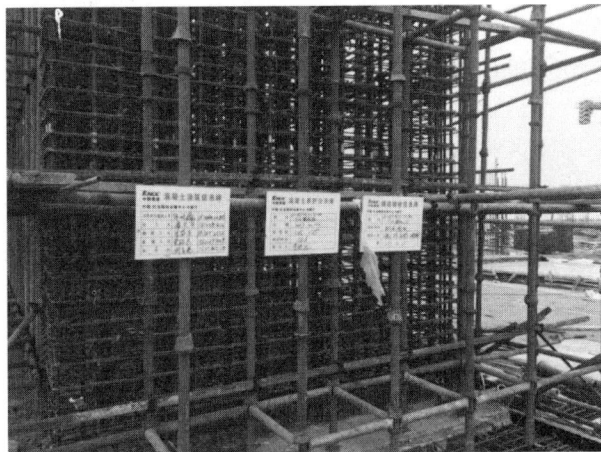

图 7-9　支撑体系挂牌验收

③模板安装过程中，应严格检查板间的拼缝安装的牢固、紧密情况，板间的拼缝不得有大于 2mm 的缝隙，防止因模板间拼缝不牢固出现安全事故。另外需要避免出现板间缝隙过大，导致浇筑过程中跑浆，从而造成混凝土结构表面出现蜂窝、麻面的质量缺陷，保证混凝土外观质量符合设计和规范要求。

④由于施工过程中存在预应力、钢筋绑扎、模板安装等各道工序，而且架体、模板、钢筋绑扎等工序施工时间较长，在混凝土浇筑前暴晒、操作时间长，部分模板在检查过程中出现翘曲、变形、木方缺失，甚至局部开裂现象，因此，在顶板钢筋绑扎开始前，要求木工对模板集中进行一次维修，把上述问题整改到位，方可进行板筋的绑扎施工。

（3）混凝土运输

选择具备生产能力，且运输距离合理的商品混凝土，从而保证运输距离能够满足浇筑需求，避免出现不能连续浇筑的情况。

1）混凝土运送途中按规范的相关要求进行搅拌。

2）混凝土在装入运输罐车前，必须对运输车辆进行全面检查，同时要将罐车内的刷车水及时清理并排掉。

3）自密实混凝土在从商品混凝土搅拌站到施工现场的运输和使用卸料的时间应

严格控制，保证在 90min 之内，避免因时间过长造成混凝土离析或塌落扩展度不符合要求等现象，以保证自密实混凝土本身的质量，确保浇筑后的结构质量能够满足设计要求。

4）运输车辆到达现场后，在浇筑前应保证装料所用罐子高速旋转，时间应控制在 20s 连续旋转，经高速旋转后的自密实混凝土再通过汽车泵或者地泵等浇筑方式投入使用，以确保自密实混凝土本身所需要的各种性能。

5）由于每个展厅的单层面积较大，须根据事先划分的施工段进行流水施工，混凝土泵送时水电供应到位，调度、施工员、混凝土工长配备通信设备，在浇筑工程中能够及时、准确地将混凝土输送、停止的指令传到各个相关岗位，确保信息畅通。

6）泵车使用前必须先试运行，经检查正常后方可正式开泵浇筑，并严格按泵送程序进行。

（4）混凝土浇筑

1）现场在自密实混凝土浇筑施工开始之前，技术管理人员应根据设计图纸的要求，计算浇筑自密实混凝土部位所需要的混凝土理论方量。根据理论数据和实际用量的对比情况进行分析和比较，从而大概控制每次浇筑自密实混凝土的现场施工质量情况。

技术管理人员通过每次的计算数据与现场实际浇筑混凝土的方量进行比较、分析，当该次浇筑的实际用量不小于计算出来的估计使用量，基本可以判定该次浇筑时已保证模板内混凝土的密实度，模板内基本没有空洞、孔洞和不密实等的质量缺陷。

2）现场针对进场的自密实商品混凝土，需要对每辆混凝土罐车进行坍落度检查，保证进入现场的自密实商品混凝土各项指标能满足要求（图 7-10）。

图 7-10　浇筑工程质量控制

3）在结构梁两端的框架柱自密实混凝土浇筑之前，要先在柱模板底部浇筑一层水泥砂浆，以防止柱根部产生烂根现象。

4）自密实混凝土在浇筑时，应在每次浇筑范围之内尽量地减少浇筑分层次数，充分发挥自密实混凝土的自身重力效果，尽量不破坏自密实混凝土本身具有的黏聚性能。

5）在自密实混凝土现场浇筑的同时，可以使用钢筋辅助进行插捣，并用锤子敲击模板，以起到辅助流动和辅助密实的作用。

6）现场在模板外侧用橡皮锤适当的敲击，其作用是保证自密实混凝土在模板内能充分流动，不会因为大粒径骨料卡在钢筋之间而在其后侧形成孔洞；另外，充分的敲击也是为了排除自密实混凝土内气泡保证混凝土的密实性，在拆模后能有一个良好的混凝土外观质量。在混凝土浇筑完毕后，要用橡皮锤敲击检查是否浇筑密实，判断依据是在敲击模板时不能出现空声现象。

7）浇筑自密实混凝土时要控制好浇筑速度，不能过快，要缓缓连续进行，其主要目的是为防止过量空气的卷入而产生过多气泡或因自密实混凝土浇筑过快，导致混凝土供应不足而中断浇筑。由于自密实混凝土用水量较多，表面水分蒸发速度较快，在浇筑后必须注意混凝土的早期养护，经常性地浇水养护，对柱子要用塑料布包裹。

8）自密实混凝土浇筑至设计高度后可停止浇筑，间歇 20min 后再检查混凝土的标高，如标高略低则再进行混凝土的浇筑，以保证达到设计标高要求。

9）有粘结预应力施工应特别注意混凝土浇筑时孔道的堵塞，要求先穿设预应力束在混凝土浇筑初凝前抽动预应力束以防止孔道堵塞；因此在混凝土浇筑时将指派专门的人员于现场进行看护，争取及时发现及时治理。孔道如发现有漏浆应反复抽动预应力束直至混凝土初凝。

（5）混凝土养护

1）采用覆盖浇水、框架柱采用薄膜包裹相结合的养护方式。

2）梁顶混凝土浇筑完毕后，将梁表面抹平、拉毛，人工收浆后采用土工布覆盖，喷淋养护。

3）框架柱待拆模后，及时用薄膜包裹严实，经常检查养护情况。发现缺水及时从柱顶浇水补给养护，保证塑料布内有凝结水。养护时注意端头处的养护，混凝土平面直接用水管浇水保湿养护，不得小于 14d。

4）养护时间：带模养护 3d，期间浇水保湿养护，3d 后拆侧模（图 7-11）。

图 7-11　混凝土养护

（6）成品保护

1）混凝土浇筑时，应在板上铺设马凳踏板，防止因钢筋踩踏导致变形，并派专人看管钢筋，对错位的钢筋及时纠正处理，保证钢筋位置及间距正确。

2）混凝土浇筑过程中应注意对出楼面的张拉端锚具、钢绞线的保护，不得碰撞，并在浇筑过程中不得污染。

3）在已浇筑的混凝土强度达到临界强度以后，方准上人安装钢管支架及模板。如果混凝土未达到临界强度，但又必须上人操作时，必须在混凝土表面铺跳板或胶合板增大受力面积，防止混凝土被破坏。

4）构件的侧面模板,应在混凝土强度能保证其表面及棱角不因拆模板而受损坏时,方可拆除。

7.5　大跨度钢结构屋架施工质量管理

钢结构是由钢质材料组成的结构，是主要的建筑结构类型之一。结构主要由型钢和钢板等制成的钢梁、钢柱、钢桁架等构件组成。各构件或部件之间通常采用焊缝、螺栓锚栓进行连接。由于钢结构具有强度高、自重轻、整体刚度好、抵抗变形能力较强、施工速度相对较快等特点，被普遍用于大型厂房、场馆等建筑中（图 7-12）。

7.5.1　钢结构焊接施工

钢结构施工中，焊接是施工中最为重要的一步，焊接不到位将难以保证工程质量，因此焊接质量尤为关键。钢结构施工中存在大量的焊接作业，因此对现场焊接的管理

图 7-12　钢结构工程

尤为重要。

1. 主要问题分析

（1）焊工管理。由于会展项目钢结构构件结构形式多、钢板厚度种类不同、对强度的要求和施工条件不同，因此会存在多种焊接接头形式；大型会展钢结构多为屋面钢结构，焊接位置较高，因此为保证焊接的质量，焊工的选择及管理是重点。

1）焊工人员流动性大。由于钢结构施工现场的焊工不如加工厂内焊工稳定，现场焊接作业人员流动性较大，焊接水平参差不齐，因此现场焊接质量存在一定的不可控性。

2）现场焊接形式多。由于会展钢结构吊装单元构件重，并且外形较大，构件吊装就位后，大部分构件基本无法进行移位调整，现场焊接位置的局限性较大，因此焊工须根据构件实际位置进行仰焊、立焊和横焊等不同的位置焊接，焊接形式增多，且较平时难度增加。

3）高空焊接人员的安全性。会展钢结构施工多在高空进行，因此高空焊接必须提前搭设高空作业平台，既能保证焊接人员的安全性，又能保证焊接质量的稳定性。

（2）环境因素。现场施工环境也会对焊缝质量造成影响。二氧化碳气体保护焊具有焊接质量好，效率高，易实现自动化的优点，因此会展钢结构焊接多采用二氧化碳气体保护焊（下文简称气保焊），这种焊接方式较传统的电弧焊有穿透能力强、残余应力较小、焊缝抗锈蚀能力强、连续性好、无焊渣等优点，但也有一个最大的缺点，抗环境影响能力较差，温度、湿度、风力都会对焊缝质量造成影响。

2. 质量管控建议

（1）焊工管理

为保证现场焊接质量，根据会展项目经验，提出以下几点建议：

1）组织焊工考试。施工单位对每位拟进场的焊工进行进场焊工考试（其中包括长期合作的焊工），考试内容应为该会展项目所必需的典型焊接类型、焊接方式、接头形式及焊接钢板厚度；对考试合格的焊工发放上岗证件，并对考试焊工分出水平高低，根据焊工的水平安排现场钢结构焊接位置，焊接水平较高、能全位置焊接的焊工可进行现场难度较大、焊接位置较复杂及主要受力节点的一级、二级熔透焊缝的焊接；焊接水平一般、只能进行平焊、角焊的焊工可进行三级焊缝或角焊缝的焊接；考试不合格的焊工坚决要求退场。

施工过程中实现动态管理，要求主要位置焊缝实行焊缝实名制，即焊工完成主要位置的焊缝焊接后，要在该处焊缝旁标记出自己的焊工钢印号，出现所焊焊缝检测不合格的，对该焊工进行警告或降低焊接等级，对多次出现所焊焊缝不合格的焊工须要求其退场，且为保证现场焊接的质量，退场焊工严禁再次进场进行该项目的钢结构焊接工作。

2）进行焊接工艺评定。为保证钢结构焊接的质量，建议施工单位提前进行焊接工艺评定，并提交《焊接工艺评定报告》，以保证施工单位编制的焊接工艺更具准确性和合理性。对焊接难度较大的工序及部位提前编写《钢结构焊接专项方案》，其中须充分考虑该工程的各种影响因素，制定完善的质量控制措施，并报监理单位审核。现场施工前须安排经验丰富的质量员对现场进行自检、互检，以保证焊接质量。

3）施工过程监控到位。钢结构专业施工单位进场后需进行焊接工艺评定，编制《钢结构焊接专项方案》，对专项方案需重点关注焊接控制要点及措施。方案经审核通过，现场开始施工前，建议组织建设单位、监理单位、总包单位、钢结构专业施工单位召开钢结构施工专题会议，要求钢结构专业施工单位进行《钢结构施工方案》及《钢结构焊接专项施工方案》技术交底和汇报，并对会上各方提出的要求及意见进行逐项落实。现场开始施工后，除正常巡视检查、验收外，还要增加施工现场焊接作业巡视检查的频次，若条件允许，高空作业平台也应不定时进行巡视，对现场发现的问题或发现施工单位未按方案施工，要及时进行指正或签发整改通知单，并要求施工单位立即进行整改，若问题较大、较严重，可酌情组织专题会或签发暂停令。

（2）环境对焊接质量的影响

为减少环境对焊接质量的影响，根据以往经验提出以下几点建议：

1）做好防风措施

某会展项目入口大厅钢结构以8榀基本相同的空间钢结构管桁架为主，每榀桁架分为9段在地面拼装胎架进行分段组装，组焊完成后分别吊装至高空安装胎架，吊装就位后通过支撑胎架顶端刀板及临时钢梁焊接固定。该项目距离海边较近，且作业面为40m无遮挡高空作业平台，风力较大，因此焊接前必须先进行防风措施的设置，保证焊接区域具备焊接要求。临时加固焊缝不仅承受高空构件的垂直支撑力，还承受构件的部分侧向力，焊接要求较高，构件对接安装固定后基本无法移位调整，因此存在大量仰焊、立焊和横焊作业，对施工单位的焊接技术水平及焊工的焊接技能要求较高。所以施工单位进场焊接前，要求施工单位提前进行焊接工艺评定、编写施工方案，尤其要求对高空作业平台稳定性、高空焊接防风措施、高空焊接质量控制进行详细、着重描述，此方案通过审批后于现场实施，施工过程中严格按方案要求进行焊接，现场焊缝基本一次通过检测合格。

2）做好焊前焊后的除湿及焊缝预热保温

某会展项目钢结构工程施工时间为7月和8月，为南方梅雨、高温季节，施工虽在场馆内进行，但空气湿度依旧较大，因此焊接开始前构件表面的除湿工作较为重要，焊接施工前专门要求施工单位编写的《钢结构施工组织设计》及《钢结构专业施工方案》中需对现场焊前除湿工作采取专项措施；7月底梅雨季节结束，8月份又迎来高温天气，施工单位的管理人员认为天气温度高，因此钢板的焊接不需要进行预热工作。但该项目钢结构起到夹层组合楼板的支撑作用，且钢板厚度偏厚，焊缝质量要求较高，若焊前不进行焊缝预热工作，不利于焊缝及热影响区的焊接应力释放和焊缝金属中扩散氢的逸出，将增加焊缝产生裂纹的隐患。为此组织召开专题会议，对施工方案中的问题进行交底，并要求施工单位进行整改，在之后的巡视检查中着重检查焊接前防潮、焊前预热这两点重点内容，从而保证本项目焊接施工顺利完成。

又如，某会展项目钢结构工程施工时间为12月到次年4月份，正值冬季，项目又地处海边，温度较低，因此为防止焊缝温度骤降，在构件中产生焊接应力和焊接裂纹，现场焊接工作开始前对构件进行焊前预热，焊接后进行焊后热处理就显得尤为重要，为此要求施工单位对《钢结构焊接专项方案》进行补充，增加《钢结构冬季焊接施工方案》，要求施工单位对焊缝的焊前预热、焊后保温工作制定必要措施，以保证本项目冬季焊接施工顺利完成。

根据以上经验，为防止现场焊缝质量受外界因素影响，建议施工单位提前对施工时间段内项目所处地区及天气情况进行仔细分析，并提前预估可能遇到的环境制约因素，制定针对性措施，提前编写《钢结构焊接专项方案》。

管理单位则需根据现场情况，要求施工单位具有针对性地编写专项方案。除正常进行巡视检查、验收外，需根据现场特殊情况针对性地增加焊接巡视检查内容，对焊接前焊缝的预热温度用测温仪进行抽查，对需焊后热处理的焊缝保温情况进行抽查，一旦发现施工单位不按方案执行，会对焊缝质量造成隐患的，要及时进行指正或签发整改单，情节严重的可组织专题会或签发暂停令。

7.5.2　大跨度钢结构滑移

1. 主要问题分析

（1）支撑胎架的重要性

不同钢结构项目由于环境及场地因素不同，须搭设不同的拼装、安装或支撑胎架，胎架搭设的承重性、稳定性直接影响结构安全；拼装胎架的精度将直接影响构件成型的质量，且构件成型后，由于大多数钢构件重量较大，多次移位容易使构件发生形变，影响构件的几何尺寸及起拱度，对后期结构安全及质量造成隐患。

拼装胎架由于用于地面拼装，大多数胎架与地面接触面积较大，安全性能较高。但安装支撑胎架较多用于吊装就位松钩后高空完成可靠连接前钢构件的临时支撑固定，胎架与地面的接触面积相对较小，高度普遍较高且承重较大，因此支撑胎架固定不可靠将直接影响结构及施工安全。

（2）大型钢结构滑移施工难度大

大型钢结构滑移安装施工是一项先进的钢结构与大型设备安装技术，它集机械、液压、计算机控制、传感器监测等技术于一体，解决了传统吊装工艺和大型起重机械在起重高度、起重重量、结构面接、作业场地等方面无法克服的难题，因此施工工序复杂，施工前必须做好各项准备工作。

2. 质量管控建议

（1）支撑胎架的管控

某会展项目入口大厅钢结构工程，施工设计胎架用于支撑钢管桁架进行高空安装及整体桁架高空滑移轨道，承重大，且滑移时除压力外，还受侧向水平推力。因此胎架搭设前要求施工单位编制专门的钢结构胎架搭设施工方案，并对现场使用的所有施工胎架进行检查，对胎架的材料进行抽样送检，确保现场使用胎架材料的可靠性；胎架搭设完成后对胎架垂直度和固定方式进行检查，并对胎架底部固定的化学螺栓进行拉拔试验，请安全专家对胎架搭设的安全性进行现场评估检查。经多次评审要求施工单位对轨道支撑胎架之间用 H 型钢进行了连接，搭设了剪刀撑，从而保证了胎架的整体性，并要求其使用抱箍与邻近的混凝土柱进行可靠连接，以确保支撑胎架结构的稳定性（图 7-13）。

图 7-13　入口大厅管桁架拼装及支撑胎架

某会展项目双层展厅，其屋顶钢桁架跨度 62.5m，屋脊标高 32.55m。展厅每个单体东西向各 14 榀主桁架、1 榀屋盖结构。主桁架长 62.5 ~ 66.5m，桁架高度为 3.5 ~ 5.1m，重 39 ~ 50t。因为钢结构屋架需在二层预应力楼板上安装施工，而该处楼板面为大跨度无柱式混凝土楼板，因此支撑胎架的放置位置相当关键，施工前要求施工单位经过详细的计算，并将支撑胎架设置于大跨度预应力自密实混凝土梁上，从而保证支撑体系满足结构受力要求，同时钢结构施工不会对楼板造成破坏。

因此，胎架的搭设须提前实地勘察，进行相关受力计算，以克服现场环境的制约条件，保证胎架搭设的准确性和结构的稳定性；并要求钢结构专业施工单位对胎架搭设、构件运输及构件拼装或安装的场地进行实测实量，保证胎架搭设的可实施性，同时胎架搭设过程中对胎架的标高和外形严格监控，以保证构件成型的精确度，并尽可能减少拼装完成后的构件运输时间和倒运次数，减少构件的形变。

建议管理单位对钢结构专业施工单位上报的专项施工方案进行严格审核，要求施工单位提供胎架的相关受力计算书，且须符合胎架搭设的基本要求。胎架搭设完成后，严格按专项方案对胎架进行检测监控，以保证胎架的稳定可靠。

（2）钢结构滑移施工管控

大型钢结构滑移安装施工工序复杂，因此施工前必须做好以下各项准备工作内容：

1）滑移施工专项施工方案程序性、符合性、针对性是否符合要求；

2）滑移前是否对施工人员进行方案交底；

3）滑移前是否对主体结构进行了全面检查；

4）滑移施工前是否制定了监测方案；

5）滑移胎架、支撑体系是否全面检查合格；

6）滑移前是否对安全工作布置到位，安全警戒是否设置，指挥系统是否落实到位。

　　钢结构滑移安装施工过程中最关键环节是对滑移同步性的控制，采用液压系统进行顶推或牵引时，宜利用油压传感器、激光测距仪和主控计算机等进行同步控制。滑移开始时先缓慢启动，再逐步增加到不超过 15m/h 的滑移速度，当结构单元滑移到安装位置时，停止牵引设备工作，并保证同步性，滑移单元在制动过程中，各支点应保持同步且无附加内力，保证结构的稳定性。

　　滑移工程中还要做好施工监测，施工监测内容包括应力监测、变形监测和运动状态监测；监测范围应包括滑移单元、临时支架、滑轨及其他临时措施；施工监测可分为人工监测和计算机监测，滑移法施工宜采用计算机监测；滑移施工前，最好对滑移过程进行施工仿真模拟校核。

　　以某会展项目钢结构工程为例。滑移采用液压顶推机器人进行滑移顶推作业，采用计算机同步控制，对张拉、滑移过程、主桁架结构、支撑体系等几个方面进行检测，通过以上控制，确保该会展项目钢结构工程钢桁架顺利滑移到位（图 7-14）。

图 7-14　钢结构管桁架滑移

　　要求施工单位在施工前需编制了《滑移前确认事项单》，共计 7 大项 32 小项，滑移前对每一项进行核实，相关责任人签字确认（表 7-1）。签字完成后交监理单位（或建设单位）确认，由监理单位（或建设单位）下发《滑移令》。

钢结构滑移前确认事项　　　　　　　　　　　　　　　　　　　　　　表 7-1

滑移确认事项					
序号	项目	内容	责任人	检查	确认
1	主桁架	待卸载滑移桁架全部拼装焊接完成，排查确认			
2		桁架外形尺寸已复测（测量记录）			
3		主桁架卸载后的下挠数据的测量成果			

续表

滑移确认事项

序号	项目	内容	责任人	检查	确认
4	主桁架	桁架、焊接材料及相关资料报告齐全			
5		桁架焊缝已根据相关要求探伤并出具报告			
6	卸载张拉及滑移	张拉设备及滑移设备确认			
7		轨道标高及直线度校核满足滑移要求			
8		滑靴底部及轨道抹黄油			
9		滑靴底部焊渣已清理			
10		轨道端部挡板设置			
11		滑靴安装完毕后整体检查满足滑移要求			
12		滑靴轨道挡板与轨道间隙满足滑移要求			
13		滑靴张拉后对焊缝的确认			
14		轨道压板符合要求			
15		轨道表面检查及接头确认			
16		卸载设备地面及高空检查确认			
17	支撑体系	滑移胎架垂直度校核			
18		拉杆、防转动杆件安装巡视确认			
19		滑移胎架缆风绳系统设置			
20		混凝土处独立柱抱箍安装			
21		混凝土处独立柱下部支撑安装			
22		相关区域混凝土强度报告及工序专业交接手续			
23		滑移大梁及支撑体系巡视确认			
24		31、36号胎架与混凝土柱连系桁架安装			
25	监督系统	外形监测控制点（反光片）设置			
26		轨道处设置同步监测刻度线及桁架到位限位板			
27	交底资料	方案交底确认（卸载张拉）			
28		卸载、张拉工艺确认			
29	安全警戒	滑移安全通道及安全设施确认			
30		警戒区域设置			
31	指挥系统	人员分工明确并责任到人			
32		通信设备及天气环境确认通畅			

施工单位   总包单位   监理单位

项目经理：   项目经理：   专监：

总工：   总工：   总监：

    建议钢结构专业施工单位提前确定好滑移施工方案，做好滑移前各项准备工作，滑移施工过程中严格按方案施工，做好检测、安全防护和应急措施。

建议总包单位做好现场协调工作，防止其他专业与钢结构滑移交叉施工，保证钢结构滑移顺利进行。

建议监理单位对滑移前各项准备工作严格检查及验收，滑移过程中加强巡视检查和监控工作。

7.6 鱼腹式幕墙施工质量管理

钢拉索点支式玻璃幕墙属于点支式玻璃幕墙中的一类，由装饰面玻璃及驳接组件支撑结构组成。点支式玻璃幕墙按支撑结构分为玻璃肋点式玻璃幕墙、钢结构点支式玻璃幕墙、钢拉杆点支式玻璃幕墙和钢拉索点支式玻璃幕墙。

1. 主要问题分析

（1）钢龙骨安装

钢拉索点支式玻璃幕墙的钢龙骨从构件材质到连接要求均属于钢结构施工范畴，其质量管控方式及验收标准均应符合钢结构施工的要求。除此之外，钢龙骨构件安装及拉索张拉顺序均应结合钢龙骨整体受力方式来确定。

（2）外观质量

钢拉索点支式玻璃幕墙位于入口大厅南北两侧，作为会展项目的视觉窗口，对其钢龙骨、拉索及玻璃幕墙观感质量要求极高，需进行重点管控。

2. 质量管控建议

由于鱼腹式幕墙自重大且屋面钢结构承载力有限，因此设计采用下支撑方式由地面铰支座进行钢龙骨支撑，上端与屋面钢结构连接限制水平位移。该处将钢龙骨分为三节，安装时按顺序由下往上依次安装，保证该处龙骨安装时始终保持地面承受荷载（图 7-15）。

图 7-15　鱼腹式幕墙

根据以往经验，拉索张拉过程中，要加强对索力和结构的监控，如果发现索力或结构变形与理论计算结果相差太大，建议停止张拉工作，分析原因并提出解决方案，处理后才可以进行继续张拉。索张拉完成，建议将拧紧索夹之前的状态作为预应力拉索施工的验收状态，对此状态下的索力进行实测，并对拉索在各种荷载工况下的安全性进行验算，如果拉索的安全性有保证，可以进行玻璃安装。如果由于索力的误差导致拉索的安全性不能保证，必须对索力进行调整，直到满足要求为止。

7.7 大跨度膜结构施工质量管理

膜结构又叫张拉膜结构，是一种建筑与结构结合的结构体系，是采用高强度柔性薄膜材料与辅助结构通过一定方式使其内部产生一定的预张应力，并形成应力控制下的某种空间形状，作为覆盖结构或建筑物主体，并具有足够刚度以抵抗外部荷载作用的一种空间结构类型。膜结构的出现打破了纯直线建筑风格的模式，以其独有的优美曲面造型，简洁、明快、刚与柔、力与美的完美组合，同时给建筑设计师提供了更大的想象和创造空间。膜结构优点具体表现为：

（1）大跨度。膜结构自重轻、抗震性能好，不需要内部支撑，克服了传统结构在大跨度（无支撑）建筑遇到的困难，可创造巨大的无遮挡可视空间，有效增加空间使用面积。

（2）艺术性。膜结构突破了传统的建筑结构类型，以造型学、色彩学为依托，可结合自然条件，充分发挥建筑师的想象力，根据创意建造出传统建筑难以实现的曲线及各种造型，且色彩丰富，富有时代气息，体现结构构件受力之美。配合灯光易形成夜景，给人以现代美的享受。

（3）经济性。膜材料具有一定的透光率，白天可减少照明强度和时间，节约能源；夜间能投射绚烂的景观。而且膜结构能够拆卸，易于搬迁，特别是在建造短期应用的大跨度建筑时，更为经济。

（4）安全性。膜材料具有阻燃性和耐高温性，能很好地满足防火要求；膜结构属柔性结构，能够承受很大的位移，不易整体倒塌；膜结构自重轻，抗震性能比较好。

（5）自洁性。膜结构中采用具有防护涂层的膜材，落到膜材表面的灰尘可以靠雨水的自然冲洗而达到良好的自洁效果，同时保证建筑的使用寿命。

（6）工期短。膜片加工、钢结构制作等均在工厂完成，减少现场施工时间，可与下部钢筋混凝土结构或构件等同时进行，避免施工交叉，施工现场只进行钢结构安装及膜片张拉，故现场施工安装、迅速快捷，相对传统建筑工程工期较短。

（7）适用广。从气候条件看，膜结构建筑适用的地域广阔；从规模上看，可以小到单人帐篷、花园小品，大到覆盖几万、几十万平方米的建筑。

1. 主要问题分析

（1）固定安装

膜材安装前须进行膜结构龙骨安装，复杂膜结构钢龙骨多连接于主体钢结构上，主体钢结构安装过程中，由于受环境、气温及荷载影响较大，钢结构自身易产生形变，导致后期膜结构安装精度不足，影响膜材安装，因此膜结构龙骨安装时，还须对钢结构偏差进行补偿，保证拉膜的安装精度。

（2）外观质量

膜结构的外观质量直接影响建筑物观感效果，施工时应加强对膜材颜色的控制，避免出现色差。

2. 质量管控建议

（1）固定安装

某会展项目入口大厅膜结构采用 PTFE 膜材，具有较好的焊接性能，优良的抗紫外线、抗老化性能和阻燃性能，但此类膜材与其他膜材一样，需要较高的安装精度。入口大厅膜结构龙骨施工时，钢构件在地面胎架上进行组装，采用分段、双机台吊的吊装方式，减少吊装过程中钢龙骨自身悬挑长度，确保安装精度。

膜结构龙骨安装时主体钢结构已完成吊装并处于受力状态，因此不允许在受力杆件上进行焊接，为膜结构龙骨安装带来诸多不便。为避免类似问题，膜结构龙骨安装施工尽量在主体钢构地面拼装焊接时同步进行，并将龙骨随主体钢结构一同吊装。为保证龙骨精度可在龙骨与主体钢结构连接处设置可调节的转接件，膜结构安装前对龙骨进行测量，以调节转接件的方式减少误差。

（2）外观质量

在施工前进行膜材生产厂家考察，选择符合设计颜色要求且工艺稳定的膜材厂家作为供应商，避免因不同加工批次而产生较大色差。同时，做好膜材进场验收，当膜材存在色差、表面污染、褶皱时严禁进场，对于已张拉的膜材，如出现严重色差，立即更换。

7.8　大型风管制作与安装施工质量管理

随着现代会展建筑建设规模和参展人流密度的不断增大，对展厅包括空调系统和防排烟系统等机电系统在内的稳定高效运行提出了更高的要求，展厅的风管通常安装在钢构桁架内，具有"施工工艺要求高，施工难度大，施工安全管理风险高，与其他专业包括给排水系统、强弱电系统、消防系统、钢结构专业等在管线排布和施工工序上多有配合和交叉"等特点，因此对展厅内风管系统安装的科学管理十分重要（图7-16）。

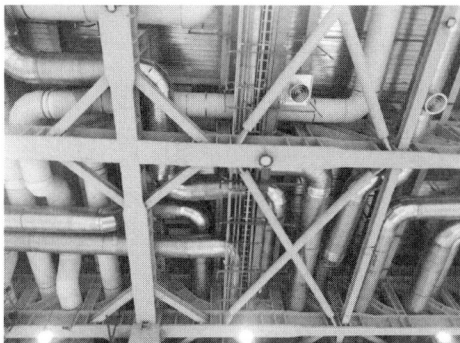

图7-16 展厅上方风管

1. 主要问题分析

（1）风管施工工艺要求高。以某会展为例，在展厅上空设置排烟风管以及空调送风风管，其中排烟风管直径为1.1m，为增强管道的整体强度，排烟管道采用螺旋风管，而空调送风管道最大尺寸为1.6m，部分部位的风管长边尺寸甚至超过2m，大尺寸风管的制作安装质量将直接影响排烟与空调送风系统的使用功能，也是通风空调专业质量控制难点之一，具体包括关于风管的安装方式、风管加工工艺管控、漏风量检测、风管加固方式、风管固定形式，固定支架、抗震支吊架等的安装方式、管节的连接方式及细部处理方式等重点内容的考虑。

（2）施工安全管理风险高。该项目的空调送风管和排烟风管敷设在十多米甚至三十多米高处的屋面钢构桁架内部，风管安装位置高，施工难度大，是项目机电安装安全、质量管控的重点和难点。

（3）高大空间部位空调气流组织难。展厅区域为高大空间，该空间的空调系统的设计和安装调试不同于一般建筑空间，空调气流组织和系统安装调试有一定技术难度，如处理不当，可能会使空调送风达不到人员工作区域，达不到预期的空调效果。

2. 质量管控建议

（1）考虑到风管安装在钢结构桁架内，对于风管的安装方案，主要有两种思路，一种是结合钢结构的分段吊装施工计划，依据图纸或 BIM 模型的要求，分段完成风管的制作，并在地面上将风管与钢结构固定后，随着钢结构一同完成吊装；另一种方案是待钢结构专业完成吊装后，单独实施风管的吊装。第一种方案降低了风管高空安装的风险，减少施工工期，加强了对风管安装工艺的管控，但是需要安装专业与钢结构专业对施工节奏、风管（钢结构）加工时间节点的准确对接和执行，第二种方案减少了机电专业和钢结构专业的工作对接，但是增加了风管高空安装的风险，不利于风管安装工艺的管控，增加了安装工艺环节，相应地增加了施工工期。

为保证风管的加工质量，原材料的材质、规格及厚度应符合设计要求及施工质量验收规范规定。其次，风管制作的加工设备对风管制作质量有重要影响，因此，检查加工设备也是质量控制措施之一。可以要求加工单位先预制几节风管，检查这几节风管的制作是否满足要求，以此确定该单位加工设备的能力是否满足制作要求。

针对大口径风管，应加强管段连接方式和风管加固等质量控制点的管控。风管制作和安装的过程中特别注意检查以下部位的质量：风管咬口密封应按规范采用合适的咬口形式，并控制好施工质量；法兰风管连接处密封质量；针对风管加固的具体做法，相关图集如《空调通风管道的加固》14K118 提供了许多具体的指导做法。

《通风与空调工程施工质量验收规范》GB 50243—2016 中对风管漏风量检测提出了更高的要求，取消了漏光法作为风管密封性能检测的手段，明确风管漏风量检测需采用定量检测的方式，为了提高系统漏风量检测的合格率，建议在风管加工完成后，分段对风管进行漏风量检测，待系统安装完成后，再整体进行漏风量检测（图 7-17）。

图 7-17　分段对风管进行漏风量检测

对于风管固定形式、固定支架、抗震支吊架等的安装方式问题，在一般工程场景中应用比较成熟，针对在钢结构桁架内的安装，建议重点关注风管吊装点的生根方式和固定方式、固定支架和抗震支吊架的安装工艺。一般采用在钢结构桁架上选取合适的生根点，风管固定支吊架与钢结构通过抱箍固定的形式，对于风管抗震支吊架的设置问题，应在设计图纸上明确位置及做法。

展厅上方的空调风管采用内保温的形式，保温棉的敷设质量将会影响风管的节能效果，同时在两端管节连接处若存在保温棉缺失，将可能会在此处因形成冷桥而产生冷凝水。

图 7-18　展厅上方螺旋风管

以某会展项目为例，该项目的空调风管采用"双层螺旋风管内敷保温"的形式，排烟风管采用单层螺旋风管（图 7-18）。考虑到不同系统的各自特性，空调系统连接方式采用承插式，排烟系统采用法兰连接方式。在风管管节连接处应特别注意保温棉敷设的完整性以及镀锌钢带的施工质量，避免此处存在冷桥现象，同时风管连接处也是常见的漏风点，系统施工完成后应严格按照规范进行漏风量测试（图 7-19）。

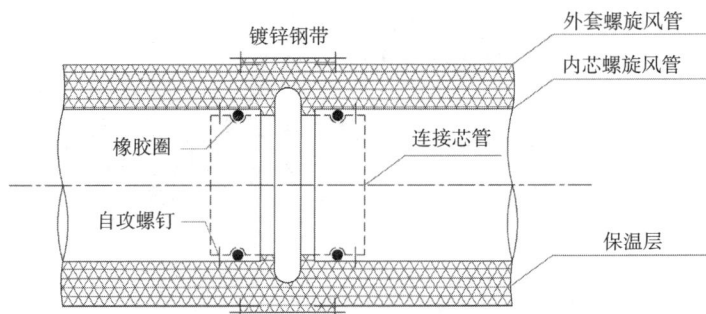

图 7-19　空调系统双螺栓风管管节细部做法

（2）为加强展厅上方风管施工安全性的管控，应对风管高空作业方案进行重点论证。如前文所述，如果现场条件允许，建议采用"钢结构与风管一同吊装，部分风管连接工艺单独进行高空施工"的方案实施，以减少高空作业工作量。

（3）高大空间空调系统

空调系统的关键设备、部件选择必须严格按照设计要求实施，如有变化，应及时与设计单位联系，并取得设计单位的同意；对其中的关键部件和设备，比如空调机组、风阀和风口等，应认真核对其型号、规格以及性能检测报告，确保满足设计要求，必要时进行性能检测试验，比如旋流风口，可以抽样检测其送风射程以及气流特性，以满足高大空间送风气流组织要求。

系统安装施工过程中应注意风管制作和连接的严密性，不随意进行风管局部变径等，避免大量漏风和局部压力损失过大，造成末端风量不足，影响空调效果的实现；设备和系统调试阶段，认真做好机组试运转和系统风量平衡工作，使各风口风量基本均匀，并达到设计要求范围，避免局部过冷过热。

7.9 风阀安装施工质量管理

1. 主要问题分析

（1）阀门数量种类多，施工管理难度大。会展类建筑由于其通风空调、防排烟系统系统复杂，各系统管道上的防火阀无论是数量还是类型，例如70℃常开防火阀、防火调节阀、280℃常开排烟防火阀等，都会对现场的施工管理难度带来很大的挑战。

（2）会展建筑由于空间较大，展厅上方空间的防排烟、通风空调风管尺寸较大，相对应风管上的防火阀的尺寸也较大，甚至有的防火阀长边尺寸达到2m。根据《强制性产品认证实施细则火灾防护产品消防防烟排烟设备产品》CCCF-HZFH-03（A/0）的要求，"防火排烟阀门仅外形尺寸不同，影响产品一致性的其他要素无改变，当委托认证的一组（也可为一个）防火排烟阀门公称尺寸符合下述要求时：①圆形：直径小于等于800mm。②矩形：长×宽小于等于1250mm×800mm，可选择其中公称尺寸最大的产品为典型产品进行型式检验，其他产品进行图纸确认。当委托认证的防火排烟阀门公称尺寸不符合上述要求时，每一规格均应作为不同单元进行认证"。一般情况下，阀门供应厂家不会对长边尺寸超过1250mm或者直径大于800mm的防火排烟阀进行单独的认证，可能会影响未来的消防验收。

（3）部分阀门例如新风风管上的"电动风量调节阀"是由暖通专业采购并安装，

但是需要通过接收弱电系统24V的模拟信号控制，实现阀门的无级调节，达到灵活调节风量的目的，如果弱电专业没有在风阀采购前对"24V电信号控制""模拟信号控制""阀门扭矩"等关键参数及需求向暖通专业进行准确提资，将会影响系统功能实现，也会增加不必要的技术纠纷和索赔。

2. 质量管控建议

（1）建议在每个"风阀安装检验批"施工前，要求总包单位统计该区域风阀的类型和数量，对阀门"动作温度""常开还是常闭""安装于哪个系统"等具体信息进行统计并制成清单，日常巡视时，加强对阀门的清单化检查，做到有的放矢。

（2）在招标阶段，向潜在的"防护阀供应商"咨询是否能够提供"超规格"的防火阀3CF报告，如果不能，需明确是否能够办理相关3CF认证手续，避免耽误后期消防验收等事宜，或者提前沟通设计单位，明确是否可以采用"防火阀拼接"的方式，由两个或者多个防火阀拼接成一个大尺寸阀门的方式用于现场施工；在防火阀进场前，对各系统"超规格"的防火阀进行清单化梳理，明确"安装部位""尺寸大小"等信息，阀门进场时进行单独验收，重点审核。

（3）及时组织通风专业和弱电专业进行专业对接和提资，明确两个专业间的功能需求后，再安排供应商排产，避免因技术参数对接有误而造成损失。

7.10 虹吸雨水系统施工质量管理

会展建筑的大型屋面区域一般均采用虹吸式雨水系统排走屋面雨水，为保证排水效果，要求雨水天沟与屋面板以及虹吸雨水斗细部连接密闭可靠，同时由于雨水天沟和虹吸雨水管道将穿越结构变形缝部位，因此要求雨水天沟和虹吸雨水管做相应的技术处理，满足上述部位的三维变形要求。其设置部位和设置方式是质量监控重点。

1. 主要问题分析

根据《展览建筑设计规范》JGJ 218-2010等规范规定，展览建筑屋面汇水面积大，设计重现期标准高，多采用虹吸雨水排放系统，考虑到国内现有虹吸雨水专业施工的现状及投资控制等因素，虹吸雨水系统管材大多采用厚壁高密度聚乙烯（HDPE管），HDPE管材及管件之间的连接采用热熔对焊连接，该管道系统质量控制存在诸多难点，主要包括：

（1）管道热熔对接焊部位多；操作人员专业化程度控制难；焊接管道设备简陋，自动化程度低，焊缝的施工质量对工人的工艺水平依赖程度较高。

（2）系统运行流态复杂，对管道接口和管道固定要求高，而国内现行规范标准尚无针对该系统管道强度及严密性检验的有效手段。

（3）展厅区域布展期间人流密集，一旦出现管道质量问题引起渗漏，将给建设方带来很大的被索赔风险及经济损失，也会造成不良的社会影响。

2. 质量管控建议

为避免此问题的发生，将针对重点监控的环节和部位采取如下具体的控制措施：

（1）在虹吸雨水工程招标时，要求相关单位投标内容增加 HDPE 管接头加压检验内容。

（2）施工中加强质量管理，针对虹吸雨水管道热熔对接施工工序，加强监理旁站。

（3）建议虹吸雨水水平悬吊管尽量设在室外，即便渗漏水也不致产生特别严重的被索赔事件。

7.11 大空间消防水炮灭火系统施工质量管理

随着我国消防设备整体水平的提高，以流量高、射程远、保护面积大为特点的消防水炮成为会展建筑的常用灭火手段，消防水炮实际应用性能的好坏，将直接影响消防工作的质量，在工程实际质量控制过程中，仍有许多需要特别注意的方面，需要着重关注。

1. 主要问题分析

（1）目前国内消防水炮型式检验报告中检测的安装高度为 15～18m，而当展厅空间较高时，水炮设计安装高度往往超出了报告中的检测范围，在设备招标环节应格外关注。

（2）消防水炮大流量及远射程的特点势必伴随着很高的水流压力，从而使消防水炮的后坐力大大增加，对固定消防水炮的底座安装做法提出了更高的要求，设计单位应明确底座安装的细部做法（图 7-20）。

（3）在火灾现场，消防水炮主要有两种灭火模式，一种是喷雾射流，一种是直流柱状；直流柱状射流主要是集中射流，强力水柱对火源进行重点喷射，以达到降温灭火的目的，强力水柱喷射距离远，冲击力大，主要用做远距离定点扑灭火灾；喷雾射流就是在消防水炮喷嘴处以水雾的形式对火灾现场及其周围进行喷雾，使水炮周围形成一个大面积的水幕，水雾覆盖面极大，冷却效果好，可实现大面积灭火；这两种灭火方式，都有各自的灭火方式及优点，在实际灭火工作中，常根据火场环境变化及火

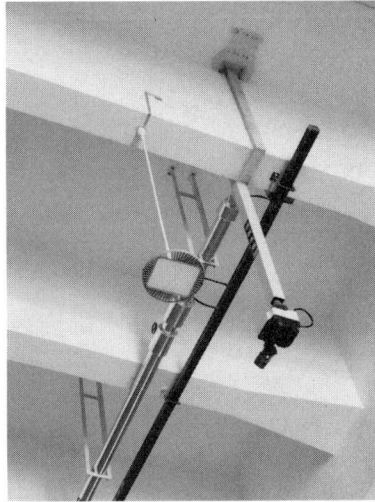

图 7-20 消防水炮固定方式

势燃烧强弱，切换运用喷雾和直流射流方式，以达到更好的有效地抑制火势蔓延并扑灭火源，最终完全扑灭火灾的目的。同时，展厅大空间区域提供消防保证的大空间自动消防炮系统，要求所有消防炮应带有定位器，定位器采用双波段探测器或火焰探测器，并应有接收现场火焰信息，完成自动瞄准火源的功能。

自动消防水炮在实际运行过程由于受管网压力、安装高度、空气阻力等因素的影响，在进行远距离喷射时，其射流轨迹不是直线，而是呈曲线趋势，造成实际水流落地点与探测到的火源位置存在偏差，不能准确高效完成灭火动作。

因此除保证设备技术条件满足设计要求外，在系统调试时应重点调试自动消防炮系统的准确性。

2.质量管控建议

（1）以某会展为例，入口大厅消防水炮设计安装高度超过30m，远远超过行业内消防水炮型式检验报告中检测的安装高度15～18m范围，在消防水炮招标环节，与设备供应商进行积极沟通，明确目前行业内尚不能出具此类超高安装高度的型式检验报告，通过提前沟通消防验收单位具体验收要求，采取在系统安装完成后进行现场实地检测以及将消防水炮进行专项委托送检的方式，避免了后期消防验收受影响。

（2）固定消防水炮的平台和底座支架，其结构强度应能满足消防炮喷射反作用力的要求，设计单位应对平台和底座支架进行核算并出具详图。

（3）在对自动消防水炮进行招标前，建议业主组织对潜在的投标单位所参建的实际工程进行考察，对消防水炮的实际应用效果进行调研。系统安装完成后，由系统供应商根据现场实际安装条件（安装高度、出水压力等）及环境因素（风速、空气湿度等），对系统工作的关键参数（流量、射程、工作压力、水平回转角度、俯仰角等）进行认真调试，以满足不同工况下的应用场景。

阀门应有明显的启闭标志，远控阀门应具有快速启闭功能，且封闭可靠；消防炮的俯仰回转机构、水平回转机构、各控制手柄应操作灵活，传动机构安全可靠；消防炮的俯仰回转机构应具有自锁功能或设锁紧装置；根据每台消防水炮的实际情况进行调试，保证水炮的射程满足设计要求。

在对系统调试时，要实现直流、雾状射流的灵活转换，以适用于不同的消防场景。在直流柱状射流模式下，调整水柱流态，保证水柱到达着火点为充实水柱，增加水柱冲击力；在喷雾射流模式下，保证最佳雾化效果。

系统调试应在系统施工结束和与系统有关的火灾自动报警装置及联动控制设备调试合格后进行。调试前施工单位应制订调试方案，并经监理单位批准。

7.12　电气工程施工质量管理

电气工程是建筑的重要组成部分，电气工程施工的质量很大程度上决定了整个建筑工程项目的建设质量、工期和施工人员的安全等，并且影响竣工后建筑的使用功能和使用安全，具有重要的现实意义。对于一项建筑电气工程而言，从项目开工到竣工，施工管理对于电气工程施工的质量始终都起着至关重要的作用，本节结合会展项目特点，从建筑电气工程施工中存在的问题出发，分析这些问题出现的深层次原因，并探索加强建筑电气工程施工管理的措施。

7.12.1　桥架和管线施工

1. 主要问题分析

（1）电气管线及支吊架锈蚀。目前在建工程使用的电气管线及支吊架均要求做镀锌处理，而镀锌件的使用寿命受大气环境中多种因素影响，如：环境温度、湿度、风向、空气中污染物的种类和密度、干湿循环周期等，所以在沿海区域或潮湿环境中，普通镀锌件易出现白锈等情况，在极端的情况下，由于长期处于恶劣的环境中，镀锌件表面形成了严重的白色沉积物或红锈，这将严重损害镀锌件的使用寿命，并可能产生质量安全事故。

（2）桥架与其他管线排布不合理，支吊架安装空间不足。如今机电综合管线布置已成为安装施工成败的关键，当机电各系统管线在部分区域集中汇合时，因各自具有独立的支吊架系统，外加综合排布不合理会造成后期检修空间过于狭小，且随着《建筑机电工程抗震设计规范》GB 50981-2014 实施以来，关于抗震支吊架在工程中的应用越来越普遍，由于抗震支吊架相比普通支吊架占用空间更大，因此在狭窄和管线密集区域如不提前规划将无法正常安装，由此造成的返工、杂乱无章、无检修空间的现象不可避免。

2. 质量管控建议

（1）针对镀锌电气管线及支吊架锈蚀问题，施工方可对镀锌钢材表面进行油漆处理：底层防锈漆；内层涂漆；面层涂漆（提供不少于一层底漆、一层内层涂漆及两层面漆）。通过该工艺处理，能够有效避免镀锌电气管线及支吊架在沿海区域或潮湿环境中出现大面积锈蚀等情况。

（2）应用 BIM 技术或三维建模软件对管线进行排布。管道的排布设计中，应以尺寸大的管道为主体，其他尺寸小的支线管道对其进行避让，先排布管径较大的管线，再对管径较小的管线进行布置。管线排布时，应考虑施工成本，尽量避免施工成本高的管线反复调整标高或增加管线长度，进而减少材料浪费，节约成本。在经过管线布置及碰撞检查后得到的机电综合施工模型基础上，通过 BIM 设计软件完成综合支架的形式设计、平面设计等，用 Midas Gen 软件计算分析支吊架的变形、弯矩、轴力及应力的分布情况，把原本各专业管线单独设置的支吊架综合成一个大的支吊架，不仅优化了空间排布，而且便于现场施工及后期检修。同时抗震支吊架在前期的深化设计阶段也可以借助 BIM 进行优化设计，保证抗震支吊架与普通支吊架的协调布置和同步施工，既满足了抗震设计要求也可以合理节约成本。

7.12.2　防雷接地保护

1. 主要问题分析

近些年，在我国各地都有建筑遭受雷击而造成人身财产安全损失，其主要原因是施工时接地线施工不合理，建筑完成后不按照规定时间检查建筑的防雷设施安全性、防雷装置受腐蚀情况，安装防雷装置人员技术不过关，安装过程不规范。这些问题使建筑防雷的水平大大降低，严重影响人民群众的人身财产安全。

（1）防雷接地引下线施工中存在的问题

在对建筑的防雷接地引下线进行施工时，引下线通常是利用建筑物柱内主钢筋，采用焊接的方式将屋面接闪带与接地干线及接地体可靠焊接，起到引导雷电的作用。然而在实际的建筑施工中，防雷接地装置接地体的埋设深度达不到设计及规范的要求，并且不注意焊接质量，存在需焊接的部位未焊接或焊错等现象，导致接地体引导雷电流的效率大大降低，进而降低建筑的防雷能力。

（2）防雷接地装置的设计结构不合理

一般情况下，每个建筑有不同的特性，需要不同的防雷接地装置，防雷接地装置的设计应当根据建筑物的不同进行适当的调整，特别是在接地线和接地体的连接方面。在整个防雷接地装置中，各个连接部位的处理都关乎到防雷接地装置的防雷能力，若是在施工过程中，没有针对建筑物特点对防雷接地装置进行控制，则会影响到整个系统的正常使用，使防雷接地装置防雷能力降低。

（3）对防雷接地装置施工后的检查不到位

在建筑施工完成后需要对防雷接地装置进行检查及接地电阻值进行检测，检查接闪带、接闪网是否断开，部分线路和焊接点是否做好了防腐蚀工作。现今建筑行业施工存在检测不到位、检查不够仔细、接地电阻值不符合规范要求等通病，使防雷接地装置的防雷能力大打折扣[11]。

2. 质量管控建议

（1）对防雷接地工程前期的预备控制

在进行建筑防雷接地施工时，应深入研究设计图纸，一方面充分了解建筑电气防雷接地设计图纸，另一方面要对建筑中的结构设计进行充分理解，深入了解设计中的问题。在现实的建筑工程中，由于安装技术人员对图纸的理解及衔接不够清楚，建筑施工各个部门的协调度不够，会对建筑物的防雷接地装置的施工造成影响，比如接地体的安装不正确，埋设的深度不够等问题。因此，在施工的过程中一定要对施工图纸从头到尾进行深入的研究。

（2）对施工材料的控制

防雷接地的相关材料在建筑防雷中起关键作用。在对防雷接地装置的施工中要对材料进行严格审核，材料质量是否符合设计图纸及规范要求：防雷接地装置所需的材料不是一般材料可以替代的。在施工中经常有施工人员用一些其他的金属（如改制材料）进行替代，这种情况要严格禁止，否则会加速防雷接地装置的腐蚀速度。

（3）做好施工过程控制

在安装防雷接地装置时，接地体须全部安装完毕并检测合格，保证防雷接地工程施工质量。在建筑物中，防雷接地结构主要是利用建筑基础内桩钢筋作为接地体，主梁钢筋为接地干线，利用柱主钢筋作为引下线。在接地系统施工时，底板钢筋和柱钢筋之间的焊接应达到设计图纸及规范要求的质量，接地体、接地干线、引下线、均压环、接闪带这一条引流的通道必须保持畅通。

（4）做好防雷接地装置的维护

防雷接地装置必须定期进行接地电阻检测。防雷接地装置最主要的损坏原因就是受到腐蚀，一旦防雷接地装置受到腐蚀，就会造成短路现象，严重损坏防雷接地装置，导致建筑防雷性能大打折扣。在防雷接地系统中最容易受腐蚀的就是接闪带、接闪杆、接闪网及焊接的接头处。在建筑施工时为了防止防雷接地装置受到腐蚀，一定要选取合格的材料，材料质量不合格的严禁使用到防雷接地装置中。定期进行检修，固定的检修时间不宜过长，一般一年为佳，及时处理防雷接地装置出现的各种问题，在对接地体的连接上主要采用焊接的方式，在满足机械强度的同时，还要求不能有未焊透、裂纹、夹渣、咬边的缺陷。对焊接点的防腐材料主要用的是防锈漆及银粉漆等，其施工质量对防雷接地系统的防腐蚀具有重要意义。

7.12.3 二次配电设计

1. 主要问题分析

会展项目精装修设计中，照明设计占了电气设计的很大一部分。装修设计单位没有统一的绘制标准，结果形态百出；同时由于一次设计时，没有完全考虑到精装的需求，所以精装设计时，对一次设计的系统有很大的调整。

（1）前期一次设计阶段容量预留不足。因会展项目内部功能呈现出多样化且不确定的特点，所以前期如何设计配电系统就显得十分重要。因为一个好的系统，不仅方便后期装修设计，也方便未来不同业态之间的转换和计量。

（2）装修设计阶段配电箱箱体尺寸无法满足现场实际需求。根据工程进度需求，配电箱生产厂家已提前参照一次机电图纸进行备货，由于一次设计缺乏前瞻性，在二次设计中增加大量配电回路，会造成原有配电箱空间不足，无法安装新增的电气元件，不仅增加了建设成本，而且影响后续功能使用。

2. 质量管控建议

综上所述，对于精装工程，前期先按功能、容量，划分好配电箱，当开始进行装修设计时，因为考虑到装修方案的多变性，又考虑到施工工期短、订货快的原因，为了避免配电箱反复修改造成的不利因素，对于第一版精装图建议做如此考虑[12]：

（1）除去已经使用的回路，需要适当预留三相回路，单相回路中预留容量大点的开关，尤其是涉及智能照明控制的项目。

（2）由于某些大型吊灯的光源数量惊人，吊灯需备用几个预留回路，若灯具方案变化，也便于后续调整。

（3）若灯具涉及照明智能控制，需考虑好模块箱的位置。模块箱可以与配电箱合为一体，也可以单独安装，单独安装时最好紧贴配电箱。

7.12.4 灯具安装

1. 主要问题分析

（1）灯具安装空间不足。通常情况下走廊区域机电管线排布较为密集，当走廊吊顶照明灯具选用嵌入式灯具时，如果未考虑装修吊顶与底部管线距离，可能造成已购买的灯具无法正常安装。

（2）灯具选型与其配电系统设计不匹配（配电线缆、灯具安全等级、保护方式）。例如某会展项目建筑内屋顶花园景观照明灯具采用图 7-21 方式配电，配电线路采用两芯电缆（相线和零线），施工方在进行灯具采购时，未参考配电系统图纸，选用Ⅰ类灯具，不仅违反了相关规范强制性条文要求，而且存在严重的安全隐患。

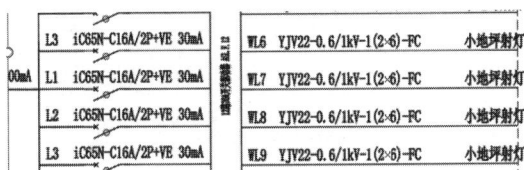

图 7-21 配电系统图

（3）室外路灯基础与预埋管线碰撞。在室外各系统管线预埋施工完成后，再进行路灯基础定位施工过程中，由于路灯基础尺寸较大，可能出现基础与预埋管线碰撞的情况，造成路灯基础无法参照设计要求进行施工，抗倾覆稳定性达不到设计要求，影响后续使用安全。

（4）展厅灯具定位安装难。不同于普通建筑，在超高空及大跨度的建筑物内安装照明灯具需要保证其美观和照度的均匀，由于超高大空间净空高、空间大的特性使灯具定位难度大大增加；同时灯具安装属于超高空作业，选择何种操作平台及安装方式对施工人员的安全提供有效保障也是难点之一，且展厅空间面积大，灯具点位多而分散，施工效率难以保障。

2. 质量管控建议

（1）为保证灯具正常安装和使用，施工方在进行管线排布时，应确保装修吊顶标高与底部管线距离至少满足 15 ~ 20cm 的要求。

（2）灯具采购前可进行封样审批，通过建设方、监理方等各方确认，能够有效保证装修效果和参数性能符合设计和规范要求。

（3）室外工程施工前可通过 BIM 软件对室外管线排布与路灯基础定位情况进行碰撞检查，若存在碰撞情况，可适当进行优化调整，既保证了路灯抗倾覆稳定性，也达到了整体美观效果。

（4）根据展厅不同的结构形式而采用不同的灯具支架。针对双层展厅（钢筋混凝土结构）的首层展厅，灯具定位相对较难，需在风管、水管安装之前根据图纸，对照灯具与梁柱间的相对距离进行定位，同时应随土建阶段预留灯具吊点定位钢板，避免后期灯具支架无法安装或破坏已有的混凝土结构；对于双层展厅的上层展厅和单层展厅可利用马道或者喷淋管道支架进行灯具支架固定。

7.12.5　变配电室施工

1. 主要问题分析

高压供电系统是整个会展项目的能源核心，系统设备数量众多，其供电系统安装质量要求高，调试和送电工作任务十分繁重，对保证各个系统正常运行至关重要。由于变配电室内工序穿插较多，存在设备安装、桥架安装、母线安装、风管安装、设备调试等工序，以设备、桥架、封闭母线安装为主线，存在多种工序的多因素制约，需要多方面因素的考虑。

2. 质量管控建议

为确保工程的进度和施工质量，变配电室施工开始前可将整个变配电室内的施工在理想静态情况下分解为设备安装准备、设备安装、设备调试、送电前的准备、送电5 个控制关键段和界点 1、界点 2、界点 3、界点 4、界点 5 五个分界点 [13]（图 7-22）。

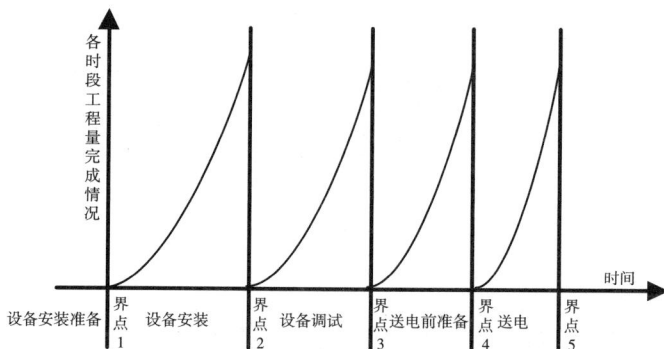

图 7-22　控制关键段和界点划分图

界点 1、界点 2、界点 4 分别是设备安装、设备调试、送电 3 个控制关键段的起始点。只要在这 3 个控制关键段的起始点之前完成相应的施工条件的准备，关键控制段的施工进度即可得到有力的保证。由于各个关键控制段的流水性，只要各个关键施工段的进度得到保证，整个施工进度即可得到保证。因此各分界点控制（即为各控制关键段的施工条件的控制）便成为施工进度控制的重点，而 5 个关键段是工程实施的过程，施工进度在得到各个分界点条件保障的情况下，施工的质量和安全的控制问题便突显出来，成为各个控制关键段的控制重点。同时各个关键段内部尤其是工序较多的控制关键段内存在各个工序的穿插，条件互相制约，也存在少量的进度控制工作，比如设备安装阶段。

上述控制模型为进度、质量、安全的控制分解提供了很直观的工具。在动态控制的过程中，为了明确各相关责任方在变配电室内的安装过程中的责任，可对以上模型做些补充增加管理职能分工表，如表 7-2 所示。

管理职能分工表　　　　　　　　　　　　　　　　　　表 7-2

序号	任务	建设方（设计方）	施工方	监理方	设备厂方
1	各种方案及施工组织设计	D	P	D	
2	一、二次原理图经供电局审核	E			
3	设备安装	C	E	C	S
4	设备调试	C	E	C	S
5	变配电室内规程编制、人员培训		E		S
6	安全器具配置		E		

注：D—决策；P—规划；E—执行；C—检查；S—参与支持。

7.13 智能化工程施工质量管理

建筑智能化工程，其本身具备较大的施工量，在施工过程中，需要各个专业互相配合。当前处在一个高科技飞速发展的阶段，各类新技术、新设备，都会融入建筑智能化工程的建设之中，但是由于各方面因素的影响，导致我国建筑智能化施工水平还存在着较大的提升空间。

7.13.1　建筑设备监控系统

1. 主要问题分析

建筑设备监控系统作为智能建筑分部工程内一个重要的组成系统，其实现自身的功能已经比较成熟和完善，但在系统实施过程中，经常由于接口问题而导致系统的最终功能不完善，丢项、甩项等事情经常发生。

由于接口问题牵扯的面比较多，涉及工程实施中的暖通、给排水、变配电等多个专业，因此在工程的前期将接口问题进行明确，非常必要。

2. 质量管控建议

在工程前期，建设单位应结合智能化系统控制要求及其他专业材料设备技术要求，在设备招标或订货之前针对各施工方明确提出接口及功能要求，同时明确各方面的责任及工作内容，避免出现问题时互相扯皮。

7.13.2 门禁系统

1. 主要问题分析

（1）门禁系统与消防系统联动

由于会展布展期间人流量比较密集，在出现火警、恐怖袭击等紧急情况下人员疏散特别重要，尤其这些场所安装了门禁系统后，这个问题就表现得尤为明显，平时安全保障的"门神"，此时就成为人们逃生的重大障碍。因此，门禁系统必须具备消防火灾联动功能。目前存在软联动及硬联动两种联动方式，这两种方式各有优缺点：软联动可以减少多余的布线，更加美观，能够很好地控制成本，但是需要各系统方开放接口协议；硬联动需要更多的工程材料管线和人工，对控制工程成本有很大的影响。若门禁系统施工前未明确联动方式，后续施工中可能会增加相关施工成本，并影响消防验收。

（2）电控锁与闭门器安装位置冲突

由于会展工程建设涉及安装门的种类及尺寸较多，智能化专业施工单位在采购门禁设备前，若未根据门的尺寸大小进行合适的选型，将有可能因电控锁尺寸较大，与闭门器碰撞，导致门无法正常关闭，如图7-23所示。

2. 质量管控建议

（1）在智能化工程专业施工单位进场后，建议组织建设单位、设计单位、监理单位、总包单位（消防专业单位）及智能化施工单位召开专题会，明确门禁系统与消防系统的联动方式。

（2）在门禁设备采购前组织精装单位、智能化施工单位、监理单位召开相关会议，明确不同门尺寸范围内选用何种规格的电控锁，并进行材料封样。

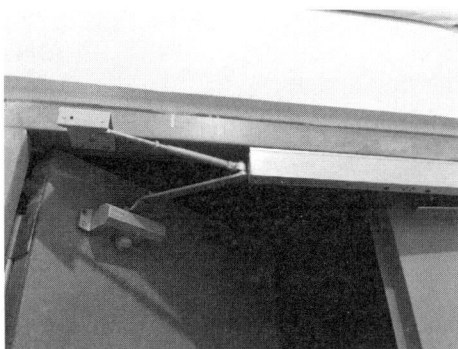

图 7-23　电控锁与闭门器安装位置冲突

7.13.3　智能照明系统

1. 主要问题分析

（1）智能照明模块的取电回路

在会展项目照明设计中，通常会考虑在某些区域利用平常照明的一部分作为疏散照明，平时受智能照明系统控制，消防时强制点亮，而当智能照明系统采用"各系统元件模块之间的控制线必须串联（手拉手的方式联接），不能形成环网，并由电源模块集中供电"等设计要求时，智能照明系统电源模块供电电源回路的选择需提前考虑，若电源模块供电电源取自普通照明回路，紧急情况下该电源模块控制的应急照明将无法强制点亮。

（2）智能照明控制模式与灯具选型

在会展项目建设过程中，为了满足部分空间场所的灯光功能需求，在智能照明系统设计中会增加调光模块，若智能化设计与精装设计单位缺少沟通协调，相关内容的技术要求将可能遗漏，而选用不具备调光功能普通照明灯具，造成设计功能无法实现或后期再次变更，进而导致不必要的经济损失。

（3）智能照明模块接口数量与精装设计照明回路不匹配

在装修设计中照明设计占了电气设计的很大一部分，由于照明设计的深化及变更大量增加了照明回路数量，会造成原有智能照明模块接口数量无法满足功能需求，影响现场施工进度。

2. 质量管控建议

（1）通过图纸会审形式重点关注智能照明系统模块供电电源设置情况，若同一线路采用电源模块集中供电，则电源模块供电回路需引至应急电源；若智能照明模块各自单独供电，则电源模块引至各自配电箱电源即可。

（2）组织建设单位、智能化设计和精装设计单位、智能化及精装施工单位、监理单位召开专题会解决专业衔接中存在的各类问题。灯具采购前进行封样管理，审核过程中重点关注涉及各专业的设计要求是否有遗漏或冲突。

（3）加强智能化设计和精装设计不同专业之间的有效沟通，做好变更管理。

7.14 精装修施工质量管理

7.14.1 材料管理

1. 主要问题分析

会展项目所需要的材料数量极其庞大，从材料的选购到大批量进场，再到材料进场后的保管以及最后材料的使用，这一系列的流程存在着极大的风险。

（1）会展面积大，开展过程中人流量大，展厅的装饰装修直接影响参展人员的第一印象。首先就要从选材、购材上做好应对。因此，大型会展材料的选购显得尤为重要。

（2）会展精装修面积庞大，全面开工后所需各种材料数量也是天文数字。因此，材料进场前的验收检测和进场后材料的分类管理及堆放也是一大问题所在。

（3）会展精装修施工工程量巨大。全面开工后，所需各种材料的运输调动对现场施工进度的影响也是巨大的。因此，现场应做好材料在场区内部的调动，避免因材料的供应不及时耽搁现场施工。

2. 质量管控建议

（1）材料选购建议

1）建设单位可直接在合同内规定精装施工单位所需材料的品牌要求。由于需求量较大，建设单位可提供多家同等品牌的材料，以便于满足现场全面开工的需求。

2）一些主要材料建设单位未能提供品牌要求的，建议联合各方进行考察和封样。封样材料也尽量选择多种品牌，以满足现场全面开工的需求。

（2）材料进场及管理建议

1）由于所需的材料数量庞大，施工单位及监理单位应安排专职的材料验收人员，进行材料验收、抽检、送检等相关工作。每日应做好进场的材料品种及数量的记录。

2）材料进场前应由施工单位通知监理单位，双方各自带着所需的验收检测仪器进行材料进场前验收，核对随车的材料检测报告、送货单数量、厂家营业执照等相关资料，并及时做好相应的复试检测工作。

3）按照我国及项目所在地区规定、招标文件要求需要进行抽检试验的材料必须在使用前进行抽样试验，材料的抽样送检必须在施工现场进行，且须由发包人或监理在场监督，送检合格后方能使用；如检测不合格，由承包人按规范加倍取样试验，加倍取样试验的试验费由承包人承担，不合格的材料由承包人及时调运出现场。验收合格后统一存放到承包人库房，做好验收记录。如承包人未及时发现材料设备的质量问题或发现质量等问题未及时通知供货单位及发包人，由此带来的所有返工和相应的损失均由承包人负责。承包人负责收集、保存相关竣工所需产品资料。

4）施工单位应在现场布置专门的材料堆放区，做好分类管理，且材料堆放区不应离施工现场太远。根据材料的特性，考虑好进场材料的码放位置及高度，妥善保管，注意防水、防潮、防火、防磕碰等情况。如材料具有一定的危险性，应单独进行存放，并做好警示标语防患于未然。

5）施工单位应安排专人，做好进场材料数量及种类的详细记录。保证每天出入材料堆放区的材料都有记录，避免不必要的损失。

（3）材料运输及使用建议

1）现场施工前应做各区域的材料使用计划，并交于材料保管员，以便于材料的分配调动。材料堆放区材料不足时，材料保管人员应及时联系材料厂家进行备货，避免耽搁现场施工。

2）材料的场内运输可安排在晚间或者现场施工少的时间段来进行。全面施工期间如需材料的调动，应安排专门的材料运输人员进行。材料运输路线也应该由施工单位进行全场统一规划，并沿路设置标识，避免运输过程中出现不必要的事故。

7.14.2　地面施工管控

1. 主要问题分析

会展地面面积过大，大面积的地面施工质量及地面平整度很难把控。因此，如何保证地面施工质量问题已成为一项亟待解决的问题。

（1）大型会展项目地面施工一般会采用自流平的施工工艺。大面积的自流平施工质量及其地面平整度很难把控，且地面基层的处理尤为重要。

（2）会展地面部分也会采用石材铺贴的施工工艺进行。大面积石材铺贴的质量、观感、平整度等也是很难把控的。因此，从施工过程中就应做好一系列的准备工作。

2. 质量管控建议

（1）地面基层的处理及检测

1）首先施工单位应清理场内堆放材料、设备。清除松散、薄弱材料，人工用扫帚进行场地的初次清洁。用铲刀将地面散落的砂浆、胶等进行清理，并对破损和不平的基层进行处理。如基层出现软弱层或坑洼不平，必须先剔除软弱层，将杂质清除干净。

2）施工单位相关负责人应组织施工人员进行现场地面基层的检测。按照设计及规范要求对自流平地面基层进行检测。用水平仪测量地面高低差，并在现场进行标注。裂缝、空鼓部位可用空鼓锤敲击进行判别后作出记号绘制成图，并标注面积及具体区域。

3) 坚实的基层采用专业地面喷砂打磨机并配有高功率吸尘器将地面浮浆清除，形成粗糙的、良好的粘结结合面。由于该打磨机自带高功率吸尘器，在施工中不仅能够有效避免扬尘现象，同时加强对其他设施的成品保护。混凝土柱边及墙角使用平推打磨机进行边角打磨处理。对油渍污染的地面，用专用喷枪处理。打磨吸尘后再次确认地面裂缝及空鼓情况。

4）基层空鼓处面积过大的建议重新施工混凝土基层（由相关责任单位完成），对于小面积空鼓处进行自行修补。

①明确空鼓部位。对于检查出的空鼓部位用彩色笔清晰的标界出来，标界时尽量注意要准确，并可适当地扩大 1cm 的空鼓地区进行标界，以免遗漏。

②剔除。用切割锯按照标识出的界限进行切割，切割时注意对灰尘的清理及防护。切割后用风镐沿边界外部向内进行剔除，尤其在边界处要小心，不可扰动未空鼓的区域，并保留好原有钢筋。

③修补。将剔除后的基层地面处理干净后进行修补，修补过程中做好修补界面与原界面的接缝处理。修补完成后，待强度达到要求后进行修补位置的平整度，并进行打磨处理。

（2）中涂及面层施工

1）施工现场要在通风良好的环境下进行施工，施工现场应禁忌烟火。

2）配料应搅拌均匀，且配制好的涂料应在规定时间内使用完成，逾时要作废。

3）施工现场温度不能低于 5℃ 且空气湿度不能高于 80% 以上。

4）自流平施工采用有经验的施工人员进行操作，避免因人员不熟练产生的质量问题。

5）直流平施工采用自流平输送泵机，专业的泵送机械能保证自流平砂浆在施工工程中质量稳定，避免质量缺陷。此外，施工中全部采用双线供电，保证机械供电不间断。

6）地漏及集水坑盖板周围施工前进行保护，避免自流平砂浆进入其内。

7）施工现场应进行封闭，严禁无关人员出入。现场施工完成后做好成品保护，待地面强度满足要求后才可进行开放。

（3）石材的选择及进场把控

1）石材一定要选择大型石材厂家进行供货。供货运输要选用专业运输团队，避免运输过程中造成大面积的破损。

2）施工单位与供货厂家联系，要求其同一天供货的石材为同一批次生产的石材，以避免不同批次石材出现的色差。

3）材料进场前验收要严格把控，石材不得有裂缝、掉角、翘曲和表面缺陷。

4）每次验收材料进场前需携带石材封样样板，进行色差对比。若色差过大的可要求厂家进行更换，避免影响后期整体观感。

（4）石材铺贴过程中质量把控

1）石材的铺贴对地面基层的平整度要求不是太严格，但是也要清理地面的杂物及浮尘砂浆。

2）基层处理完成后可在主要部位弹相互垂直的十字线，以便于检查和控制石材板块的位置。

3）由于铺贴面积过大，在正式铺设前可划分区域进行分区块铺贴。但是铺贴前应先进行排版试拼，可将试拼后按两个方向编号排列，并码放整齐。如此，可以进行小区域质量管理，又可以加快施工进度。

4）基层清理干净后，找平层用干硬性砂浆，随铺随刷一层素水泥浆，石材板块在铺砌前必须浸水湿润。

5）铺设标准块后应向两侧和后退方向顺序铺设，并随时用水平尺和直尺找准，缝隙必须拉通线不能有偏差。场区内的标高线要有专人负责引入，且各房间和楼道的标高必须一致。

6）大面积地面石材的变形缝应按设计要求设置，变形缝应与结构相应缝的位置一致，且应贯通建筑地面的各构造层。沉降缝和防震缝的宽度应符合设计要求，缝内清理干净，以柔性密封材料填嵌后用板封盖，并应与面层齐平。

7）石材铺贴应由专业施工人员进行施工，现场管理人员也应在场。针对施工过程中发现的质量问题应及时进行整改。

8）石材铺贴时可大量使用瓷砖胶粘剂，以增强石材与地面的粘结力。铺贴时粘结层涂刷均匀，避免出现空鼓现象。

（5）石材铺贴完成后的成品保护

1）新铺砌的石材板块应临时封闭。当操作人员和检查人员踩踏新铺石材板块时要穿软底鞋，并轻踏在一块石材板块中间。

2）石材地面完工后，房间进行封闭，粘贴层上强度后，应在其表面加以覆盖保护。

7.14.3 墙面施工管控

1. 主要问题分析

会展内部空间大，从墙面的长度、高度上不管是使用普通抹灰加乳胶漆工艺，还是使用龙骨钢架隔墙工艺，在施工中都会存在一定的风险和质量问题。

（1）会展内部高墙面的抹灰工程的质量、平整度极难把控。对于墙面基层的前期处理及过程施工又有严苛的要求。

（2）会展室内墙面面积大，大面积的钢架龙骨隔墙施工是质量控制的重难点。

2. 质量管控建议

（1）墙面基层的处理

1）由于墙面面积过大，墙面抹灰应分块进行施工，并设置相应的分隔缝。

2）施工前先对墙面进行测量，在保证抹灰完成后墙面垂直度符合设计规范要求的情况下，先行计算出各区块需要抹灰的厚度。厚度过厚区域应采取加固措施。在墙面基层设置加强网，或在墙面打钢钉以确保抹灰工程质量。

3）基层必须用界面剂进行处理，即表面毛化。也可采用甩浆方法操作，但处理后的基层必须达到表面毛糙，粘结牢固并有一定的强度的要求。

4）以上工作完成后可安排专人进行灰饼的施工。如此大面积的抹灰施工，灰饼是重中之重，是抹灰平整度及垂直度把控的基础。

（2）墙面抹灰过程中的质量把控

1）现场施工选用专业经验丰富的师傅进行，施工单位也应做好现场施工交底工作。

2）抹灰前，对展馆内墙面、柱面的阳角和门窗洞口的阳角做护角。因为这些地方最容易受到碰撞而损坏，所以对强度有特别的要求。

3）抹灰厚度过厚的，必须分层施工，每层厚度不超过 3.5cm，施工完毕后养护12h 以上再进行下层抹灰施工。同时要求砂浆级配按硬底软面的原则进行控制，上层砂浆的强度不应超过下层砂浆强度。

4）现场施工时，管理人员必须在场。及时对抹完的墙面进行平整度及垂直度检测，争取做到每完成一区块就能达标一区块。避免后期由于质量问题返工所造成的经济损失。

（3）后期的墙面维护

1）抹灰完成后应派专人对墙面进行浇水养护。根据施工月份的不同合理安排养护周期，避免后期出现大面积空鼓和质量问题。

2）墙面抹灰强度未达到设计强度前可拉设警戒线，避免无关人员靠近对墙面造成破坏。

（4）龙骨钢架的安装

1）根据设计要求在地面放样，确定隔墙的准确位置并在地面弹线作标记，按设计要求用电钻打眼塞膨胀螺栓将沿地、沿顶龙骨固定于地面以及顶面，下端垫橡胶垫。

2）将预先裁好长度的竖向龙骨，推向横向沿顶、沿地龙骨之内，翼缘朝向石膏板方向，竖向龙骨上下方向不能颠倒，现场切割时只能从上端切断，竖向龙骨接长可用 U 型龙骨套在 C 型龙骨的接缝处，用拉铆钉或自攻螺钉固定。

3）需要加固的地方选用钢架进行处理，钢架的焊接请专业工人进行施工。焊接质量经验收合格后进行防锈漆的涂刷。焊接施工时要做好现场的防火要求。

4）管理人员现场进行监督，工人每完成一块区域后及时进行检查，过程中发现问题及时进行处理。

（5）岩棉填塞及石膏板的施工

1）岩棉填塞由下开始进行，施工中严禁使用被破坏和不合格的材料。

2）石膏板在无应力状态下进行固定，防止出现弯棱，凸鼓现象。

3）安装双层石膏板时，面层板与基层板的接缝应错开，不允许在同一根龙骨上接缝。

4）石膏板与龙骨固定，应从一块板的中部向板的四边固定，不允许多点同时作业，以免产生内应力，铺设不平。

5）石膏板的对接缝不能过大，应按产品要求说明进行板缝处理。

7.14.4　吊顶施工管控

1. 主要问题分析

吊顶施工也需注意很多问题，前期施工过程中不进行把控，后续完成后若发生质量事故这是所有人不愿看到的。另外，吊顶施工很可能会与其他工序一同进行，这种交叉施工的情况使得现场管理及质量把控更加困难。因此，如何管理好现场，并使现场施工保质保量完成是问题所在。

2. 质量管控建议

（1）吊顶施工的前期准备工作

1）如有交叉施工情况发生，及时与该施工单位的负责人联系，尽量做到现场两家单位互不干扰。两家单位主要技术负责人也应及时在场进行工作指导，过程中有工作碰撞及时进行解决。

2）根据施工图先在墙、柱上弹出顶棚标高水平墨线，在顶棚上画出吊杆位置，弹线时，既要保证吊杆保持合适间距，又要符合规范要求，使吊筋、主龙骨位置不与灯具发生冲突。

（2）吊顶施工过程中的注意事项

1）安装主龙骨，画出次龙骨位置。龙骨水平调正固定后，进行中间质量验收检查，待设备、电气配管以及其他隐蔽工程完成后由业主、监理验收合格后方可封板。

2）轻钢龙骨顶棚骨架施工，先高后低，吊顶副龙骨间距根据设计要求而定，外露铁件必须刷二度防锈漆。墙边的吊杆距主龙骨端部的距离不超过30cm，排列最后距离超过30cm应增加一根吊筋，主龙骨和次龙骨要求达到平直。

3）为了消除顶棚由于自重下沉产生挠度和目视的视差，吊顶龙骨必须起拱，由中间部分起拱。

4）吊杆与结构连接应牢固，凡在灯具、风口等处用附加龙骨加固，龙骨吊杆不得与水管、强弱电、灯具、通风等设备吊杆共用。且吊杆与结构的连接应做检测，以保证连接质量。

5）如有造型的，造型需单独安装吊筋并且要适当减小间距，造型较重则需采用角钢作为吊筋，吊筋与造型通过铁件用对接螺栓固定。为保证吊顶的整体稳定性，吊顶龙骨需与造型连接固定，整体调平。

（3）石膏板的封板

1）纸面石膏板应在无应力状态下进行固定，防止出现弯棱，凸鼓现象。纸面石膏板短边（即包封边）应沿横向次龙骨铺设。

2）纸面石膏板与龙骨固定，应从一块板的中部向板的四边固定，不允许多点同时作业，以免产生内应力，铺设不平。

3）吊顶施工中各工种之间配合十分重要，避免返工拆装损坏龙骨及板材。吊顶上的风口、灯具、烟感探头、喷淋洒头等在吊顶板就位后安装，也可以留出周围吊顶板，待上述设备安装后再行安装。

4）在安装铺设纸面石膏板过程中，应安排专业人员使用专门的材料与机具，以免影响工程质量。

7.15　消防探测器施工质量管理

在大型会展中心建筑中，展厅面积大，人员集中，其火灾保护显得尤为重要，传统的火灾探测器已远不能适应展厅高大空间的功能需求，双波段火焰探测器、光截面探测器得到了广泛应用。双波段火焰探测器、光截面探测器在展厅上方设置红外接收器和发射器矩阵，在接收器和发射器之间进行红外线的收发，形成火灾探测区。当火灾产生的烟雾进入展厅上方时，由于光束被遮挡使收到的红外光的强度降低而触发探测器报警。

1. 主要问题分析

（1）隔声墙、广告条幅等对光截面探测器遮挡

展厅在后期运营过程中，可能会根据用户需求在展厅上方悬挂广告条幅，如果条幅的悬挂位置对双波段火焰探测器、光截面探测器的探测路由产生遮挡，将会引起误报警。

（2）为提高空间的利用效率，在多功能展厅内一般采用轻质隔断对展厅空间进行划分，同时，为了阻断不同空间的声音干扰，在轻质隔断处的吊顶上方会设置隔声墙，同样会对双波段火焰探测器、光截面探测器探测路由产生遮挡。

2. 质量管控建议

（1）在对广告条幅悬挂位置进行排布前，需要参考双波段火焰探测器、光截面探测器的探测路由分布情况，在探测路由以外设置条幅。

（2）对照隔声墙安装图纸和双波段火焰探测器、光截面探测器安装图纸，将可能存在冲突的位置尽早反馈给设计单位，由设计单位进行协调。

7.16　不同专业施工界面管理

7.16.1　机电与幕墙专业

（1）屋顶管线布置时需综合考虑各专业间管线交叉，如幕墙专业的擦窗机轨道和楼顶风管容易发生位置冲突，交叉施工时将破坏风管。

（2）幕墙专业施工前，需明确幕墙是否能开洞以便于管线布置。如某会展入口大厅四层屋面幕墙管井节点做法为三面铝板，一面玻璃，根据图纸要求，部分重力排水立管、高空消防水炮系统立管、虹吸雨水系统部分立管、高空竖向桥架都需要在幕墙管井内排布，到达特定高度后，上述系统的水平管道需穿过幕墙玻璃面沿钢结构走在张拉膜内部。面对这种情况，如果上述管道不允许穿越幕墙玻璃，建议在幕墙单位进行幕墙管井施工前，协调幕墙设计单位对其管井维护面的材料进行更换，例如更换为铝板，以达到允许穿越的目的。如果允许穿越幕墙玻璃，建议由机电专业尽快将孔洞预留条件提交给建设单位，由建设单位提请设计院出具详图，明确此处做法，指令幕墙单位在加工场内进行孔洞预留。

（3）空调风管需要穿越幕墙时，应重点关注节点做法。某会展酒店裙房5楼空调机房西墙为百叶窗（如图7-24所示），因幕墙设计未给予明确具体做法，导致空调机房进风口与幕墙百叶处存在缝隙，无法有效对接，空调机组有冻管的风险，影响机组的运行效果。因此针对空调风管需要穿越幕墙的细部做法，需提请设计单位提前出具节点详图。

图 7-24　幕墙与风口细部做法

（4）EPC板需开孔的，应协调各专业共同核实。某会展建筑外墙EPC板上需要安装摄像头、疏散指示灯、门禁开关等施工内容，要求开洞精准、数量不能遗漏，如果漏开或者错开，将对外墙立面效果产生不良影响。因此可由总包单位将需要开孔的数量明细、开孔位置等信息通过监理单位提交给幕墙单位确认，由幕墙单位进行施工，开孔完成后组织总包单位、幕墙单位进行联合验收，避免漏开、错开洞等问题。

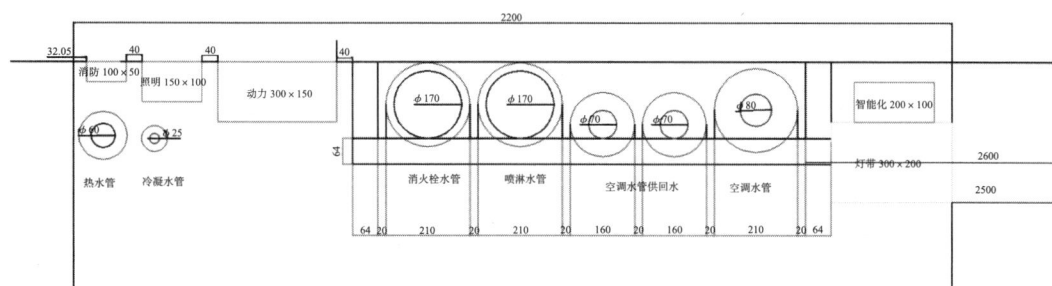

图 7-25　酒店主楼吊顶上管线排布

7.16.2　机电与土建专业

（1）梁下、吊顶上方空间紧凑，后期检修及操作不便

某会展酒店主楼标准层走廊的宽度为 2.2m，层高为 3.75m，楼板厚度 0.1m，楼板底梁高为 0.8m，建设单位要求吊顶最终完成面高度为 2.4m，因此梁下可供机电管道安装的空间只有 0.45m，在这 0.45m 的空间内，施工内容包括：

1）"吊顶用龙骨、吊顶、支撑管道用的角钢、保温棉等"所占一部分空间。

2）机电安装管线施工内容如图 7-25 所示，包括：一根 100mm×50mm 的消防桥架、一根 150mm×100mm 的照明桥架、一根 300mm×150mm 的动力桥架、一根 200mm×100mm 的智能化桥架、一条 300mm×200mm 的灯带、一根直径为 60mm 的热水管、一根直径为 25mm 的冷凝水管、一根直径为 170mm 的消火栓干管、一根直径 170mm 的喷淋水干管、两根直径 70mm 的空调供回水管。

3）走廊区域还需满足排水干管坡度的要求。

4）另外，在消火栓干管和喷淋水干管上还设置一些阀门，需要预留一定可供操作的检修空间。

因此为了满足吊顶标高的要求,绝大多数的管线都要呈"一字形"排布，即便如此，完工后的吊顶上空间依然很紧凑，不仅给施工带来的很大的困难，也给后期的维修工作带来不小的挑战。

针对此类问题，建设单位应尽早提出装修吊顶标高的要求，在设计阶段设计单位参照此标高，在满足结构强度的情况下，尽量减少梁的高度，给梁底的管线排布争取更多的空间；另外，建议机电专业设计人员对吊顶上机电管线进行提前排布，如不能满足吊顶标高要求，应尽早提请结构专业设计人员，在梁中间预留套管，部分机电管线可以在梁体中间穿过，以增加梁底管线排布的空间。

（2）某会展部分展厅上方有预应力梁，在预应力梁上不允许打洞，不能作为机电管线的生根点，给展厅上方的机电管线安装带来挑战。针对该问题，可采取在预应力梁上提前预埋构件的方式，将预埋构件作为管线支吊架的生根点。

7.16.3 机电与钢结构专业

某会展有一处多功能厅，根据设计要求，展厅上方需要做铝方通吊顶，同时，吊顶上方有风系统、照明系统、消防系统等专业的末端点位需要追位至吊顶位置，但是管道与格栅吊顶距离太远，为解决以上各专业末端点位的固定问题，需要在格栅吊顶与管道之间单独设置钢支架来借力（图7-26）。

（1）由于吊顶上所有的安装内容包括铝方通吊顶、风管、风口、灯具、消防水管等都需要借助于钢支架固定，需要重点考虑钢支架如何有效排布才能满足各系统的总体固定要求，建议钢支架由专门的设计单位进行统一设计。

（2）以上所有安装内容包括铝方通吊顶、风管、风口、灯具、消防水管以及钢支架最终需要钢结构承受全部荷载，因此钢结构专业在进行荷载核算时，除了应该考虑了铝方通吊顶、风管、风口、灯具、消防水管以上安装内容的荷载外，不能遗漏钢支架本身的荷载。

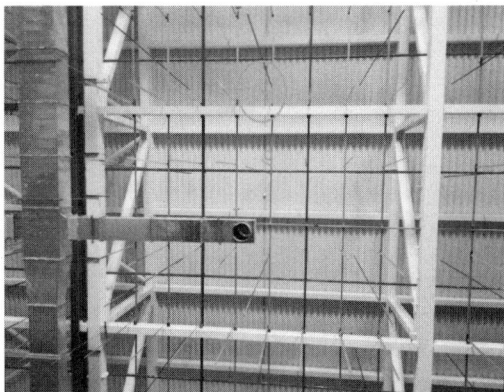

图7-26 多功能厅上方管道

7.16.4 机电与精装专业

（1）某会展建筑屋面女儿墙顶与精装立面交界处，当精装收口做法未确定时，影响光截面、双波段等消防监控设备的管线安装施工，因此在施工交界面处需合理组织施工工序，尽快完成收口工作，避免影响消防验收。

（2）精装修专业在天花吊顶上预留的检修口位置与机电专业实际需求不相符，导致后期不能检修。因此检修口位置提前考虑，包括尺寸、位置以及禁止开检修口的区域。由各机电专业根据现场阀门、过滤器等配件的位置向精装修单位提资，明确开洞位置和尺寸，由精装修专业根据提资需求将开检修口位置深化到图纸上，经各专业正式确认后，由精装修专业进行开洞。如果遇到特殊情况，建议采取"先保证使用功能再保证外观美观"的原则，避免后期出现过滤器无法清理，电动阀、风机盘管无法检修，阀门无法操作等问题。

（3）提前明确精装修专业与其他专业各自采购的材料、设备等是否有颜色、LOGO 标识等特殊要求，以免造成精装效果不佳；建议建设单位尽快明确相关材料的色卡信息、产品表面的 LOGO、是否需要喷涂标识、外观选型等要求，便于指导各专业按照指定要求进行材料排产加工。

（4）精装封板前要给机电专业留有合理的功能试验的时间。例如在空调水管安装后龙骨安装前，要预留合理的时间用于水管打压、保温，保证能达到完整的施工流程，防止拆龙骨、拆板现象发生；在精装区域风管安装完成后龙骨安装前，要留有合理的时间用于风管相关试验、风管保温；龙骨安装之前，需预留合理的消防喷淋主支管的一次打压时间，消防喷头定位后，在精装封板前需预留合理的消防喷淋系统二次打压时间；涉及后期消火栓立管包封的区域，需要给消防专业预留合理的一次打压时间。

（5）部分精装区域消火栓箱的做法需要与消防专业对接；酒店的部分精装区域暗装消防箱孔洞需提前定位，孔洞后若需增设防火板，需在消防专业安装箱体前到位；提前明确消防箱门是否有装饰要求，如果需要选用精装的消防箱门，需在精装安装前确定方案。

第8章
大型会展项目安全管理

目前大型会展项目施工安全管理缺乏系统的安全管理指南，缺少对大型会展项目核心安全问题的系统梳理。现有的安全管理过于依靠经验，而经验丰富的安全专家有限。随着大型会展建设数量的增多，一些年纪较轻、经验有限的安全管理人员被迫上阵承担工程的安全管理工作乃至安全总监职务。这一做法固然有助于传承经验，培养出大批扎实能干的安全管理人员。但同时，很多的安全问题要依靠多年经验积累才能处理，若因自身的经验不足导致不能对现场存在的安全问题作出正确的决策，将会使安全隐患持续扩大。因此，对大型会展项目安全管理经验进行梳理，从实践中总结经验，用经验指导实践，是十分必要且有意义的事情。

本章对大型会展项目的安全管理模式与关键安全管理技术进行了系统的总结，以工程施工过程为主线，总结安全管理经验，为其他大型公共建筑的建设和安全管理提供一定的指导和参考。

大型会展项目施工中可能涉及深基坑工程施工风险、高支模支撑体系施工风险、大型混凝土施工风险、钢结构施工以及大跨度巨型金属屋面施工风险、幕墙施工风险、吊装作业施工风险、群塔立体交叉施工风险、悬挑架结构架体施工风险、支架施工风险、空间交汇节点施工风险、大量的空中施焊作业消防安全风险等。大体量、紧工期将会给项目工程安全生产管理工作带来巨大的压力，对安全施工带来空前的挑战。某会展项目的安全管理基础数据如表8-1所示。

某会展项目安全管理数据一览表 表 8-1	
深基坑	面积 20.1 万 m²，开挖深度约 7m，局部 11m
高支模和超级巨柱、深梁支模	最大深梁 2.65m×1.8m，16m 的密集型排架体系搭设面积 17.7 万 m²
钢结构吊装	12 万 t，最大跨度达 108m，最高峰单月钢结构安装吨位达到 1.5 万 t
幕墙、屋面安装等高处作业	屋面约 45 万 m²、幕墙约 24.4 万 m²
起重机械设备安装与拆除、群塔施工、群机施工	塔吊 77 台、汽车吊 53 台、履带吊 25 台（4 台 600t、8 台 400t、8 台 300t、5 台 150t）
空作业飞船（24m×4m）	飞船 269 条、重复移位提升安装达到 610 条
吊篮	576 台，移动安装达到 1796 次

8.2 全过程安全管理

全过程安全管理是对工程进行可持续性的动态过程管理，是利用安全管理原则和策略，对工程安全风险的关键因素、风险事件等进行识别、控制与动态管理，并制定风险的分担办法及有效的防范应对措施，形成一个前后连贯的管理过程。

全过程安全管理内容框架如图 8-1 所示。

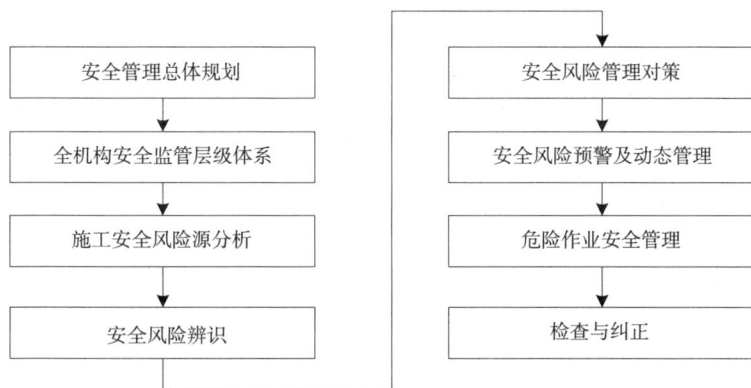

图 8-1　全过程安全管理内容框架

8.2.1 安全管理总体策划

项目安全管理策划是把项目施工生产安全要求转化成目标明确、系统清晰且具有操作措施的活动，是针对工程项目的实际情况分析施工过程中可能存在的风险，提出合理可行的安全生产管理要求及控制措施。进行安全管理总体策划，是大型会展项目安全风险全过程管理的第一步。

项目安全管理策划总纲如图 8-2 所示。

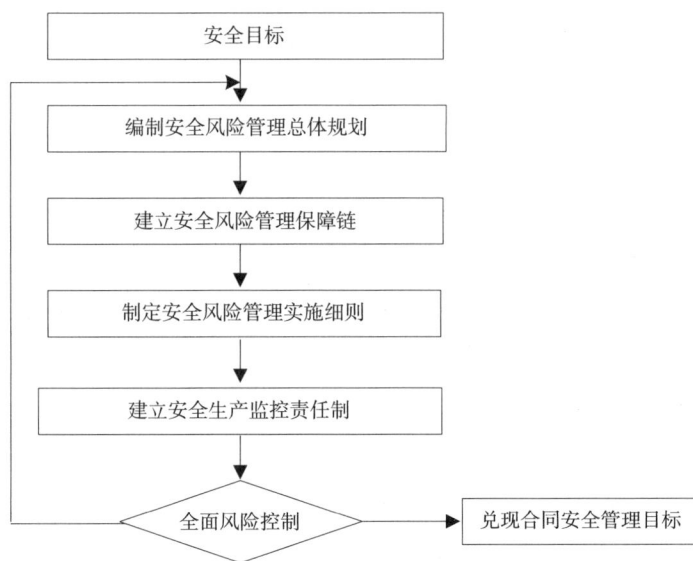

图 8-2　项目安全管理策划总纲

如某会展项目，根据合同要求，对项目环境及潜在风险进行分析，结合相关法律法规、地方标准等确定本项目安全管理目标。为了确保目标的顺利实现，项目部将安全管理目标进行分解，针对不同危险源制定了相应的安全风险管理策略，并向项目所有参建单位进行宣贯，以此作为项目安全管理的工作指南。某会展项目安全管理总体策划如图 8-3 所示。

8.2.2　全机构安全监管层级体系

大型会展项目一般涉及多个安全责任体，相互之间关系错综复杂，项目在建立统一的安全管理体系时，因安全管理价值观的多样化和文化差异性将面临许多障碍。管理链条长和指令系统交叉为安全生产主体责任落实增加了难度，需建立一套完整、层次分明、目标清晰、应用全面的全机构风险监管层级体系。通过全机构监管体系，建立"点、线、面"的全过程安全管理架构，减少管理链条长度，消除指令系统交叉管理存在的缺陷，实现"点"上的责任人直管，"线"上的责任人主管，"面"上的责任人监管的垂直安全监管体系。

全机构风险监管层级应用框架如图 8-4 所示。

8.2.3　安全风险辨识

项目开工前，应根据工序作业特点、环境条件、施工组织等，用定性和定量相结

主要控制内容	分项目标
深、大基坑施工	防止发生基坑坍塌和基坑边坡围护重大位移变形等安全质量事故
施工界面穿插作业管理	保证施工界面穿插作业，专业配合，工种衔接顺利
垂直面交叉错位施工	规范施工行为，垂直施工必须划片错面管理，确保展厅无垂直交叉作业
群塔、群机交叉作业	群塔、群机交叉作业无碰撞
大空间施工安全防护	无高空坠物，高空坠落事故
塔吊的安拆	无高空坠落事故、触电事故、起重设备坍塌事故及重伤事故
高支模工程	确保无高支模失稳坍塌事故
钢桁架安装工程	确保钢桁架安装中不发生桁架失稳及机械事故
流动式起重设备	确保流动设备起重吊装时无机械事故
临时用电	确保现场临时用电无触电伤亡事故
幕墙支撑系统安装作业	确保幕墙支撑体系安装无高空坠物以及火灾事故
钢结构施工	确保钢结构施工无高空坠物、高空坠落、钢结构体系失稳事故
吊篮施工	确保吊篮验收合格率达到100%，安全使用无高空坠落事故
施工立体火灾	确保工程消防器材配备达到防火要求，无火灾事故
个人违章	特种作业人员持证率达到100%，个人防护用品正确使用，无个人违章

总体目标

符合国家和项目所在地有关建设工程安全管理的强制性规定

杜绝重大伤亡事故，无较大以上安全生产事故

工伤率控制在国家、项目所在地规定范围内

达到项目所在地文明施工现场标准

扬尘、废气、废水、固定废弃物以及噪声等对环境影响控制在规定范围内

社会、建设单位、员工、相关方的重大投诉为零

项目安全管理总体策划

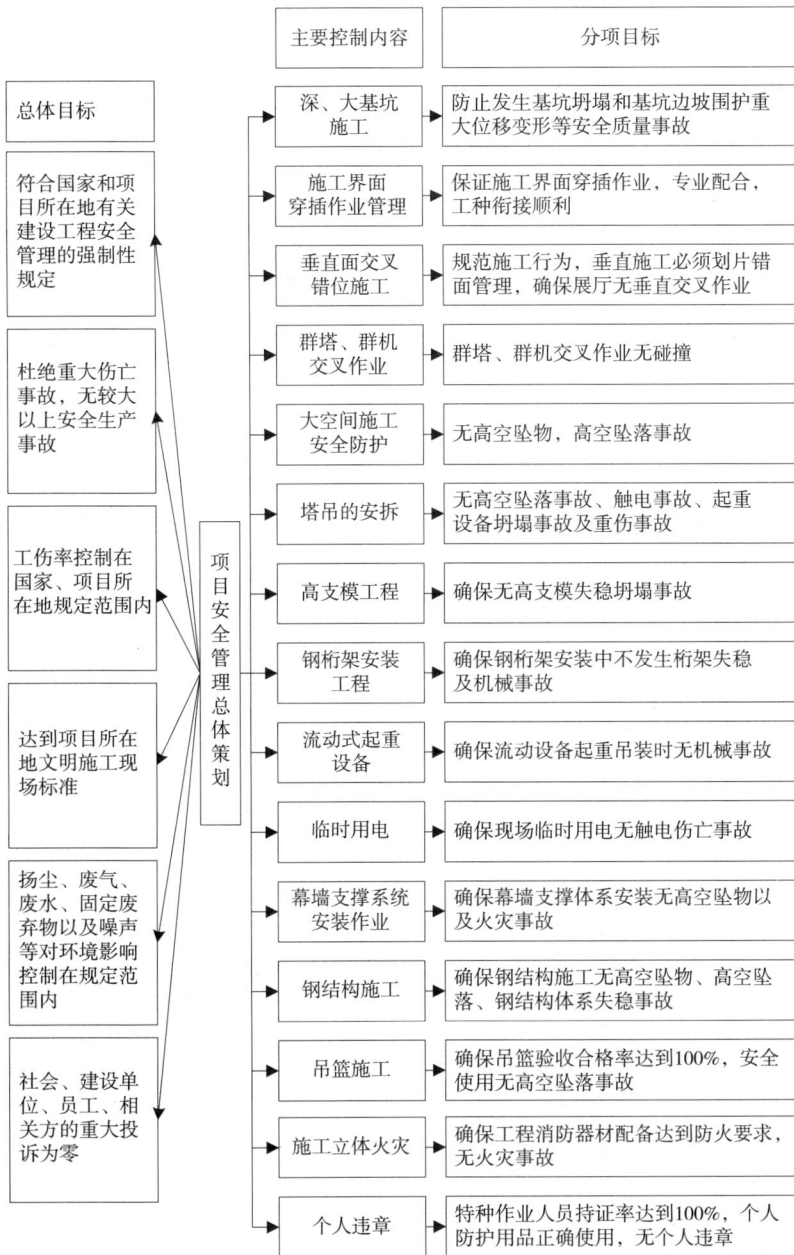

图 8-3　某会展工程安全管理总体策划

合的方法初步分析其安全风险环境及致险因子，预判施工过程中可能存在的安全风险；
建立风险源普查清单，评估项目安全风险等级，采取相应的安全风险应对措施、管理
方法和技术手段对项目安全风险实施有效的控制。

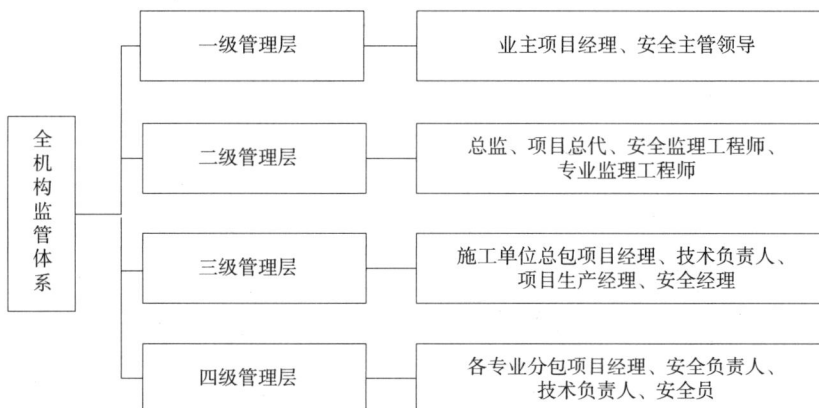

图8-4　全机构安全监管层级体系

1. 安全风险辨识

安全风险辨识具体流程如图8-5所示。

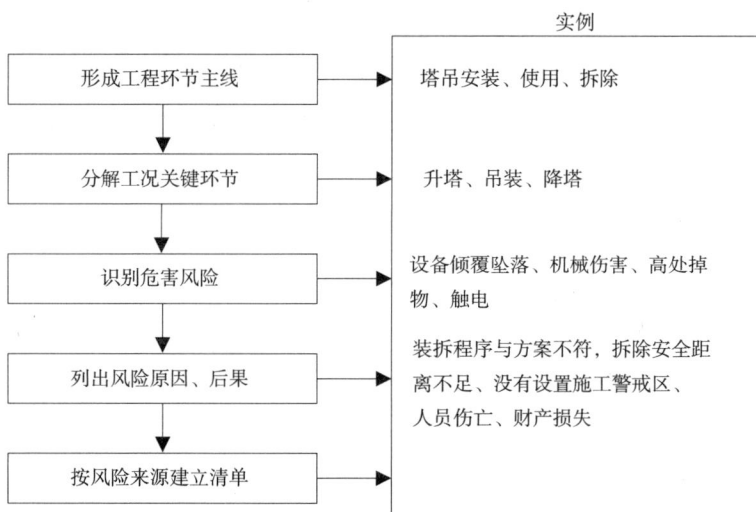

图8-5　安全风险辨识流程

如某大型会展项目，根据人、机、环等因素，结合工程的安全风险关键点、危险作业工况致险因子等进行风险识别，按专业建立风险源清单，如图8-6所示。

2. 安全风险动态跟踪

安全风险管理是一个动态过程，特别是大型会展项目因其建设工艺复杂，施工体量大，各危险作业工期不同且涉及不同工况，安全风险定期的跟踪识别更显重要，这也是项目安全风险管理的一个关键点。如能对每一工况都能进行跟踪识别，将大大提

危险源识别清单	桩基、深基坑工程	机械伤害；基坑坍塌；高处坠落
	大跨度混凝土工程	高处坠落；触电；支架坍塌
	预应力混凝土工程	台座倾覆、滑移；机械伤害；触电；火灾
	高支模	物体打击；模板坍塌；高处坠落；机械伤害
	钢结构工程	机械伤害；物体打击；起重设备倾翻；触电；钢构件运输重物坠落；火灾；危险品爆炸事件
	幕墙工程	高处坠落；物体打击；高空吊篮倾覆坠落；触电；火灾
	屋面工程	高处坠落；触电；物体打击；火灾
	高处吊篮	高空坠落；吊篮倾覆；高处掉物；物体打击
	高大空间	物体打击；高空坠落；火灾
	交叉作业	高空坠落；物体打击；机械伤害
	大型设备的装拆	设备倾翻；高空坠落；机械伤害；高处掉物；触电
	塔吊、群塔作业	机械伤害；塔吊倾翻；构件倾倒；高空坠落；物体打击
	起重吊装	机械伤害；构件倾倒；高空坠落；物体打击
	施工电梯	机械伤害；施工电梯倾翻；高空坠落
	脚手架	高处坠落；脚手架架体倾倒；脚手架倒塌；物体打击；火灾
	现场消防	火灾；危险品爆炸
	季节性施工	机械设备、临时设施倒塌；触电
	夜间施工	动态违章作业

图 8-6　某会展项目风险源识别清单

高风险判断的准确性，应对措施也更能达到管控目标，这是大型会展工程经实践证明行之有效的管理方法。

项目安全风险动态跟踪如图 8-7 所示。

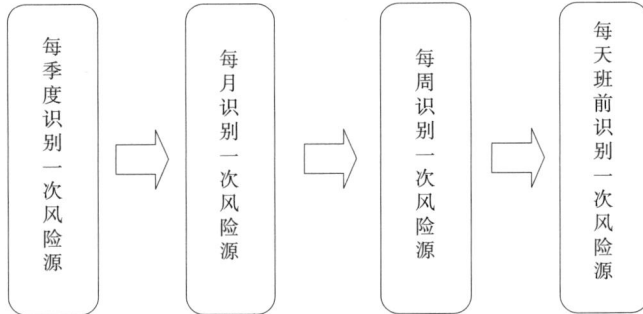

图 8-7　安全风险动态跟踪

8.2.4　安全风险源分析

传统的施工安全管理基本上还处在一种局部的、静态的、少数人负责的、突击式的、事后纠正的管理方式，不能从根本上降低各类施工安全风险、减少事故损失。大型会展项目施工是由人员、管理、实物、环境四方面组成的因素链，在每道工序施工前，应对可能存在的危险类别、出现条件、事故后果等进行风险源分析，尽可能找出施工过程中潜在的风险，进而确定各种风险的相对重要程度及概率分布，体现预防控制为主的管理思想。施工安全风险源分析因素链如图 8-8 所示。

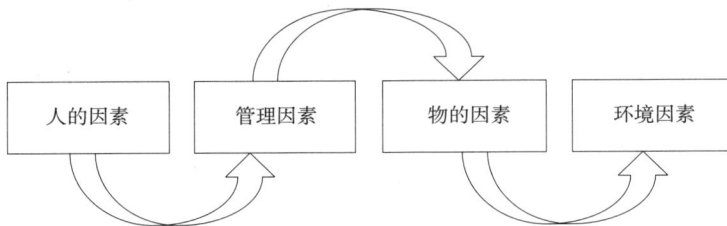

图 8-8　施工安全风险源分析因素链

1. 起重作业风险源分析

按照施工安全风险源分析因素链，对起重作业进行危害作业分析，逐项列出起重作业的风险源，对起重设备安全管理有极其重要的实用价值。

起重作业风险源分析如图 8-9 所示。

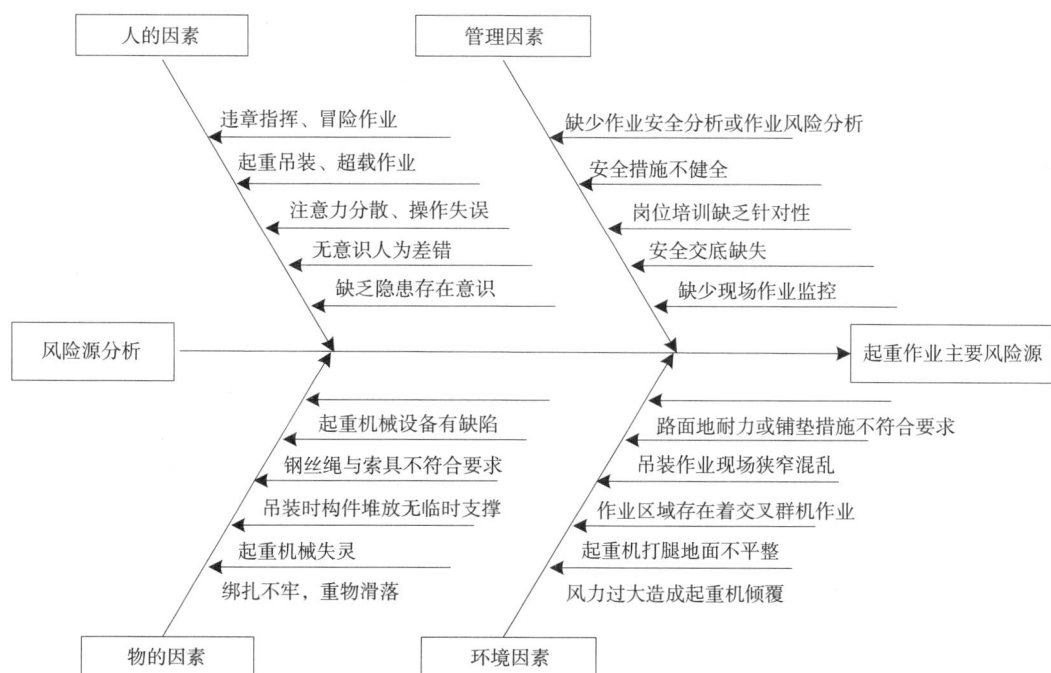

图 8-9　起重作业风险源分析

2. 钢结构管桁架滑移施工风险源分析

（1）背景说明

某会展项目入口大厅为大跨度桁架结构，跨度 94.5m，屋顶高度 39m，两侧悬挑长度为 26.5m。钢结构管桁架采用机器人爬行器进行顶推滑移，施工难度相当大。为了确保钢结构管桁架滑移施工安全，按作业场所、施工工况、危险因素类别、工种和作业性质等以潜在隐患为分析对象进行危险分析，找出施工风险源，进而提出施工安全基准风险管理指引，为后续施工积累安全管理经验（图 8-10）。

图 8-10　某会展项目钢结构管桁架滑移

（2）风险源分析

结合类似项目钢结构管桁架滑移施工所存在的安全风险，项目部根据施工过程安全管控存在的两种时态（动态、静态）以及三种状态（正常、异常和紧急），分析本项目的安全管理风险，确定滑移施工的关键点和危险部位，从工况作业的致险因子角度分析施工过程所涉及的风险。

本工程管桁架滑移施工安全风险源分析如图 8-11 所示。

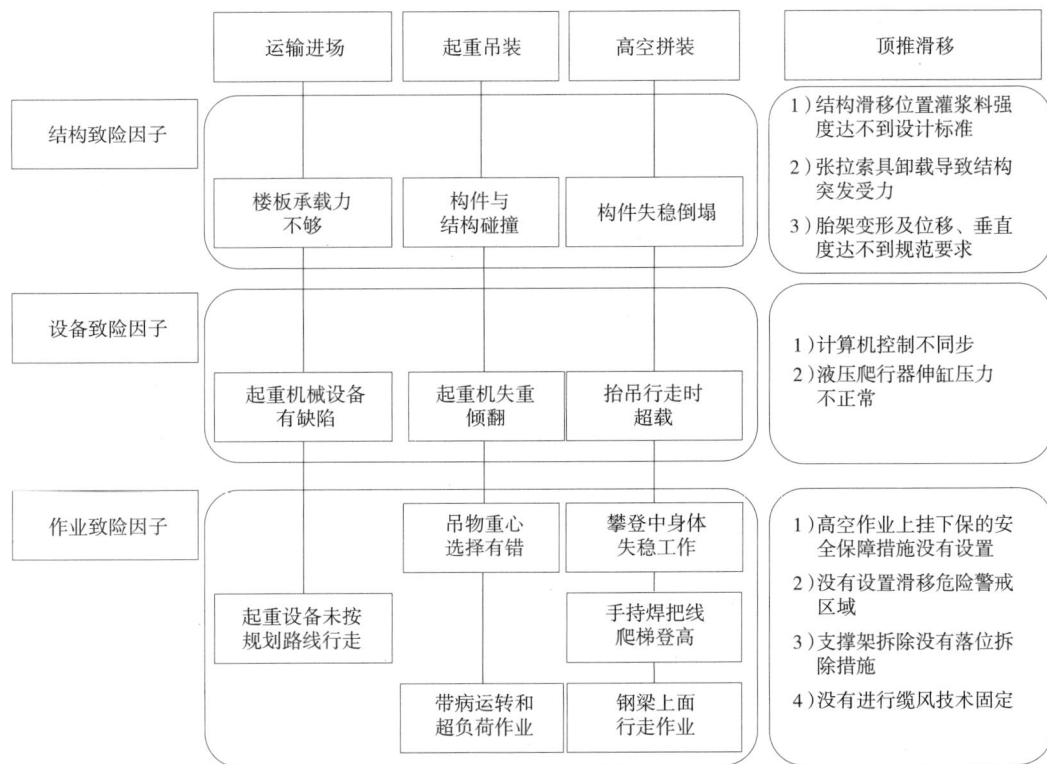

	运输进场	起重吊装	高空拼装	顶推滑移
结构致险因子	楼板承载力不够	构件与结构碰撞	构件失稳倒塌	1）结构滑移位置灌浆料强度达不到设计标准 2）张拉索具卸载导致结构突发受力 3）胎架变形及位移、垂直度达不到规范要求
设备致险因子	起重机械设备有缺陷	起重机失重倾翻	抬吊行走时超载	1）计算机控制不同步 2）液压爬行器伸缸压力不正常
作业致险因子	起重设备未按规划路线行走	吊物重心选择有错 带病运转和超负荷作业	攀登中身体失稳工作 手持焊把线爬梯登高 钢梁上面行走作业	1）高空作业上挂下保的安全保障措施没有设置 2）没有设置滑移危险警戒区域 3）支撑架拆除没有落位拆除措施 4）没有进行缆风技术固定

图 8-11　某会展项目管桁架滑移施工安全风险源分析

8.2.5　安全风险管理对策

安全风险管控对策是根据项目安全风险分析识别的结果，对有必要采取措施的主要风险、严重风险采取相应对策，并对工程主要风险进行归纳和综述，确定风险控制的起止时间、控制目标、应对对策以及责任人等，对严重风险、灾难性风险应编制风险控制应急方案，最后形成安全风险管理对策，不仅能指导项目安全生产各项措施的有序实施，同时也是项目安全监管工作有序开展的指导性文件。

项目安全风险管理实施步骤及工作流程如图 8-12 所示。

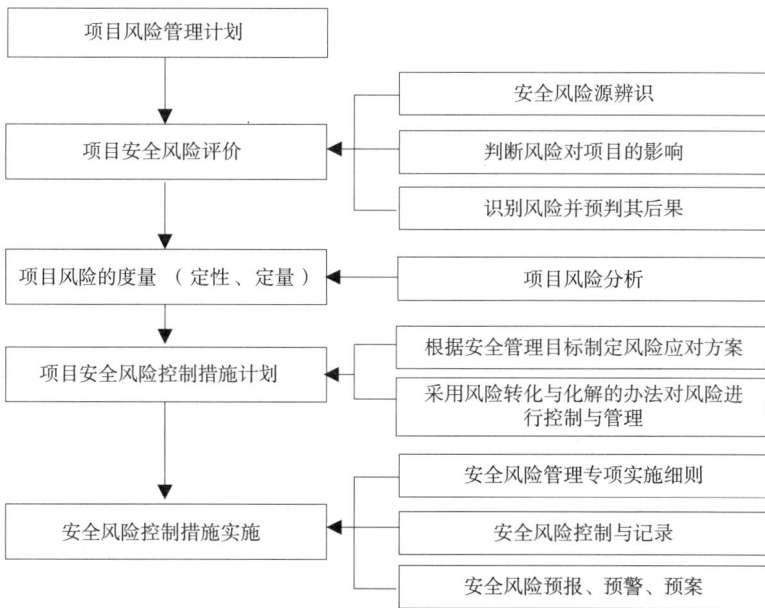

图 8-12　安全风险管理实施步骤及工作流程

项目的安全管理工作除应严格按照法律、法规和工程建设强制性标准实施管控外，更强调要善于发现施工生产中不安全因素和事故隐患，重点检查"人—机—料—法—环"五个层面，在事故面前增加了一道有力防线，有助于提高安全管理效率。

某会展工程项目风险管理对策实例　　　　　　　　　　　　　　　　　　　　　表 8-2

序号	工程名称	重点安全风险分析	控制要点及管理对策
1	桩基工程	某会展项目桩基分别为 PHC 管桩和钻孔桩，1 万根桩要在 60d 内完成，工期相当紧，并且工程桩机施工时，场地狭窄，桩机较密集，如桩机施工前场地不平整或桩基的布置达不到安全作业要求，将会产生触电、机械伤害、物体打击等安全事故	1）强化桩机施工安全管理：施工单位对桩基工程施工的危险源进行确认，并报备管理团队； 2）认真做好桩基地安全布置：施工现场应设置安全标志，危险部位应设安全警示牌； 3）加强桩基施工设备的安全与防护：工地内的危险部位应配齐相应的安全防护设施； 4）严格桩基施工安全操作：打桩机类型应根据桩的类型、桩长、桩径、地质条件、施工工艺等选用；打桩作业前，必须由施工技术人员向机组人员进行安全技术交底
2	深基坑工程	某会展项目深基坑开挖面积大，开挖深度达地下三层。由于基坑相邻处涉及各展厅子项工程施工，可能会出现界面处基坑开挖时间、深度、支撑时间、降水标高等不一致，进而造成基坑开挖和边坡围护的不稳定，甚至发生安全事故	1）在基坑施工期间必须保证井点降水不中断。施工单位必须自备发电机、建立应急预案，保证突然断电时井点降水仍能继续进行； 2）相邻界面施工必须严格遵循"对称、平衡"的总原则进行土方开挖、支撑、降水和结构施工； 3）严格执行当地关于深基坑开挖的要求，基坑开挖顺序、方法严格按照设计工况进行，确保基坑和施工安全； 4）施工单位对深基坑开挖的危险源进行识别和确认，并报备管理团队

序号	工程名称	重点安全风险分析	控制要点及管理对策
3	高支模	某会展项目高支模涉及超级巨柱、深梁支模等大面积的高支模搭设，若对进场钢管架材、模板支撑体系监督和验收控制管理不到位，高支模架体支撑体系的构造系统刚度以及整体支承刚度达不到方案验算要求，易造成模板支架坍塌的重大安全事故	1）按照方案中的设计尺寸进行放线，并严格复验； 2）高支模采取三级验收管理：对现场高支模排架搭设执行分步距验收申报程序； 3）对高支模排架搭设过程中的技术交底、实施和检查情况、架料搭设、验收等工作进行专项检查； 4）严格控制泵管布料高度不超过板面200mm；合理安排浇捣顺序，分层浇捣，控制模板层上的施工荷载不得超载； 5）搭设模板承重架所用的钢管、扣件进场后应按要求进行抽样复试，如测试结果不合格，必须根据测试强度对原方案进行调整
4	大跨度预应力混凝土施工	某会展项目双层展厅结构跨度大，混凝土浇筑涉及后张法预应力大跨度混凝土浇筑，预应力筋曲线布置、张拉、锚固是安全生产的关键要点，稍有不慎就会出现重大质量安全事故	1）施工单位对大跨度预应力混凝土的危险源进行识别和确认，并报备管理团队； 2）混凝土浇筑应严格按方案执行，在支架下面要安装照明灯； 3）对高支模进行施工过程监测； 4）混凝土浇筑过程中，派专人检查支架支承情况，发现有较大下沉、松动或变形要及时督促施工单位采取措施解决； 5）检查输送泵输送管道接头、安全阀、管架等必须安装牢固，输送前试送； 6）泵管道敷设后，应进行耐压试验
5	钢结构安装工程	某会展项目钢结构安装面积约2万㎡，1年内完成，且万吨管桁架需要在现场拼装，钢结构的起重吊装，高空安装、机械伤害以及火灾等是安全重点关注点	1）钢结构施工关键节点的安全措施必须按方案实施； 2）高处作业安全设施检查验收； 3）施工单位对钢结构风险源进行识别和确认，并报管理团队； 4）严格控制与监督起重设备进场检验、安装和日常操作，设备性能不符合安全要求的一律不准使用； 5）纵横向钢梁上都应悬挂安全钢丝绳，悬挂高度1.2m，每隔3m架设1.2m钢管或角铁用于支撑安全绳； 6）吊装作业区域，安全管理人员必须到岗监督； 7）工程尚未形成空间刚度单元前，严禁拆除临时支撑系统
6	大面积金属屋面安装工程	某会展项目金属屋面施工面积达到上万平方米，由于金属屋面天沟、檐口处于悬挑位置，无法搭设脚手架，故金属屋面檐口涉及垂直交叉作业、高空坠落和物体打击等安全风险	1）施工单位对金属屋面风险源进行识别和确认，并报备管理团队； 2）因展厅金属屋面板的安装无法搭设操作平台，而工人施工需在上面行走，因此所有屋面板的搭设采取沿屋面板方向系纵向贯通麻绳，作为屋面施工的水平生命安全保障体系； 3）高处作业安全设施进行检查验收； 4）金属屋面板应均匀、分散堆放在屋面上，严禁超载堆放； 5）禁止无关人员进入施工部位，展厅檐口金属屋面板安装作业区下方设置警戒区，禁止人员穿行，并安排安全管理人员到岗监督

续表

序号	工程名称	重点安全风险分析	控制要点及管理对策
7	幕墙安装工程	某会展项目幕墙立面系统复杂,安装面积大,大型或复杂节点幕墙安装施工阶段存在风险,同时火险、高处坠落、物体打击、触电等多种安全风险隐患贯穿于整个幕墙施工过程中	1)建立以总包牵头,项目经理及安全部主抓,各分包配合的安全管理体系,幕墙施工关键风险节点必须定专人进行重点管控; 2)高处作业、安全设施实施检查验收; 3)吊篮内应设置限载限人和安全操作规程标志牌; 4)尽量避免现场交叉作业,设置合理的施工分区搭接施工;必须交叉作业时,上下层应设置安全隔离、悬挑隔离、安全通道等安全措施; 5)加强施工现场的监督与巡查力度
8	起重吊装作业	某会展项目展厅钢结构屋面、倒三角屋架、悬挑桁架大构件吊装空间狭小,作业条件多变,涉及机械伤害、构件倾倒、高空坠落、物体打击等安全风险	1)施工单位对塔吊起重吊装风险源进行识别和确认,并报备管理团队; 2)要求施工单位建立塔吊起重危险源预防措施以及起重机事故预防措施; 3)多台起重机械作业时必须进行专项的安全技术交底,并定专人负责指挥; 4)吊索具必须按规定使用; 5)起重吊装作业设警戒标志和专职监护人员,采取安全隔离、悬挑隔离、安全通道等安全措施; 6)加强施工现场的监督与巡查力度
9	群塔群机作业	某会展项目由4个单层展厅、5个双层展厅、入口大厅、办公楼以及酒店组成,为了满足施工垂直运输要求,现场将涉及群塔群机作业,由于工程建筑高度最高43m,塔吊的安装错高控制以及群塔群机作业交叉服务区域内将会产生塔吊大臂回转半径碰撞塔吊标准节的安全风险	1)对塔吊安装定点平面布置进行复核; 2)施工单位必须制定群塔群机作业的安全技术管理措施; 3)在塔吊上安装远程视频监控系统,实现群塔作业的可视化监控和管理; 4)对每台塔吊作业区域和交叉区进行划分; 5)针对群塔群机作业,施工单位必须对塔吊司机、指挥进行专项的安全技术交底
10	高处吊篮作业	根据多工况同步施工的工期要求,项目将涉及非正常以及支架式吊篮的安装和使用,吊篮同时使用的总数量最高峰时几百台,移位安装达上千次,吊篮安装使用过程中存在着高空坠落伤人的安全风险	1)严格审核,把好方案关;审查方案的针对性和可行性,针对工程的特点进行选配施工吊篮; 2)进场的吊篮要与方案相符,严格审核材料进场清单,认真清点,逐一对照,既不能不同型号间施工吊篮混装,也不能以小代大,以次充好; 3)要求吊篮租赁单位的技术人员、吊篮专业维修人员驻场; 4)吊篮的安装移位,必须先安装一样板,经监理单位、施工总承包单位、安装单位、租赁单位、使用单位进行联合验收,合格后,作为样板执行; 5)施工现场吊篮移位要严格执行申报程序

序号	工程名称	重点安全风险分析	控制要点及管理对策
11	施工现场消防安全	某会展项目由于施工作业面积大，现场动火作业点多面广，施工防火面积达40万 m^2，钢结构焊接、幕墙安装以及其他现场动火作业易产生火灾	1）落实逐级消防安全责任制和岗位消防安全责任制，落实巡视检查制度； 2）在防火操作区内根据工作性质、工作范围配备相应的灭火器材或安装临时消防水管； 3）消防工作归口总包单位统一管理，总包每日必须组织防火巡查，管理团队每周对工程进行一次专项防火检查并复查追踪改善； 4）对检查中发现的火灾隐患未按规定时间及时整改的，根据合同约定奖惩制度予以处罚

8.2.6　安全风险预警及动态管理

1. 安全风险预警

（1）安全风险预警种类与方法

安全预警是工程现场安全风险管理和控制的一种有效手段，可以通过对工程现场的安全隐患和违章现象的种类、严重程度、出现频次进行分析，及时对涉险作业发出安全预警。同时，借助相应的工作方法和措施对风险进行纠正和预防，从而降低事故发生的可能性。

安全风险预警种类与方法如图8-13所示。

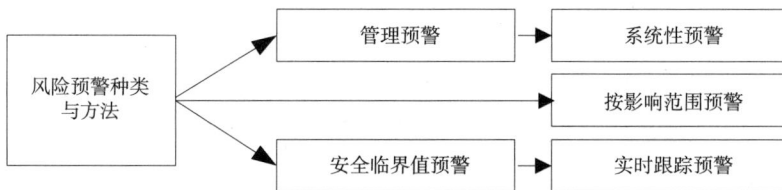

图 8-13　安全风险预警种类与方法

（2）安全风险预警系统流程

施工安全风险预警是对生产过程中危害项目的风险发出明确的信号，通过风险预警系统，对工程风险状况进行动态监测和早期预警，达到工程危险的实时监控管理，并更准确地采取针对性的安全监管措施，规避工程可能产生的安全风险，从而更好地把握安全风险监控的关键环节，控制和减少安全风险和不利环境因素，在事故面前增加一道有力防线。

安全风险预警系统流程如图8-14所示。

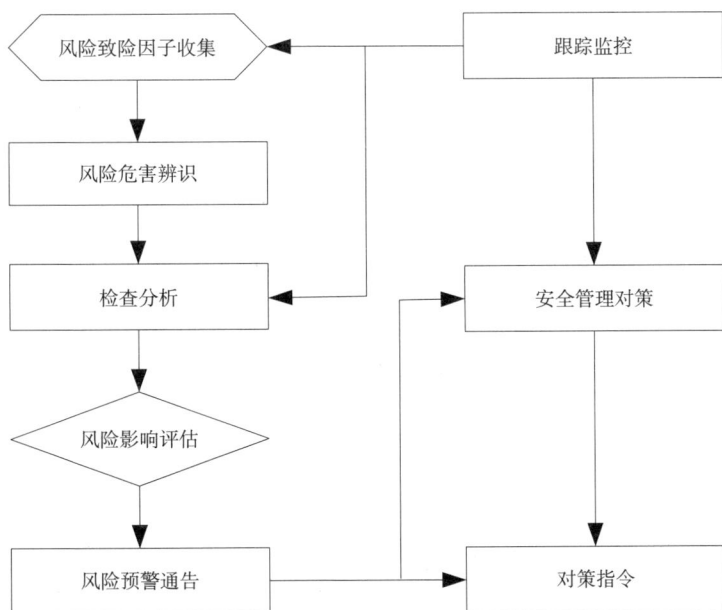

图 8-14　安全风险预警系统流程

（3）案例分享

1）项目概况

某会展项目钢结构施工面积约 2 万 m²，钢结构吊装、滑移约 14000t，最大跨度 94.5m，滑移单榀桁架 410t，整个钢结构工期为 1 年。为了确保项目工期要求，钢结构、幕墙、屋面、机电安装等专业单位需提前介入，并采用一体化施工。同时，钢结构施工时具有安装高度高、高空作业范围广、露天、劳动密集以及人与机械在危险环境垂直立体交叉施工等特点，且垂直面交叉施工区域无隔离防护措施，机械事故、物体打击、高坠事故时有发生，给项目安全管理带来空前的挑战。

2）创新管理方法

项目部首次针对钢结构工程按作业场所、施工工况、危险因素类别、工种和作业性质建立了风险预警卡控图。风险预警卡控是以风险分析为指导，对比钢结构施工风险预警指标值与风险定量安全值，作出完整的安全风险预警和控制指令，对施工过程中涉及安全风险以及事故征兆的不良趋势进行矫正、预防与控制。

通过分解后的风险预警卡控安全管理，充分体现了大型会展工程项目安全管控的优势，提升安全风险的管理能力，也为安全管理在重大危险工程管控提供了一个创新管理办法。

某会展工程钢结构风险预警卡控如图 8-15 所示。

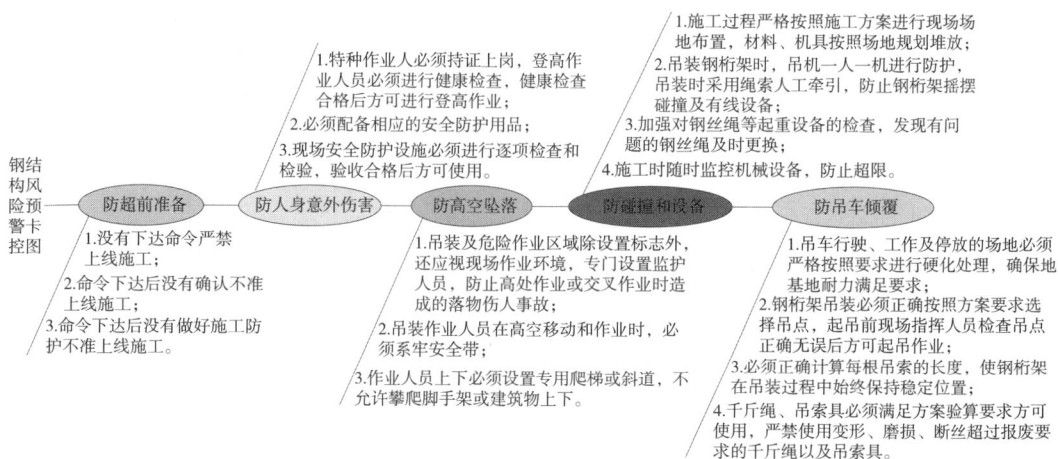

图 8-15　某会展项目钢结构风险预警卡控图

3）安全预警教育指引

安全风险预警卡控图是项目部在钢结构施工前，对钢结构每道工序使用危险辨识方法识别出的安全卡控重点，制定预警控制措施。然后，对施工单位实施超前预警。同时，项目通过对钢结构施工作业和安全管理过程中各种事故征兆的监测、识别、诊断与评价，对事故发生可能性和严重程度实施跟踪预警。此外，还通过现场安全管理人员每天巡视检查钢结构施工情况，与风险预警控制结果相印证，形成完整的安全预警控制体系，做到"精、准、细、严"，确保钢结构整体施工安全有序地进行。

如图 8-16 所示，施工前针对钢结构施工中所存在的危险风险，通过预警手段，对施工单位进行施工前的预警交底，建立递进式、立体化事故风险预防体系，使钢结构安装及整体滑移这一重大危险源，在安全风险预警卡控管理模式下，零事故、零伤亡、稳妥有序的顺利完工，确保了会展工程高大空间交叉施工无一例安全事故的发生。

图 8-16　钢结构施工前总体安全预警交底

2. 安全风险动态管理

工程建设项目的风险控制是循环往复进行的，在施工过程中找出控制管理的偏差并进行改进，并检查是否有被遗漏的风险或者新发现的风险，及时调整控制目标，重新识别、度量，制定新的风险控制措施，实现工程风险的动态控制。

安全风险的动态管理流程如图 8-17 所示。

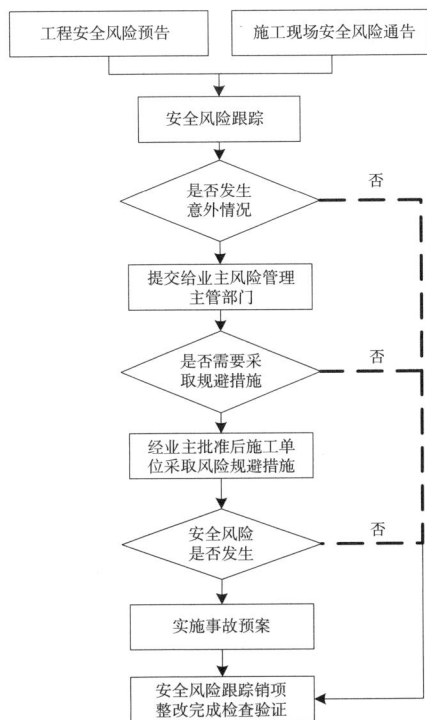

图 8-17　安全风险动态管理流程

安全风险动态管理自查如表 8-3 所示。

安全风险动态管理自查表　　　　　　　　　　　　　　　　表 8-3

序号	主要风险因素	采取对策的效果	纠正（补救）措施	责任人	自查时间
一	已识别的风险				
二	遗漏或新识别的风险	主要风险对策			

8.2.7 危险作业安全管理

会展项目施工安全控制的难点多、事故引发点多、控制难度大，加之会展项目属大型公共建筑工程，直接关系广大公众，社会影响巨大，项目安全风险管理任务艰巨。

危险作业安全管理程序如图 8-18 所示。

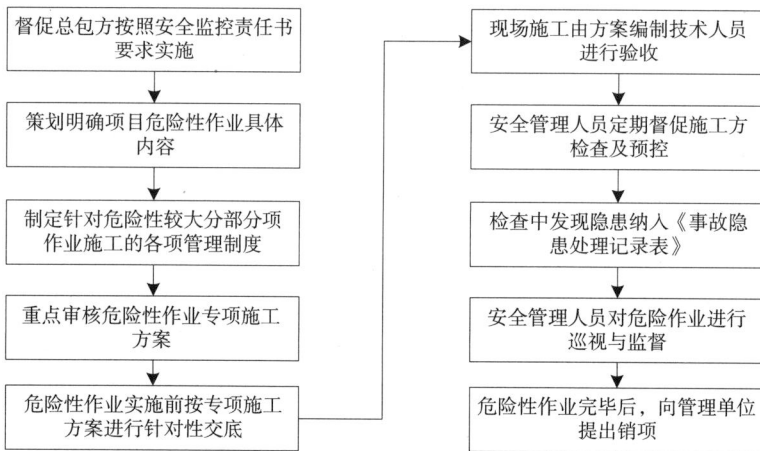

图 8-18　危险作业安全管理程序

1. 危险作业全过程安全控制项设置

某会展项目施工安全控制策划分为前期控制、过程控制和指令控制三个保证线，逐步实现有目标、有计划、有步骤地全过程控制管理模式，使项目整体施工可控，使项目所有分部分项工程施工都能实现风险控制管理，进而保证本项目安全风险控制目标。同时提倡在分析风险目标偏离可能性的基础上，采取主动控制，解决超大工程传统控制过程中的时滞影响，尽最大可能改变工程安全风险偏差，从而使安全风险控制更为有效。

某会展项目全过程安全风险控制项设置见图 8-19 所示。

2. 案例分享

某会展项目针对危险性较大分部分项工程以及危险作业，将展厅、入口大厅、酒店、办公楼以及配套商业的安全生产管理的若干控制要素进行逐一分解，量化为具体的控制点。运用全过程安全风险控制原理，使整个工程中所有危险性较大分部分项工程的每一项施工程序都有安全管理和监控，从而达到项目安全风险全过程控制要求，使安全控制点的监管范围覆盖整个工程作业面。

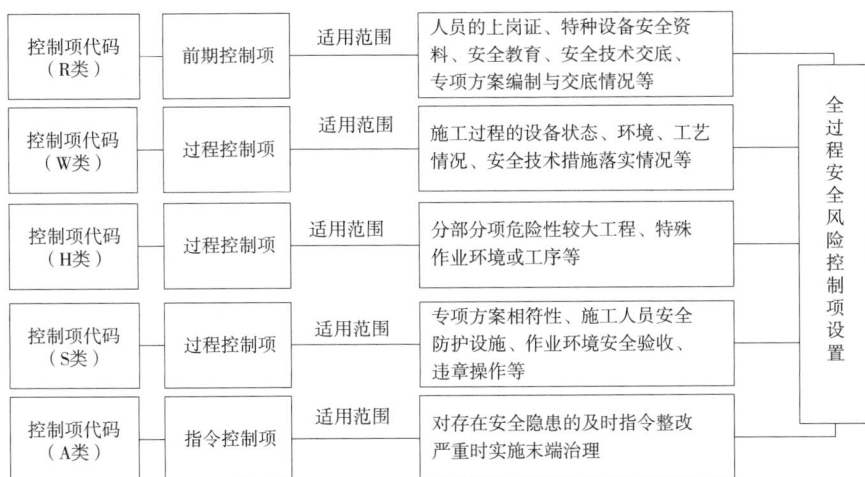

图 8-19　某会展项目全过程安全风险控制项设置

项目全过程规划控制项格式如表 8-4 所示。

模板工程全过程安全控制项设置分布表　　　　　　　　　表 8-4

序号	控制项类别	控制项代码	控制项设置监管范围（展厅）
1	前期控制项	R 类	1）模板支撑工程专项安全施工技术方案（或设计）以及审批手续完备有效，大跨度模板工程或高大模板工程组织进行专家论证审查； 2）进场的承重杆件、连接件等材料的产品合格证、生产许可证、检测报告； 3）模板支撑排架搭设单位须具备相应专业资质； 4）模板搭设架子工证书； 5）模板支撑安装前书面安全技术交底，交底内容必须包含模板支撑体系各构件技术尺寸和构造要求； 6）模板拆除前经拆模申请相关资料
2	前期控制项 过程控制项	H 类 W 类	模板进场架构料规格进行实测实量复核
3	过程控制项	W 类	1）模板支撑系统的构造搭设均应符合施工方案要求； 2）模板及其系统在安装过程中，必须设置防倾覆的临时固定设施； 3）模板排架施工现场应搭设的安全设施； 4）模板排架搭设高空临边有足够操作平台和安全防护； 5）支模作业临边防护及孔洞封闭措施应到位； 6）垂直交叉作业上下应有隔离防护措施； 7）模板的支、拆有防倾覆措施，模板拆除时应设警戒区； 8）拆模混凝土强度，拆模的顺序
4	前期控制项 过程控制项	H 类 W 类	1）模板支撑系统进场承重杆件、连接件等材料对其表面观感、重量等物理指标进行抽检的记录； 2）模板支撑系统的搭设的构造安全； 3）高大模板支撑体系应分段进行书面验收（验收应有量化内容并经责任人签字确认）
5	指令控制项	A 类	在封闭模板之前应完成支架体系的验收和整改

8.2.8 检查与纠正

安全检查是会展项目安全管理工作中的一项重要内容，是发现工程施工不安全状态和不安全行为的有效途径，是消除事故隐患、落实事故措施、防止伤亡事故的重要管理手段。

某会展项目安全检查措施如图 8-20 所示。

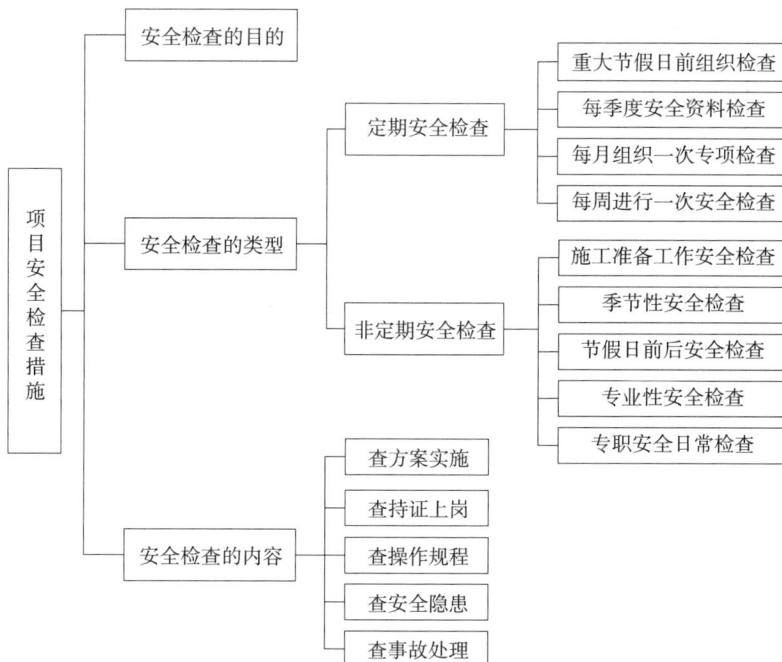

图 8-20　某会展项目安全检查措施

某会展项目针对安全风险的类型和特点，制定各项安全检查量化目标的管控措施，并以较高的安全生产管理水平和先进的安全文化理念为标尺，实现安全生产管理的同质化、规范化和标准化，确保工程安全目标的实现。

某会展项目安全检查量化措施如图 8-21 所示。

8.3　施工安全管理

1. 危大工程高风险作业实行作业申报审批管理

项目部针对危险性较大的分部分项工程，采取高风险作业许可证的管理措施，要

图 8-21　某会展项目安全检查量化措施

求施工单位在高风险作业施工前的一天内提交相应的高风险作业申报单，并附安全技术实施项的检查验收资料。安全管理人员根据专项施工方案中的安全技术施工要求、监护与作业人员配备、安全防护措施和应急物资材料配备等落实情况进行核查，审批后方可进行高风险作业。

2. 相邻界面交叉施工安全管理

大型会展项目涉及多个单位工程同步穿插施工，同步穿插施工虽是一种快速的施工组织方法，可加速工程进度，但会导致施工界面存在立体交叉作业和平面交叉作业。因同步穿插施工作业空间受限制，导致作业区域人员多、工序多、机械设备多、专业配合复杂，对施工组织、工种衔接、交通协调等提出很高的要求。

为了确保施工现场相邻界面交叉施工的安全管理，项目部要求同步穿插交叉施工涉及单位要事先书面通知对方，同时各单位在交叉施工作业时要划分区域，确定危险程度，规范施工行为。各单位必须配备相应的专职安全员，加强临界面交叉施工日常巡视和监督管理，消除各类危险源及不安全因素，在做好各自交叉施工区域内的安全防范措施的同时，还要切实做好操作人员的安全技术交底。施工现场危险性较大工程施工时，各单位必须加强监管，落实好临界面交叉施工的全过程监护、警戒、指挥等各项动态安全管理工作，并加强现场安全交接配合工作，理清责任界面，共同完成现场安全防护措施的交接及跟进完善工作（图 8-22）。

3. 施工薄弱时段加班申报管理措施

由于大型会展项目工程体量大，工期紧，特别是随着项目后期抢竣工的工程增多，施工单位必将会组织人员加班抢工期，早班前 30min、午班前后 30min 以及晚班时间

图 8-22　相邻施工界面交叉的安全管理

都属于施工薄弱时段，也是安全事故高发时段。项目部针对本工程薄弱时段施工，提出提前申报的管理要求，申报内容包括：作业时间、作业内容、作业具体区域、施工班组、现场安全监护人（姓名、手机）以及总包、分包相关领导的审批，以便配合施工单位做好三个薄弱时段施工现场安全生产管控。

4. 流动起重设备准入启用验收牌管理措施

由于会展项目施工现场使用的流动机械设备较多，设备的进场管控存在困难。针对此类情况，为了避免机械事故的发生，项目部对每辆流动设备进行验收，合格后方准予进场，并要求挂验收合格牌，同时建立大型设备安全健康档案和二维码，以倒逼现场对流动设备的安全管理。流动起重设备验收合格后依托二维码管理平台和验收合格牌，将流动设备纳入管用结合、人机固定的监管之中（图 8-23）。

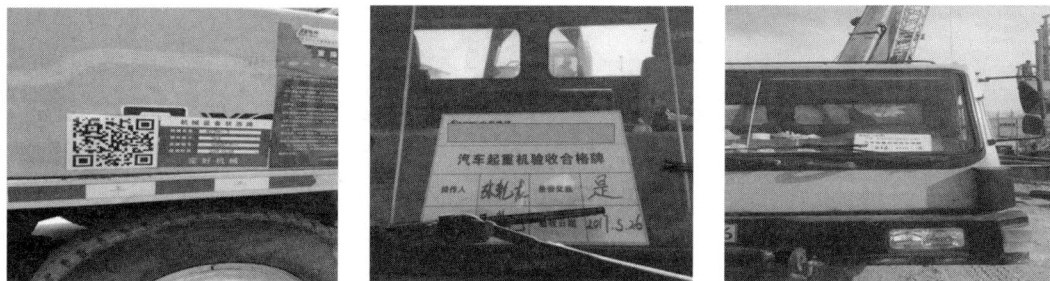

图 8-23　流动起重设备准入启用验收牌

5. 吊篮安装移位样板示范管理措施

为了满足某会展项目的施工进度要求，施工现场所有展厅以及屋面檐口、结构外墙涂料全部采用吊篮进行垂直立体施工，现场同时使用吊篮的总数量最高峰时达到

786 台，移动安装 346 次，如何保证吊篮的安装、移位安全及使用安全，有效预防吊篮安全事故发生，项目部针对现场吊篮的安全使用制定了专项安全管理控制措施，吊篮的安装、移位管理意在执行，辅在示范。要求吊篮单位必须在现场进行样板安装，经检测或五方验收通过后作为样板，并将验收结果量化，其他吊篮安装时都必须严格按照样板进行安装（图 8-24）。

图 8-24　吊篮安装、移位实行样板验收管理

8.4　经验分享

为了有助于大型会展项目的全面风险管理，根据多个会展项目安全风险管理经验，系统地总结出大型会展安全风险管理模式，择优选择了高支模全面集成管理案例向同行分享。

1. 项目概况

某会展项目高支模搭设面积达 35 万 m^2，最大搭设高度 14.8m，集中线荷载最大值达 119.655kN/m，采用扣件式钢管、碗扣式钢管和盘扣式钢管进行搭设。高支模排架支架体系存在分步验收困难、模板排架成形后整改难度大、排架完成后支撑体系稳定性差等特点，有失稳坍塌的风险。同时项目计划工期为 16 个月，主体结构施工尤为紧张，工期仅 6 个月。针对这一情况，项目部在高支模施工前，将高支模施工作业的工序和工况进行风险源分析，调整高支模的验收管理方法，并策划了全过程的安全管理模式，将高支模的安全监督管理逐一分解为"方案把关、进场把关、过程把关、检查把关、验收把关"五关，建立高支模全过程管控体系，通过五关分解，保证每一道施工工序都有人管理和监控，改变目前高支模"经验型"的安全管理现状，用全过程管理思路进行安全管理，同时也是对会展项目大面积高支模搭设的安全管理创新。

2. 方案审核

某会展项目高支模搭设面积占模板工程的 85%，项目部对高支模专项方案中的重点施工工况进行验算，对安全技术进行审核把关，并在专家论证以后，利用 PKPM、品茗等计算软件验证施工单位高大模板支撑体系计算书，提出方案审核意见，以确保方案计算准确无误、无缺项漏项，使方案内容更加完整、准确，更好的指导高支模搭设，避免由于方案错误导致安全事故发生（图 8-25）。

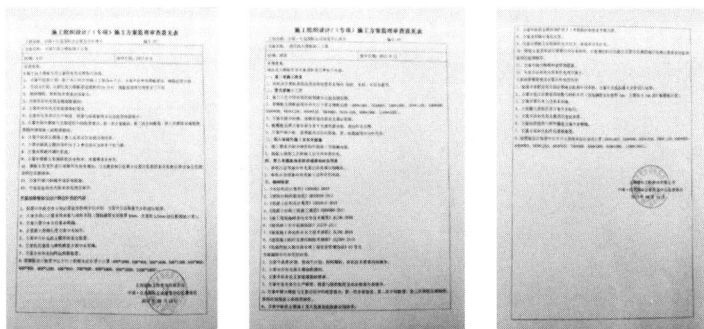

图 8-25　某会展项目高支模专项方案审核意见

3. 高支模施工安全基准指南交底

鉴于本项目高支模搭设过程是事故多发阶段，如何有效控制高支模搭设作业过程中带来的风险，项目部根据相关规范以及方案要求，制定了高支模施工安全基准指南，重点对防护措施、作业中应执行的安全技术标准、存在或潜在的危害以及危害发生时采取的应急避险措施用 PPT 的形式进行交底，为项目高支模施工安全提供依据和指导，通过统一的高支模施工安全基准指南，从而在技术和管理两个层面上控制或减少高支模施工过程中的不安全因素（图 8-26、图 8-27）。

图 8-26　高支模施工安全基准指南交底展示

（a）高支模上人通道　　　　（b）高支模验收通道　　　　（c）高支模水平防护

图 8-27　高支模防护、验收按照施工安全基准指南实施实图

4. 高支模应用施工过程控制

（1）高支模钢管架料质量控制

由于市场钢管、扣件的生产及流通存在诸多问题，施工现场使用的钢管和扣件出现较多质量不合格产品，如钢管壁厚达不到规范要求、钢管的平直度较差、一些钢管已明显弯曲等，致使模板支撑承载能力明显降低。我们从以往模板坍塌事故案例中可以看出，搭设模板的钢管和扣件质量低劣是事故发生的重要原因之一，几乎每一起模板坍塌事故原因分析中都有一条"选用材料不合格"的说辞。同时，项目工期紧，高支模搭设面积大，最大深梁 3.2m×1.0m，梁的跨度达到 28m，如果高支模钢管架料仍按老方法进行抽查，安全管理滞后，高支模支撑系统的安全无法保证。

为了确保高支模支撑体系材料符合规范及方案要求，项目部要求施工单位对进场高支模支撑体系材料进行申报，每批次钢管材料于现场出入口处停留候检，待施工单位自检合格后报管理单位验收，管理单位对外观质量、壁厚进行检查验收合格后，方可进入施工现场，不合格材料直接要求退场处理，严禁其进入施工现场。从源头上把控高支模搭设材料质量，保证高支模搭设安全（图 8-28~ 图 8-30）。

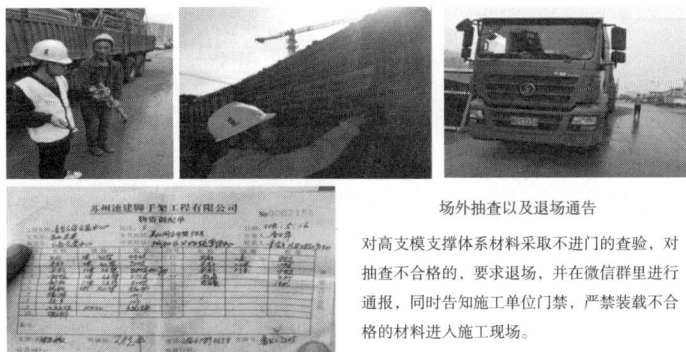

场外抽查以及退场通告

对高支模支撑体系材料采取不进门的查验，对抽查不合格的，要求退场，并在微信群里进行通报，同时告知施工单位门禁，严禁装载不合格的材料进入施工现场。

图 8-28　场外抽查以及退场通告

每车、每批次规格尺寸标准查验

要求施工单位对进场高支模支撑体系材料进行报监申报，项目监理对材料规格、质量实施每车、每批次必抽查的管控措施。

图 8-29　规格尺寸标准复核查验

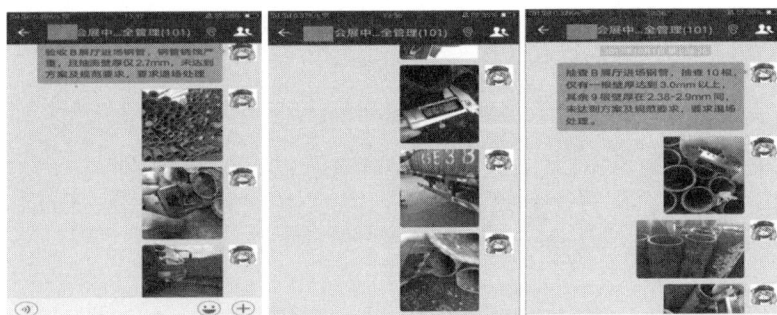

图 8-30　对检查装载不合格架构材料微信群里进行通报

（2）高支模系统构造与方案相符性的复核验证

1）实测复核验算

以往高支模搭设构造还停留在方案理论的分项系数设计验算中，对高支模支撑系统构件的承载能力未按进场架构料概率极限状态设计法进行实测复核验算，从高支模搭设开始就埋下了安全隐患，给后期的管理工作带来很多麻烦。针对这一现象，项目部对进场高支模支撑系统构件进行实测复核验算，严格执行与方案相符的过程监督管理。

利用品茗等计算软件验证高大模板支撑体系安全技术方案中的计算书，确保施工方案中施工计算准确无误、无缺项漏项或不满足条件内容，使方案内容更加完整、准确，更好地指导现场施工（图 8-31）。

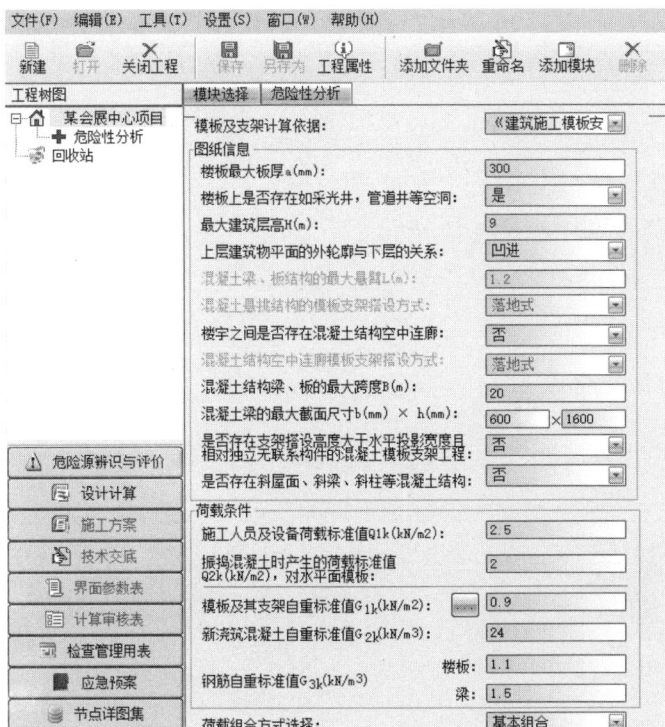

	部位	梁(板)截面	跨度	板厚	支架高度	悬索投影范围内立杆竖向荷载/楼面荷载	沿梁长向立杆竖距 梁底	梁侧	梁侧截面模板立杆距	顶部自由度	顶步距	中间步距	底步距	水平剪刀撑
1	框架梁(盘扣)	1000×3200	24	200	11.8	2/600	900	900	1800	≤500	2步1000	1500	1500	设3层
2	框架梁(盘扣)	400×2000	36	200	13	2/300	900	900	1200	≤500	2步1000	1500	1500	设3层
3	框架梁(扣件)	1000×3200	24	200	11.8	4/3×300	450	450	≤1600	300	2步600	1200	1500	设3层
4	框架梁(扣件)	400×2000	36	200	13	2/300	450	450	≤1000	300	2步600	1200	1500	设3层
5	框架梁(碗扣)	1000×3200	24	200	11.8	4/3×300	300	300	≤1800	≤500	2步600	1200	1200	设3层
6	框架梁(碗扣)	400×2000	36	200	13	2/300	600	600	1200	≤500	2步600	1200	1200	设3层
7	框架梁(扣件)	1000×1600	9/14	150-200	5.9	3/350,350	450	450	≤1600	300	≤1200	1200	1500	设2层
8	框架梁(扣件)	1000×1000	9/14	150-200	6.5	2/600	450	450	≤1600	300	≤1200	1200	1500	设2层
9	框架梁(扣件)	≤500×1200	9/14	150-200	6.7	2/300	900	900	≤1200	300	≤1200	1200	1500	设2层
10	框架梁(碗扣)	1000×1600	9/14	150-200	5.9	2/600	600	600	≤1800	≤500	2步600	1200	1200	设2层
11	框架梁(碗扣)	1000×1000	9/14	150-200	6.5	2/600	600	600	≤1800	≤500	2步600	1200	1200	设2层
12	框架梁(碗扣)	≤500×1200	9/14	150-200	6.7	1	900	900	≤1200	≤500	2步600	1200	1200	设2层
13	架空层局部顶板	—		250	2.9	900×900(扣件式)			≤300	≤1200	—		1500	设1层

图 8-31 高支模方案与实体复核验算复核

2）支撑系统的构造搭设与方案的相符性分级控制

某会展项目高支模搭设面积大，具有跨度大、悬挑长度长、层高大、荷载大以及洞口多的特点，且高支模搭设过程中与方案的相符性管理控制较难，针对这一情况，对本工程施工现场高支模支撑系统的构造搭设将执行分级复验控制，项目部对高支模搭设初期、过程中进行跟踪检查，同时要求施工单位在高支模支撑系统的构造开始搭设前，按照方案中的设计尺寸进行放线，对放线的尺寸进行复验，有效地避免架体成形后整改困难的问题，且大大节约工期。

某会展工程高支模支撑体系搭设与方案的相符性分级控制见图 8-32 所示。

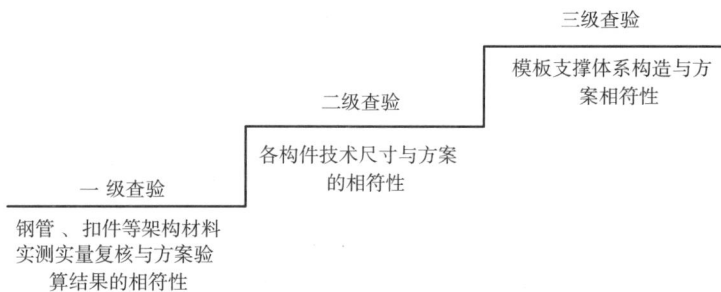

图 8-32 某会展项目高支模支撑体系搭设与方案的相符性分级控制

项目部对高支模支撑系统构造搭设过程中的技术交底、方案实施、过程自检、验收执行管理情况进行了相应的检查，并采取主动控制，解决传统控制过程中存在的时滞影响，对检查出的问题召开安全专题会议，尽最大可能预防和纠偏，从而使高支模控制更有效，建立现代安全监督管理新模式（图 8-33）。

图 8-33 某会展工程方案相符性的专项检查通报

3）实行高支模一次验收通过制度

为了提高高支模验收合格率，为后续土建施工提供作业面，保证工程的总体进度，防止因重复多次整改验收导致工期滞后，实施会展项目高支模实行一次验收通过的管理措施，大大提高了高支模的验收效率，使会展项目高支模一次验收通过率达到100%，有效地避免架体成形后整改困难的问题，大大节约工期，保证了高支模安全与项目整体进度（图 8-34）。

图 8-34 某会展项目高支模实施一次验收合格举牌

4）高支模管理成效

为了加强会展项目高支模施工的安全控制，项目部对方案编制与审核、材料检验、支架搭设与验收、混凝土浇筑以及支架拆除等全过程建立安全管控网，采取系统管理模式，从而更好地把握高支模安全监控关键环节，提高对高支模安全风险的掌控力，实现高支模安全管理的同质化、规范化和标准化，从而提升大型会展项目的安全管理水平，确保会展项目高支模无一例安全事故的发生，并最终实现项目的安全管理目标。

第9章

大型会展项目改造管理

9.1 改造管理概述

《中国展览经济发展报告（2018）》提到：中国经济虽然放缓，但并不失速，基本面仍然向好，中国展览业发展的内在驱动力一直都是展馆建设的主引擎，产业结构的调整有助于挤干水分、抑制过热的需求，为展馆建设打下更为坚实的基础。近年来，多个省份将"提升原有会展场馆"作为加强会展设施建设的重要手段，以海南省为例，鼓励和支持海南国际会展中心等场馆的改造升级，对现有展馆进行改造，升级设备设施，提升展馆信息化和智能化水平，满足现代化展览需求；重新规划空间，挖潜增效，充分利用设施室内外空间，增加展出面积；扶持周边住宿、餐饮、休闲娱乐等配套服务设施建设，改善周边交通条件；整治周边环境，改善设施品质，增强空间活力，提高场馆服务水平。

当会展建筑规模不能满足当前或未来一段时间的需求时，除了新建、扩建会展建筑以外，对已有的会展建筑进行规模、功能的提升将会是一个可具操作性的选择，不仅能够缩短建设周期，还能节约建设投资。但同时会展改造由于其自身的建设特点，也将带来新的研究课题和挑战。

9.2 会展改造管理

大型会展的改造工程，包括了全面改造工程、特定功能性改造工程和局部改造工程，由于其改造时间紧迫，参建单位众多，改造区域可能较为分散，改造过程涉及不停展施工等特点，给工程的管理带来了不同于普通工程的相关问题，本节就大型会展改造工程的特点，结合相关的实际案例，从设计、投资、进度、质量和安全等几个方面来分析改造工程中的各项风险及相关的处理经验。

9.2.1　设计管理

1. 改造结构受力状态的改变

改造工程中，一般可分为改造结构受力状态改变的工程和改造结构受力状态基本不变的工程，后者多称为装饰装修的改造，虽然涉及建筑功能用途的改变，但改造过程相对简单，过程风险要比较小，在此我们不做表述；对于改造结构受力状态改变的工程，由于其改变了原结构的受力状态，对于设计和过程的实施都带来了一定的风险，属于较为复杂的改造工程，需要从设计之初对原有结构的受力结构形式、承载能力和使用状态进行评估。

如某会展改造工程，需要将原来在楼层三的大展厅改造成为带夹层的会场，包括会议大厅、迎宾厅、休息厅等配套会议办公用房。原大展厅面积约为 1 万 m²，净高约12m，结构系统为钢结构。改造后的会场将把原单个会展大厅拆分为三个楼层，下部为会议大厅、迎宾厅等，中间为小会议厅及办公用房等，上部为配套机房，新增的夹层将以钢结构的形式进行搭建改造，在原钢结构的楼层上设置钢柱、钢梁和压型钢板等，以改变原来的设计空间结构。

由于内部楼层的改变，结构荷载的增加，会展大厅原钢结构三层主钢梁需要进行结构加强。钢梁的加强分为两种，一种是在原钢梁下加设钢桁架，另一种是在原钢梁下加设倒 T 形钢板，以共同加强钢梁的承载力。两种加强钢梁的连接方式都是焊接连接，从一般设计的原则看，在加强钢梁的焊接以前，原钢梁应处于应力释放状态，即原钢梁处于不受荷载的状态下进行焊接作业，使得两个结构成为一体，加设的钢结构和原结构能更好地共同承载相应的荷载。但在实际的情况下，原结构并无法释放应力而使得自身处于不受力状态，至少自身的荷载力必须承受，此外，还可能因施工等其他因素影响，原钢梁在焊接时还需承受附加的其他荷载，使得加强后的结构承载力实际处于削弱的状态。

因此，在设计过程中，除了应结合施工改造现场的实际工况进行考虑外，还应考虑原结构在受力状态下的结构加强后的削弱程度，以保证被加强后的结构达到改造后承载力的目标值。同时也应对施工时的工况条件予以限制说明，如需要采取哪些措施，使得原结构在焊接前的承载力尽可能的释放，以达到原结构与加强结构间较好的连接状态。

此外，对于原结构楼层的承载能力不能满足改造后的承载能力的状况，应考虑在原结构加强的同时，增强局部基础的承载能力，如增设桩基等措施，保证结构受力满足改造的承重要求。

2. 在运行构筑物或设备的安全性保障

在大型会展工程改造实施的过程中，项目的改造可能只是整个会展工程的一部分，而整个会展在改造施工过程中，实际上还处于会展运营状态，改造的实施需保证运行建构筑物或设备的安全性，在设计上也要结合施工的实际情况，确保设计和施工的紧密结合。

如某会展改造工程，改造涉及会展的部分区域，改造期为半年，但这段时期内，会展的其他场馆依旧正常运营，而改造区域除了需要封闭施工场馆区域外，还包括了为会展场馆和办公商务等区域提供能源的会展能源中心。会展能源中心由变电所、主站房、蓄水塔等建构筑物构成，运行期间为会展提供热水、燃气、电力等能源。但会展的改造工程涉及了能源中心的外立面改造施工，这就要求能源中心的外立面施工在能源中心运行的状态下进行。外立面施工内容主要是钢结构骨架系统和装饰格栅的施工，期间涉及钢结构的焊接作业，而能源中心在运行中，有部分室外的燃气设施和管道，这对于焊接作业，尤其是夏季的焊接作业来说，有一定的安全隐患。此外，能源中心的蓄水塔外部为钢板外皮，但其内层为聚氨酯保温板，聚氨酯保温板为易燃材料，遇火或是一定温度的高温就容易燃烧，这给夏季的钢结构施工也带来了安全隐患。

因此，在设计过程中，除了要考虑结构本身的承载力问题和安装问题外，还应结合施工的条件和当时的季节环境因素，综合考虑结构的设计方案，如在本工程中，应在可能的情况下，尽可能地采用螺栓连接代替钢结构焊接连接，以降低施工中对运营建构筑物或设施设备的影响，也保证其安全性。

此外，对改造期间处于"不停展、不闭馆"的会展改造工程，其各机电系统在施工改造期间需结合部分展会的"开展时间节点及系统需求"进行安排设置，既要保证旅客的安全，又不能影响展会的功能需求。如某会展中心在对部分区域改造过程中需要承担部分展会任务，为此在改造前进行了提前的摸排，确定需要对部分区域的卫生间给水管、商业用电、智慧公安变电所供电、智慧公安发电供电进行临时拆除；同时，在对机电系统拆除前，需要对各系统的阀门、开关进行关闭，可能也会影响现场临水、临电、施工电梯等运行。因此，除了要求设计单位对改造内容进行设计外，还需通过实地排查，确定对拆除过程中所影响的系统提出补偿设计方案，避免对改造期间的正常展会需求带来影响。

3. 改造设计的合理合规性

在改造设计中，由于原设计功能指标与新的设计功能指标产生变化，新的设计指标应按照现场的实际情况结合新功能的变化进行调整，调整过程应在满足设计目标功能参数外，也保证设计的合理合规。

如在大型会展的机房改造中，由于空间布局的改变，需要将原机房进行拆除，并在新搭设的夹层中设置机房，但由于夹层空间和净高的限制，机房的空调冷凝水排水沟设计深度偏浅，坡度也偏缓，这就造成了机房在满负荷运转的情况下，冷凝水可能无法及时排出，形成排水沟内水外溢的现象。因此，在设计过程中，应充分考虑到改造结构的空间布置和尺寸，保证设计值达标且合理。

又如某会展改造工程，需要增加三层露天平台的使用面积，以布置会展迎宾所用的绿化景观和步道，故拟将三层露天平台中央的原双向电扶梯拆除，并封闭原电动扶梯及其周边的楼层开口区域，封闭的开口区域总面积约 $600m^2$。但考虑到原平台开口处的电动扶梯及开口除了正常上下人使用外，还有兼顾了火灾时的消防逃生和救援的用途，为此，原三层平台处的开孔率为 14.5%；而扶梯及开口封闭后，消防疏散救援的楼层开孔率将不满足消防设计的要求，故经过业主、设计与消防部门的专项研究协调，改造放弃了完全封闭平台开口的方案，根据消防的要求，对平台开口进行了局部的封堵和改造，以满足景观步道和消防设计的双重要求。

4. 设计参数现场实施的可行性

在会展会议中心的设计过程中，需要注意改造设计后，设计参数的现场可实施和可试验性，如会展会议场馆通常会设计大型的吊顶花灯，以突出其装饰性的效果，但对于大型的灯具安装，设计通常会为考虑其安装的可靠性而要求做荷载试验。如某会展的改造工程，改造后的会展会议大厅的迎宾厅设计安装大型花灯，根据设计图纸要求，质量大于 10kg 的灯具，其固定装置应按 5 倍灯具重量的恒定均布载荷全数作强度试验，历时 15min，固定装置的部件应无明显变形。但该设计花灯自身重量达到 400kg，按 5 倍载荷做强度试验，荷载重量将达到 2000kg，这样的试验很可能造成吊顶转换层钢架的坍塌风险，故如此重型的花灯在实际操作过程中，5 倍的荷载试验并不合适。因此，在设计的过程中，设计应充分考虑设计参数现场的可行性，设置合理的设计方案，如调整荷载试验的倍数或要求对吊顶转换层钢架进行局部加强，以满足安全性的试验要求。

5. 时间和季节性的要求

在大型会展的设计改造过程中，由于设计施工时间紧，设计过程中同样应考虑施工实施的时间安排和季节性安排等因素，以使施工完成后的效果达到设计的预期。

如某会展改造工程要求对会展场馆外的绿化景观进行改造升级，将部分混杂树木更换为大片的香樟树。由于时间关系，设计图纸的时间为 4 月份，绿化景观开始施工的时间已是 5 月份，而场馆改造完成投入使用的时间为当年的秋季，整个香樟树木从种植到培育的时间仅为 6 个月左右，且香樟树的最佳种植季为每年的 3 ~ 4月份。为此在绿化的改造过程中采取了树木直接移植，并对香樟树的生长过程采用了营养养护的种植方案，尽量保证树木的存活率和较好的长势，以尽量达到设计预期的效果。

9.2.2 投资控制

1. 基于改造定位的投资控制影响

从投资和设计的关系来说，在方案策划和施工设计阶段的改变对工程投资成本的影响相对较小，而在施工实施阶段对设计方案进行更改，则对工程成本的控制将会带来较大的影响，且施工推进时间越久，对成本的影响越大。因此对于会展项目的改造，改造的建设方和设计方应在改造方案策划或设计初期，将改造的使用定位和改造的区域和范围进行明确，以保证工程施工过程中的成本能得到较好的控制，不然可能造成建设成本的成倍上涨。

某会展改造工程，在改造初期，建设方对于改造的范围限定为部分会展的核心场馆、主入口大门的装饰，主入口道路和两侧的景观绿化。但随着工程改造的推进，在施工过程中，被不断要求增加改造区域，会展场馆的改造除核心场馆外，还增加了部分其他的会议办公场馆，对于外部的装饰面也由主入口大门扩展到了整个场馆的外立面的饰面改造升级，而对于会展场馆外的景观绿化改造区域，也由主入口道路两侧增加到了场馆外部所有的景观绿化，并且还增加了场馆内道路的部分景观绿化的升级。由于改造方案的涉及区域在施工过程中不断增加和改变，致使部分已施工改造的内容不得不在完成后又重新进行施工，加之施工时间紧迫，材料预订和增加人工机械费等因素，会展场馆的改造成本不断增长。最终，本会展场馆改造完成后的工程造价超过了工程改造初期预估造价的 4 倍。

为此，在工程改造初期明确工程的改造定位，确定改造的区域和范围对施工过程中的投资控制尤为重要。

2. 材料选择对投资控制的影响

在改造工程中，材料的选择对投资控制也有着较大的影响，因此在改造初期的合同或设计方案中应尽可能明确改造工程的选材，应尽量避免选择加工定制的构件和材料。

如某会展改造工程中，由于装饰饰面的规格高，因此在会展场馆装饰饰面的选择上采用了大量的工厂特别加工定制的复合穿孔铝板和铜质挂板饰面，部分除在工厂进行定制加工外，还需在施工现场进行二次加工组装。这就使得这些高规格饰面的材料和加工成本在设计初期无法进行确定，在施工过程中，根据材料实际的用材成本、加工制作成本和人工成本进行定价，使这一饰面的材料成本和加工成本居高不下，超出预算数倍。

因此，在材料的选择上，应尽可能选择市场上较为常见的工程材料，并确定材料的品牌、品种等参数，尽量避免材料的现场加工和定制，以控制不可预测的工程成本。

3. 现场拆除或返工确认

在会展项目的改造中，由于涉及原建筑结构部分的拆除，在拆除的基础上进行重新改建，这就涉及现场拆除部分工程量的计算，以及拆除后重建工程量的计算，在某些情况下，这两个工程量有着密切的联系。

如某会展的改造过程中，需要对会展场馆的地坪进行升级，先拆除和凿除原先的地面装饰及水泥地坪，然后再在此基础上浇筑新的地坪至改建后的设计标高。这就需要在现场拆除和凿除施工时，确认拆除和凿除的工程量，如通过确认凿除地坪的厚度来计算凿除了多少量的混凝土，确认凿除地坪所投入的人工、机械和时间。对于新地坪混凝土的浇筑量，则需要在确认凿除地坪标高的基础上进行浇筑方量的计算，以此来控制投资的成本。

当然，除了地坪外，如对原会展墙体、楼板、钢构件、机电管线和设备的拆除，都需要对拆除的材料量以及投入的拆除人工、机械和时间进行现场确认，以计算到工程投资中。

4. 设计变更控制

设计变更控制也是改造项目对于工程投资控制影响较大的因素，在施工过程中频繁地进行设计变更，除了会影响到投资的控制，还会影响到施工的管理。一方面现场施工管理人员会对哪套才是最终的施工图纸产生疑问而无所适从，另外对于已施工部分的处置，也会令现场产生争议，导致工程投资的变化。

如某会展场馆的会议大厅改造过程中，大厅吊顶装饰板的设计初始的方案为弧形垂帘状装饰铝板，由于装饰吊顶的铝板体积比较庞大，工厂整体组装后无法在公路上进行运输，因此铝板材料部分在加工厂进行加工，然后运至会展施工现场后，在现场进行二次加工和拼装，再进行整体的板块吊运安装。为保证现场的连续施工，工厂板材提前预订，并运送至现场进行堆放存储，以备二次加工使用。但在大厅吊顶基本成形的情况下，由于吊顶的整体样式无法满足现场使用需求，建设单位要求设计对吊顶方案进行了变更，变更方案采取小块的平板式祥云造型吊顶，以提升会议大厅的净高空间效果。由于原垂帘吊顶的安装已基本完成，原吊顶的拆除，拆除后原材的处置、堆放和款项的结算都突如其来，给工程的管理造成了较大的影响，据测算，此次变更造成了上千万元的投资成本损失。

因此，在工程实施过程中应严格控制设计变更的数量，而设计变更，也应尽可能在现场施工尚未实施之前提出，这样可以尽量降低工程的投资损失，现场施工的管理影响也可相对减小。

5. 工期管理

工程工期的管理也直接影响到工程的投资，这不仅涉及施工、用工、赶工的成本，也涉及按期交付和违约的内容。因此，在整个工期的管理过程中，应分阶段检查、比较施工实际工期和计划工期的符合性，按现场实际情况调整施工的组织安排，以保证工期能按计划节点进行。

此外，在前面提到的在项目改造初期对项目的定位，改造范围的确定，过程中尽量减少设计变更对工期的影响，合理安排施工工序的组织，合理配备人员和机械台班等，也是工期管理中非常重要的控制手段。

9.2.3 进度控制

1. 施工准备的协调保障

在大型会展的改造工程中，由于施工是在已经建成并投入运行的会展场馆上进行，无论是全面改造工程还是部分改造工程，在施工过程中，都将用到已投入运行场馆的给排水、电力、消防甚至是空调系统。因此，在改造工程开始前，施工单位应结合设计的改造方案，对现场的已有给排水、电力、消防等系统进行评估，制定相应的临时用电、用水等方案。在方案的制定过程中，若临时用电、用水等方案需要用到现有的系统，则使用方案应符合已有设施设备的冗余，不会影响到需要留存的设施设备的使用。若在过程中需对已有设施设备进行改扩建，则应一并考虑进临时和改造用的方案，以方便现场使用。

如某会展局部改造工程，某馆需进行改造，该馆南侧设有一个变电所，电源由地下室引来，该馆内全部动力照明消防用电全部由该变电所提供。由于该变电所位置也在本次改造的区域内，原管线路径全都经过改造区域，因此需将原有馆内的电缆全部拆除，该变电所也无法使用。为保障该馆改造的临时用电，施工中安排从该馆旁边的相邻场馆变电所中接两路电源，引至该馆的落地柜，以保障施工的临时用电。

同样，临时用水等也要同步考虑，并在过程中与场馆的运营方进行充分的协调，保证施工过程的临时用水用电，这也是保障工程按时开工、过程顺利实施的基本准备工作。

2. 施工计划管理

在会展的改造中，施工计划的整体管理也是保证整个工程进度的重要环节，在施工计划部署初期，施工单位应充分考虑原有建筑结构、机电管线的特点，部署包括从拆除到改建的各个施工工序，使现场的工作合理有序。

在拆除工程中，首先需要对拆除的总流程进行部署，总流程的部署应该考虑到拆除空间的影响，专业之间的影响等因素。如某会展改造工程，其拆除的总体安排如下：首先搭设施工围挡，其次切断机电管线、拆除设备，然后按区域拆除吊顶，接着在吊顶拆除的过程中，跟随拆除吊顶中的管线，而后拆除墙体装饰面层、拆除墙体及幕墙，最后按区域拆除场馆钢结构。

在拆除过程中，除了要对总流程进行部署外，还需要按照专业对拆除的流程进行进一步的细化，以保证拆除工作顺利有序。如在某会展改造的土建拆除中，应遵循"先上后下，先断开后拆除，先墙体后楼板，分段分块拆除，不损伤原有结构"的原则进行，在拆除过程中，应先标记拆除范围，再按照分区分块的设定进行拆除，并做好隔离工作。再如在钢结构的拆除过程中，钢结构拆除应紧随土建拆除，先分块拆除楼层的压型钢板，再分块拆除楼层钢梁，先次梁、后主梁，最后拆除钢柱。

拆除的计划应符合现场的空间、专业、人员和机械配备等的实际情况，并应尽可能将拆除的内容细化到每天的安排，以协调各个专业和机械人工，使得整个拆除工程按计划进度进行，不让拆除过程因专业的原因或拆除部位不明确等原因而耽误工期。

3. 参建单位和运营单位的协调

在大型会展的改造工程中，对参建单位和会场运营单位的协调也是保证工程进度的重要因素。如不停展施工方面的协调，进场施工封闭区域交通路线的规划协调，施工临时堆放区域的协调等。

如某会展改造工程，4月10日起需要对某主会展场馆进行改造拆除工作，但4月

15 日该主会展场馆还有最后一场会展的展示任务，为了使该会展场馆最后一场展示任务如期举行，但同时也尽可能不延误工期，考虑首先在避开展会时间段的基础上，在展会布置前和布置阶段，将不影响展会布置区域的需拆除区域进行封闭隔离，并同步完成该区域的局部拆除工作，如钢楼梯的拆除工作，但不拆除楼梯间隔墙；此外，从 4 月 10 日起对该主会展场馆下部需要反底加强的钢梁进行加固施工作业，同时为了在会展开展期间，不影响反底层会展人流的安排，施工单位协调会展运营方，对反底层的施工区域进行了动态隔离，在保证人流通道的基础上局部限制人行区域范围，分区域进行反底钢梁的加固施工，以保证整个改造工程的拆除和加固施工进度。

同样，在会展局部改造过程中，由于其他场馆处于运营状态，因此，应与运营单位合理规划和协调进入施工封闭区域运输车辆的交通路线，以不影响场馆开展为目的，避免施工车辆经过会展或会展人流过道等区域，同时也要与运营单位进行密切配合，规范施工车辆进出的场馆的时间段，不影响场馆开展期间大客流所带来的周边交通拥堵的状况。

在会展局部改造中，由于施工场地的限制，往往在某些施工阶段需要对一些施工材料进行大批量的现场集中堆放，以满足现场施工安装等的需要，如某会展改造工程的内墙墙体装饰采用工厂定制并需要现场进行组装加工的施工材料，这就需要在施工区域外协调场馆运营单位提供一处条件合适的材料堆放及加工区域，那么该区域除了需要进行封闭外，还需提供相应的临时用水用电的需求，这些需要施工单位提前明确需求，通过建设单位与场馆的运营管理单位进行提前协调，以不耽误改造的工期。

4. 各分包的工序配合管理

除了上述对改造工程工期有影响的风险因素外，改造工程的总承包单位还应协调好各分包单位在施工中相互配合的问题，如拆除和安装工序的相互配合，因图纸变更引起现场返工的分包工序配合等。

如某会展改造工程中，需要先对会展场馆的钢结构主梁进行下部焊接反 T 形板加强，同时在反 T 形板上预留机电管道孔，以备后续机电管道的安装。但当钢结构施工单位完成反 T 形板加强的焊接施工时，设计对机电管道的口径进行了变更，需要加大 T 形板上机电管道的预留孔，这就导致钢结构施工单位需要重新对刚施工完毕的加强钢结构部分进行返工处理，在其返工后，机电施工分包方能进行下一步机电管道的布置施工。因此，在这返工过程中，总包单位应充分协调好施工单位的返工作业中的问题，如返工的材料问题，返工的费用问题，以及返工的机械调度和机电施工单位的作业面调整问题，以防止因作业面返工或停滞造成的安排断档和纠纷。

9.2.4　质量管理

1. 拆除的审核和确认

在大型会展改造工程中，首先往往需要对既有的建筑结构、装饰面进行拆除，而根据《危险性较大的分部分项工程安全管理规定》（住房城乡建设部令第 37 号）和《关于实施〈危险性较大的分部分项工程安全管理规定〉有关问题的通知》（建办质 [2018] 31 号）的规定，拆除工程属于危险性较大的分部分项工程，需要编制专项施工方案并经过专家论证通过方可进行施工。此外，拆除施工需要对原有结构的设计图纸进行熟悉，并与现有图纸进行核对比较，保证拆除工程的正确性。在拆除前还需要在现场对拆除的内容进行确认，包括拆除流程是否与方案一致等，以防止因拆除流程错误而导致的坍塌事故的发生。

2. 材料进场管理

材料的进场管理对于会展改造工程来说也有其特殊性，由于其场地的限制问题，往往改造施工区域与材料的堆场区域不在同一个封闭的区域内，甚至材料的堆放区域由于受到场馆运营管理的要求，分散在不同的区域内，且该区域也会随着场馆运营的管理要求进行局部的动态调整搬迁，这就给材料的进场管理带来了一定的难度，包括材料进行检查验收的及时性往往较难进行保证。

为此，总承包单位在材料的管理上应在各分包管理的基础上进行统筹协调，尽可能合理得设置材料的堆场和对方的要求，并应和现场的监理单位一同建立材料管理的协调机制和联合巡视检查制度，保证信息传达的及时、对称，以确保材料不发生混用和冒用的现象。

3. 新老结构结合部的连接风险

在会展改造工程的质量管理中，由于存在新老结构在部分结合部位施工的内容，因此需要对结合部位的连接质量予以重视，特别是涉及承重结构在新老结合部位的施工，需要首先评估新老结构在受力方面是否存在差异，受力后是否会导致受力不均或变形等问题的产生。

如某会展的改造工程中，需要对会展能源中心的蓄水罐罐体进行外观改建，要外装钢结构装饰框架，为承受钢结构装饰框架的重量，需要将原蓄水罐的基础进行扩大以满足整个基础的承重要求。在实际的工程中，需要先挖开原蓄水罐基础周边区域的覆土，然后浇筑垫层，绑扎新基础的环形钢筋笼进行基础浇筑。但原基础为桩基基础，受力相对稳定，新基础为筏板基础，在受到新建钢结构框架的承载力后，很可能因为新老地基的局部差异沉降而导致整个新建钢结构框架的倾斜，进而影响到蓄水罐罐体的侧向受力安全。因此，在新地基的设计上，除了可以考虑在有条件的情况下设置桩基外，也可以采取在老基础上植筋的设计方式，将新老地基结合为一个相对稳定的整体，以防止因新老地基不均匀沉降所带来的结构承载力风险。在施工的过程中，也应注意在新老地基混凝土结合处，应将原基础的混凝土面凿毛，以提高两个面的结合力。

当然，新老结构结合部的连接问题，需要根据实际的工程情况进行考虑，有的工程连接在一起会相对稳固，有的工程可能分开更为妥当。

4. 机电拆除系统多，工序管理难度大

机电拆除工作涉及的系统众多，包括：暖通系统、给排水系统、强弱电系统、消防系统等。不同的机电系统在拆除过程中具备不同的施工特点，如果不能对拆除过程进行合理策划，不仅会伴随潜在的施工风险，也会影响施工效率。另外，在机电系统拆除过程中，某些区域因其大型设备、末端点位较为集中，拆除过程较为复杂，故定义为"重点拆除区域"；而另外一些区域主要集中布置管线等内容，拆除较为简单，故定义为"一般系统"，拆除施工过程中涉及的"重点拆除区域"和"一般系统"需要进行区别对待。同时，根据各系统的拆除方案，对系统拆除过程中涉及的"准备工作""拆除作业内容""拆除后完善内容"等需要重点区分管理。

以"变电所、强弱电间等各类设备机房拆除"为例，拆除过程包括：

（1）拆除准备工作：

1）确定更替设备的到货时间和阀门的到货时间；

2）确定新旧设备的吊运路线；

3）对于吊运路线和人员进出通道地面进行保护；

4）完全停止该设备涉及的水、电、风系统使用（如切断机房内进出或是区域控制的主切断阀门，并在相关的配电箱标挂上"线路有人工作，禁止合闸"警示标识，严禁非作业人员触碰）。

（2）拆除作业内容：

1）设备、桥架、母线、管线拆除并及时驳运至指定位置；

2）设备配套的配电柜、接驳线路拆除并及时清运；

3）对拆除后不移位的管线进行现场保护措施。

（3）拆除后需完善内容：

1）机房新设备管线安装前，关门落锁，停止进入；

2）及时清运拆除的保温、管道、线管等材料。

5. 现场拆除物资多，分类管理难度大

对于现场拆除的物资，需要根据回收价值来具体衡量需采取的措施，如果不能有效划分不同类别的物资，并对不同类别的物资采取相应的措施，容易造成现场管理的混乱和资源的浪费。因此，在拆除过程前，需要由建设单位、监理单位、施工单位、物业单位等共同商定对现场拆除物资进行分类管理方式。

（1）物资分类措施

以某会展中心的管理模式为例，初步将现场拆除的材料分三类：

一类物资作为可利用的设备，按系统归类并按型号区分编号记账后，再进入指定的仓库，根据需要再制作一些料架有序排放。

二类物资为待业主处理的物资，且该类物资种类数量都比较多，因此必须提供一定量的房间作为不同物资的堆放仓库，施工方在根据需要再制作一些料架有序排放，并交业主进行处理。

三类物资作为废旧物资，基本已无利用价值且数量大，因此堆放在地上一层便于运输的规划堆放地点，堆放地点派专人进行管理，并做好相关记录。

在每个废旧物资堆放仓库内，设置 2 具灭火器，黄砂桶 2 只，仓库内张贴严禁吸烟、违者罚款等警示标志，对仓库大门进行上锁，并派专人进行管理。

在地上一层设置的室外堆放点，设置灭火器、黄砂桶等消防措施，张贴严禁吸烟、违者罚款等警示标志，并用彩条布进行遮盖，晚上及时运出场外处理。

根据物资管理规定，现场物资中：一类、二类物资的拆除为保护性拆除、三类物资的拆除为破坏性拆除（表 9-1）。

需要保护性拆除的设备清单（示例）　　　　　　表 9-1

序号	系统	回收材料名称	备注
1	强电	母线插接箱	
2		照明灯具	
3		楼层指示灯	
4		地面墙面疏散指示灯	
5	弱电	摄像机	
6		挂壁喇叭	
7		号角喇叭	
8		交换机	
9		UPS	含主机、电池
10		广播	含主机、功放

序号	系统	回收材料名称	备注
11	弱电	门禁箱	
12		视频监控	含光端机、编码器、光电转换器
13		安防控制箱	
14		灯控箱	
15	暖通	风阀	
16	管道	水阀	

（2）废旧物资的运输及车辆运输停放点设置

铜、铁、铝等金属物资，拆除后统一堆放于房间内一角，由业主安排专人进行清运。保温材料、塑料管等轻型材料，由施工单位根据业主指定清运路线，统一清运出场。

6. 现有管道设施的保护

在会展工程的改造中，施工单位应做好对会展场馆已有结构、管道、设备设施的保护工作，以避免对会展的正常运营和安全带来影响。如某会展场馆的改造工程，为提高部分改造区域的地基承载力，设计要求采用地下注浆的方式对地基进行加强，但由于注浆方式的影响面在实际操作过程中较大，不容易控制影响范围，也会对既有建筑下部的地下预埋管线产生影响，特别是在运营中的煤气管线等。因此，在采用后注浆对地基进行加固的施工方案中，应特别加强对施工区域既有管线现状的排查，提前做好管线的保护工作，并在施工过程中进行实时监测，保证管线的运营安全。对于确实存在较大风险的施工，应采按照现场实际情况，选择其他的替代性方案。

9.2.5 安全管理

1. 拆除安全管理

在大型会展的改造拆除工程中，主要拆除内容有机电设备线路、墙体、钢结构等。拆除过程应严格遵循拆除方案所制定的拆除流程，并在拆除过程中应特别注意用电、坍塌和防火等安全。

如在拆除时，机电设备一般会先行拆除，而墙体内的线路则往往会与墙体一同进行拆除。因此，在墙体的拆除过程中，应特别注意提前切断所拆除区域的电源，以防止在拆除过程中出现人员触电的安全隐患。此外，在墙体拆除前，应对拆除区域进行合理的划分并进行区域拉线隔离；在拆除时，应将拆除墙体用拆除机械向机械方向内勾，以防止拆除中墙体碎片向外弹射而击伤周边人员，也要避免拆除时整个墙体的整体倒塌。对于较高的墙体，则应进行分段拆除，先拆除上部墙体部分，再自上而下逐步拆除整个墙体，避免墙体坠物对人员的伤害。

在对钢结构构件进行拆除时，除了螺栓连接外，焊接的钢构件需要用气割的方式对钢结构进行割断拆除。在此过程中，首先应将需要拆除的钢构件用绳索进行悬吊固定，以防止连接处割断后钢构件的突然掉落风险；其次，钢结构气割完成后，由于气割处温度非常高，现场应立即用水对气割部位进行降温，以防止气割部位因意外原因灼伤人体或点燃、烫坏周边的施工器材。这里特别要注意的是，不要让气割后的高温部位触碰到气割的送气软管或钢瓶，这很容易引起现场的爆燃或爆炸事故。

2. 有限空间交叉作业管理

大型会展的改造工程往往施工工期紧，改造任务多，但有时又受到已有建筑结构的限制，施工作业空间有限，需要在有限的施工空间内进行交叉作业，多专业多工种进行施工，对现场施工的管理带来很大的难度，也大大增加了现场的安全实施风险。因此，施工总承包必须在项目实施前按照施工现场所涉及的工序、所投入的专业工种和机械设备，对现场施工空间和区域进行合理划分，并在必要的条件下合理规划施工现场的场内布置和交通路线。在施工实施过程中，除了应按照已规划的工序流程和空间区域划分进行施工外，还应加强现场各类指挥和看护等管理工作，避免意外情况的发生。

如某会展改造工程，需要对某主会场进行结构改造，在展会大厅内增加钢结构夹层，但由于工期的限制，会展场馆内需要边进行拆除施工的同时边进行新建钢结构夹层的安装。同时，场馆内还需要同步拆除馆内天花板上的大型机电管道，因此馆内空间非常局促，在同一时间和空间内，场内已有的设备机械有：拆除天花板上的大型机电管道用的9m高移动操作平台6个，协助拆除场馆两边原钢结构的汽车吊2台，新建钢结构吊装用汽车吊2台；此外，由于场地的限制，场内除了需要给拆除钢结构及机电管线预留拆除临时堆放区域外，还需给新建钢结构设置堆放场地，另外钢结构搭建也需占用相当一部分区域。为此总承包单位对馆内拆除区域、搭建区域、堆放区域进行了拉线或用钢格栅进行了区域隔离划分，避免区域间不同作业的相互影响，同时也在馆内规划了吊车和运输装载车辆的交通专用路线，并设专人进行交通疏导，以指挥场内外车辆及时将拆除物运出和将原材料运抵现场堆放。

在新建钢结构框架平台的搭设过程中，由于节点为焊接连接，室内现场需要用到大量的焊接器具及乙炔瓶和其他钢瓶等，在上部钢结构焊接作业时，往往会有大量的焊渣掉落下层，而由于场馆内空间狭小，下部往往会设置有各种钢瓶和连接钢瓶用的气管，焊渣的掉落给钢瓶和气管的安全带来了风险隐患。因此，现场必须指派相关的安全人员在高处进行焊接看护，并指派相关人员对气瓶的位置和气管进行动态调整，以避免因焊渣掉落引起的爆燃事故。

同时，在新建钢结构的搭设过程中，也有局部区域的顶部开始同步吊装大型机电风管，这样，就形成了多辆吊装和辅助安装的车辆在同一施工区域进行集中作业的情形。如在上面的展会改造中，有部分时段，同一区域内密集聚集了三辆汽车吊、两辆登高用剪刀车、一辆直臂登高车和一个移动操作平台，这些机具车辆在同时为钢结构吊装、顶部风管吊装服务，因此，在现场容易发生吊车吊臂与登高车或移动操作平台相碰撞的安全隐患，造成登高车翻到或移动操作平台倒塌的安全事故。因此，现场配备了多名安全监护管理人员在高处用喇叭进行警戒和指挥，避免擦碰事故的发生。

3. 参观人员的安全

在会展改造中，由于某些会展处于不停展改造施工，即会展场馆局部改造，其他场馆照常运营开展，这就需要在施工的安排中考虑施工对场馆不停展的安全影响，其重点是保障参观人流的安全。因此，除了需要对施工区域进行封闭隔离外，还应特别注意施工区域下方展厅或过道的安全，必要时要对施工区域下方的展厅或过道的局部或全部区域进行隔离，以防止上部施工造成的坠落物影响到下部人流的安全。

如某会展改造工程中，三层改造的主会馆需要对其楼面板的钢结构构件进行加固作业，需要进行焊接作业，焊接作业过程中，由于需要凿除楼面板的混凝土结构，致使焊渣会从三楼坠落至下一层楼面的过道长廊。为此，施工的单位除了封闭三楼施工区域外，也对二层长廊的局部区域进行了隔离，并在施工电焊期间，派安全看护人员在二层过道长廊处进行施工看护，以保证人流的出行安全。

当然，除了电焊作业外，上层作业面的洞口作业，也同样需要对下层的影响进行评估，以便采取必要的安全措施。

4. 对现有运营设备的影响

在对会展改造的过程中，除了需要注意改造本身的安全风险外，还应对正在运营的设备进行了解，评估施工是否会对正在运营的设备产生安全影响。如某会展的改造工程中，需要对其能源中心的蓄水罐外立面进行钢结构焊接作业，以增加改造的装饰铝板来提升美观度。但能源中心的蓄水罐罐体保温层为聚氨酯材料，该材料在明火下极易燃烧，虽然聚氨酯保温层外部还有一层钢板保护层作为蓄水罐的外层保护板，但在焊接过程中出现的电火花也可能造成罐体聚氨酯保温层的意外燃烧。为了保证焊接过程的绝对安全，对整个罐体外部钢结构焊接的施工做了方案部署。首先用防火布对整个罐体的外露面进行了全封闭的包裹，以防止焊接焊渣接触罐体；其次，在焊接过程中，通过不断从罐体外部进行喷水来降低罐体温度；此外，施工过程中还协调了消防车在焊接现场待命，以防止不可预测的意外发生，从而保证施工动火作业的万无一失。

当然，前面提到的对地基进行后注浆加固，也需要考虑地下运营管线的安全，特别是煤气管线的安全，这也属于对现有运营设备的影响之一，因此也应做好相应的施工应急预案等工作，如在注浆期间请煤气公司定时对管线的泄漏状况进行监测、评估等。

5. 防火作业安全管理

在改造工程中，室内场馆的防火作业也是安全管理的重点，施工单位应根据现场的情况，设置动火证的管理等级，并巡查管理动火证的开具和实施的对应效果，查看人证、动火防护、看护是否符合要求。

此外，由于改造工作涉及室内及相邻运营的场馆，因此，应特别重视场馆内易燃物品的清理工作，包括运抵现场的可燃外包装，油漆用品的残留物等，定期派专人进行可燃物品的巡查和清理工作，保证现场的防火安全。

第10章
大型会展项目信息及 BIM 管理

10.1 信息管理

信息管理就是人对信息资源和信息活动的管理。信息管理是指在整个管理过程中，人们收集、加工和输入、输出的信息的总称。信息资料的收集要及时，并确保信息资料的真实和完整性。按照相关规定有序地将资料进行规整梳理，做好相应台账以便于翻阅管理。

10.1.1 资质报审

大型会展项目一般会有多家分包单位进场施工。按照要求，施工单位进场前需要进行本单位的资质报审。监理单位依据合同对该施工单位所提供的资质进行详细审查。经审查合格后进行签字确认，方可进场施工。

1. 施工单位企业资质的报审

（1）施工单位的资质报审必须在工程开工前完成。

（2）检查施工单位所提供的企业资质证书是否齐全，其中包括该施工单位的营业执照、资质证书、体系认证书（质量管理体系论证书、安全管理体系论证书、环境管理体系论证书等）。

（3）应对施工单位所报审的企业资质证书有效期进行严格检查，将到期或者即将到期的证书进行标注筛选，及时通知施工单位进行更替。

（4）严格检查施工单位所报审的资质证书等级和注册资本是否满足该项目工程所

需，避免出现超资质承接项目的现象。如某会展项目某施工单位注册资本金为 5000 万元，按照规定可以承接不超过企业注册资本 5 倍的建筑工程（与资质相适应的工程），即能承接项目金额为 25000 万元以内。

2. 施工单位人员资质的审查

（1）检查施工单位所提供的主要人员资质证书是否有效齐全，其中包括企业法人代表证明资料、项目经理国家注册建造师证、相关人员授权委托书等。如有特殊工种的，需要提供特种作业人员相关资质证书。

（2）严格检查施工单位所提供的安全证书，企业法人代表应为 A 证，项目经理至少应为 B 证。

（3）对施工单位所提供的所有相关人员证书有效期进行严格检查，将到期或即将到期的证书进行标注筛选，及时通知施工单位进行更替。

3. 施工单位资质的收集归档

将有问题的单位资质进行更替，汇总项目所有的分包单位资质报审资料，进行系统整理收集。同时，将收集整理好的单位资质资料按专业分类后做好台账，以便于后期查找翻阅，如表 10-1 所示。

总、分包单位资格一览表　　　　　　　　　　　　　表 10-1

工程名称：×× 项目

序号	施工单位名称	分包专业/项目/部位	资质等级与承包范围	营业执照/注册资金	安全生产许可证编号/有效期	安全生产管理协议	项目经理		项目技术负责人姓名与职称	进、退场日期	合同金额
							姓名与建造师证书编号	安全生产考核合格证/有效期			
1			地基基础工程专业承包壹级消防设施工程专业承包壹级……	营业执照：注册资本：有效期：	编号：有效期：	有/无	姓名：编号：	编号：有效期：	姓名：职称：	进场：退场：	×　×万元人民币
2											

10.1.2　过程资料

大型会展项目施工面广、专业分类多、进场材料种类和数量庞大，做好施工过程中各类信息收集和整理尤为重要。过程中要做好各类材料进场和施工报验的资料台账，以便于翻阅检查。

1. 材料台账

大型会展项目全面开工时，一般会有多家施工单位同时进场施工。大量进场材料的检查和管理对于现场人员来说是一项繁重的任务。针对现场材料的管理应安排专人负责并做好相关材料的台账。

（1）材料进场经专人验收合格后，收集相关资料并对应材料进场日期做好记录。

（2）现场各区域的材料应分种类进行记录，需要复试的材料单独记录。

（3）材料台账记录时，要做好材料名称、规格、生产单位、进场日期、进场数量等信息的录入，同时要严格检查材料所对应的资料是否合格，材料厂家的相关文件是否齐全。

（4）需要进行复试的材料台账，需录入该材料的进场复试检测日期以及检验报告编号，并核对该材料复试检测是否合格（如表 10-2 所示）。

建设工程材料监督台账 表 10-2

材料类别：二次结构 - 加气块

报审编号	材料名称	规格品种	生产单位	进货日期	使用部位	验收数量	许可证、备案证明（证号）	外观质量状况	质量检测			监理签名	备注
									检验日期	检验报告编号	检测结果		
1	蒸压加气混凝土砌块			2018.3.8	砌体	10000 块		合格	2018.3.13		合格		
	蒸压加气混凝土砌块			2018.3.8	砌体	10000 块		合格	2018.3.13		合格		
2	蒸压加气混凝土砌块			2018.3.20	砌体	10000 块		合格	2018.3.29		合格		
3													

2. 资料管理

项目施工过程中会产生大量的资料，不同专业资料应分类存放，定期进行梳理，以便于查阅、借阅、管理。过期的资料要及时废止更新，避免出现信息重叠模糊。

（1）会展类项目专业分类较多，资料整理任务量较大，建议将项目划分区块，分别由不同的专职资料人员进行管理。

（2）过程资料的整理应要求各专业现场人员配合完成，以确保资料信息的完整性和真实性。

（3）经各方签字确认无误的资料按照不同专业存放并编制资料台账。台账上可记录施工资料的部位、资料签字确认日期等信息。

（4）现场所产生的所有重要的书面性资料信息，经各相关专业人员确认后，都应妥善保存，并做好相应的台账。

3. 图纸及变更管理

会展项目体量庞大，专业分类多，施工过程中可能会产生大量的过程版图纸或变更，对图纸及设计变更的管理也极为重要。

（1）纸质版变更图纸往往因各种原因下发不及时，为避免耽误工期，施工过程中一般采取电子版图纸先行的方式。但是电子版图纸的发放口径、图纸有效性等有待商榷。为解决此问题，某会展项目采取了基于 BIM 技术的协筑平台进行电子版图纸管理，并做以下约定：①电子版图纸的唯一发放口径为业主设计部（各施工单位从其他途径获得的电子版图纸均为无效，不作为结算依据）。②业主设计部经协筑平台发放的图纸，各方收到短信提醒并予以确认后，默认图纸已收到且无异议，施工单位按图施工，监理单位按图验收。③电子版图纸发放并经各方确认后，将在固定期限内补齐纸质版蓝图，最终结算以蓝图为准。

（2）建议各单位将收到的设计变更按照专业和编号进行整理并做好台账记录，备注变更区域、变更日期及主要变更内容，以便于后期查找。

4. 过程声像信息管理

工程项目声像档案以其特殊的载体形式，保留下了整个工程各个重要施工节点的历史瞬间，弥补了以往传统的纸质文字档案存在的不足。当前工程建设项目声像档案管理的重要性及其在项目档案管理中有不可替代的地位。针对工程项目的声像管理给出以下建议：

（1）反映工程建设前、建设中、竣工后工程情况的声像资料。

（2）反映工程建设期间，上级领导、建设单位、施工单位主要负责人，以及专家、学者视察、检查、研究工作等重要活动内容的声像资料。

（3）反映在工程重要阶段、重要环节、重大技术改造和技术引进的声像资料，其中包括现场原貌、基础工程、施工过程中关键工序、重要部位隐蔽工程、重要设备安装、新结构、新技术、新工艺、新材料等施工方法、开工仪式、竣工仪式以及竣工后的工程全貌。

（4）反映工程中的重要活动、重大事件或重大工程事故形成的声像资料。

（5）其他与工程有关的并有保存价值的声像资料。

10.1.3 归档资料

大型会展项目后期的资料归档工作极其繁重，要向档案馆、建设单位、物业单位以及监理单位等提交归档资料。在项目施工过程中应针对归档资料做一些提前的准备工作：

（1）提前了解应向哪些单位提交归档资料，归档的范围和份数要求等。

（2）施工过程中建议准备一份已签字但不盖章的资料，以便后期归档资料时进行复印，避免因人员调动导致的签字困难。

（3）项目前期资料如规划许可证、审图合格证、施工许可证等可提前准备，并做好扫描件保存。

10.1.4 创奖资料

工程创奖，不仅需要依靠优质的质量、创新的技术及美观的造型，对工程资料的收集是否完善、整理是否得当、资料是否合格（包括各类资料的签字验收、审核）等要求也是非常严格的。

1. 工程资料收集与整理

（1）原材料采购资料整理方面，应当由材料供应商提供采购清单及原件，以便资料收集员及时将此原件归档入工程的档案资料之中，若提供抄件的应要求供应商在抄件上加盖印章，注明所供数量，供货日期、原件在何处，抄件人应签字。所用的材料应该在原件及抄件上注明实际用途，以便日后追溯。工程现已广泛应用着计算机进行施工检测，其中通过计算机来完成检测数据的采集、存储、数据处理、报表编制和整理工程资料的，应注意检查试验报告等资料的责任人签名，必须是亲笔签字，姓名不可采用计算机打印，否则将就失去追溯性。

（2）监理资料方面，监理规划、实施细则、监理月报、会议纪要、评估报告、工作总结、监理日记、监理通知单及联系单等应全面、闭合，与施工方记录内容一致，没有矛盾。

2. 工程资料收集注意事项及建议

（1）做好分包资料的交底至关重要，包括资料的编制要求、应用的资料软件、移交日期等，让分包人员一次性把资料整理合格。总包也可对分包资料员进行培训，定期查看分包资料的整理情况和资料质量，把资料问题消灭在萌芽之中。

（2）严格把关工程资料的数据的真实性和规范性，要求真实地反映检验和试验的数据，检验或试验报告（记录）不应抄录规范的技术参数。

（3）施工试验报告单与施工记录中相关内容应齐全、数据应准确，要有可追溯性，要求有结论的应有明确的结论性意见。

（4）工程资料应使用原件，当使用复印件时，应加盖公章，注明复印日期和原件存放位置，并有经手人签字。

（5）资料员要注意资料保护，避免尘土污染、资料丢失和毁损。对已经污染的资料封面和资料目录要进行更换。资料员在施工过程中收集各种资料要严格把关，对不合格资料和有缺陷资料可以拒收，或让相关人员完善后再收集。

10.2　BIM 管理

10.2.1　BIM 管理概述

1. BIM 概述

BIM（Building Information Modeling）是以建筑工程项目的各项相关信息数据作为模型的基础，进行建筑模型的建立，通过数字信息仿真模拟建筑物所具有的真实信息。它具有可视化、协调性、模拟性、优化性和可出图性五大特点。在大型会展项目建设工程中，BIM 技术的应用使工程技术人员能够对各种建筑信息作出正确理解和高效应对，在提高生产效率、节约成本和缩短工期方面发挥重要作用。

2. BIM 管理重难点

（1）建设规模大，功能多元化，设计和施工难度大

当今社会会展活动频繁，展出规模在急剧增长，对现代化、多样化的服务配套功能设施依赖性也越来越强，在这些发展趋势的影响下，当代会展建筑发展总体建筑面积不断增大，相应占地面积也极具增长，会展建筑需为展商和观众提供会议、餐饮、休闲、娱乐一站式服务，是集展览、会议、酒店、商业、办公等功能于一体的项目综合体。同时会展建筑一般都作为所在区域内的地标性建筑，造型奇特、设计较为复杂，这些工程在进行过程中的图纸问题常常不能及时被发现，容易造成返工，导致成本和工期的增加。因此应用 BIM 技术参与建设工程设计阶段，提前查漏补缺，是 BIM 管理的一大重要任务。

（2）建设目标高，质量控制要求严

会展建筑一般是所在区域的重大项目，承担着商务会展的新地标建筑，项目定位层次高，质量目标要求高，建设目标一般以获得国家级奖项为目标。

此外，会展项目的工程质量细节控制要点与难点特别多，以某会展为例，其质量建设难点涉及空间造型定位测量、超长超大地下结构施工混凝土防渗漏细部处理、大体量的钢结构工厂制作、大跨度钢结构屋架制作吊装、金属屋面节点安装及防渗漏细部处理、展厅超大地坪裂缝沉降控制、装饰装修细部节点施工、机电设备内各种元器件定型、大型风管制安质量控制等多种质量控制风险。

（3）施工风险高，动态管控难度大

会展工程规模庞大，结构施工工程量大、技术复杂，露天、高空作业多；平行流水、立体交叉作业多；施工人员、设备众多，高风险的重大危险源尤其多。在施工高峰期，土建施工、钢结构吊装、幕墙施工等交叉施工作业多，大型机械、设备使用互相影响，互相制约，协调管理难度大，安全风险点多面广，施工安全风险因素众多，安全风险高。

（4）项目工期紧，BIM 模型制作易滞后

会展工程项目的工期都比较紧张，在短时间的工期内如何完成项目的建造并交付运营，对项目的任何一个参建单位都是一个巨大的挑战。在施工阶段，若 BIM 管理工作不到位，很可能造成施工模型深化、施工方案模拟、进度模拟等工作迟缓，施工单位的模型搭建进度控制不力，分阶段交付时间提前量不够或只能勉强跟着现场进度，甚至滞后于施工进度，无法真正起到指导现场施工的作用。

（5）涉及专业多，界面复杂，协同配合难度高

随着 BIM 技术的蓬勃发展，建设工程项目中的 BIM 技术应用已经由简单的阶段内点式应用发展为跨阶段、多参与方的协同应用，对于模型的信息要求和信息交互的方式有了更高的要求。

会展项目不但施工面积大，而且涉及专业分包众多，单体内部不同专业、单体与单体间、不同标段间都不可避免地存在相互影响、相互矛盾、相互碰撞的区域。这许多不同的参建方要在有限的场地内开展大量工作，管理繁杂，涉及到多专业穿插施工，交叉作业面多，施工组织难度大，各参与方之间的信息传递和流通困难，难以实现整个项目的集成管理，对项目的工程管理目标实现不利。

另外，由于 BIM 的具体工作是由各参建方自己完成，虽然有统一的标准和要求，但由于各参建方 BIM 水平参差不齐，同时并没有对项目整体有明确认识。在 BIM 工作中并不会考虑其他参建单位的想法，这就造成 BIM 管理难度加大，多方 BIM 的模型、成果、信息统一协调管理和运用难度高。且各参建单位对协同平台缺乏认识，对模型共享、数据同步重视不够，导致平台比选工作迟迟不能启动，各参建方在施工过程中

无法实现模型共享，数据维护、修改不能在各参建方之间同步共享、协同办公。没有彻底打通各个参与方之间的信息交流环节，造成多专业数据协调与整合问题。

（6）BIM 应用动力不足且易与施工脱节

当前 BIM 技术在国内广泛应用，但其应用深度远远不足，大量 BIM 应用范围仅局限于管线碰撞、进度模拟和成本造价分析，同质化现象严重。BIM 应用的可能性和持续性受建设单位对 BIM 采用和支持力度的直接影响。在会展项目 BIM 管理过程中，如果建设单位对 BIM 技术的核心理念和 BIM 应用价值认识不足，缺乏对于 BIM 工作的支持力度，那各参建单位都会缺少 BIM 应用内部动力，对数据共享持消极态度，现场管理人员也会对 BIM 技术多存在抵触情绪，使得 BIM 管理协调难度增大。

同样，如果各参建方的组织机构不合理，BIM 管理人员与现场管理人员两套班子，施工单位的 BIM 实施方案与专项施工方案分头编制，实施过程中的 BIM 管理专题会议与工地例会分头召开，那就会造成模型搭建与现场施工脱节，BIM 工作未落地。

（7）BIM 规范不完善导致 BIM 应用推进困难

为了推广 BIM 技术在全国范围内的应用，住房城乡建设部于 2016 年 8 月 23 日、2016 年 12 月 2 日、2017 年 5 月 4 日、2017 年 10 月 25 日分别发布了《2016～2020 年建筑业信息化发展纲要》《建筑信息模型应用统一标准》GB/T 51212—2016、《建筑信息模型施工应用标准》GB/T 51235—2017、《建筑信息模型分类和编码标准》GB/T 51269—2017，各省市也陆续发布了关于 BIM 技术推广应用工作的通知等。但是细看以上文稿，大多是从宏观层面上的要求，而关于怎样使用 BIM 技术、如何拓宽 BIM 技术使用途径、加深 BIM 使用深度、完善 BIM 使用功能等，并没有详细地说明。

在大型会展项目中，由于国家缺乏有效的机制鼓励业主单位多使用 BIM 技术进行协同设计，间接导致设计单位对于采用 BIM 技术进行设计的利益驱动力不足。另外，现阶段尚缺乏对于 BIM 管理服务取费标准的相应政策及法规，导致 BIM 技术的主要实施方施工单位向建设方提出相关费用的要求时，往往会被拒绝。对施工方来讲，没有名誉和利益的驱使，在项目上推广应用 BIM 技术也只能是走走形式，做做宣传，而无法切实为项目服务，保证 BIM 应用点落地。BIM 规范不完善导致了 BIM 应用推进困难，使得 BIM 应用仍是形式大于实质。

（8）软硬件成本大，数据交互性查

会展项目在引入 BIM 过程中，前期需要投入较多，主要体现在：1）BIM 相关硬件，承载 BIM 技术的一系列软件对电脑配置的要求较高，尤其是涉及材质渲染和动画制作时,需要高配置的工作站才能满足需求,在施工现场管理中还需要购置平板电脑等,对企业来讲都是一笔不菲的费用。2）BIM 相关软件,BIM 软件主要包含专业类软件（如 Revit、Bentley、Naviswork、广联达等）和平台类软件（Project Wise 等）,其正版软件价格不菲。3）人员聘用或教育花费,BIM 技术刚刚发展起来,BIM 工程师炙手可热,很多公司选择内部培训,但培训费用也很高。

随着工程项目建设规模的不断扩大,BIM 应用也在不断拓深、拓宽,大量的 BIM 信息数据集成于 BIM 数据库,导致 BIM 对硬件的 CPU、内存的要求越来越高,每次软件版本更新和功能增加都会迫使硬件成本不断增加,导致 BIM 设备费用无止境增加,成为企业推广 BIM、项目应用 BIM 的严重顾虑。

另外,BIM 技术的应用需要多个软件共同协作完成,然而当前不同用途软件之间信息模型整合交互复杂,数据接口不完善,缺少统一的交互标准,不能保证 BIM 信息从一个软件导入到另一个软件时数据完整无误,在操作过程中经常发生模型属性改变和数据丢失的情况,这就对各专业软件的选择及模型交互标准提出了更高的要求。

（9）BIM 人才缺乏导致 BIM 工作配合不足

一些会展项目虽然在招投标期间已明确要求各单位配备 BIM 团队及人员,但各单位进场后发现,其 BIM 工作人员的软件操作水平和模型操作水平参差不齐,知识能力结构不合适,BIM 人员明显跟不上项目进度,直接影响了 BIM 应用效果。尤其是一些小专业,比如电梯、弱电智能化、室外工程等,甚至公司层面都没有自己的 BIM 团队,为完成本项目 BIM 任务只能外包给专业 BIM 单位。这种方式带来的问题是 BIM 工作配合力度大大降低,甚至自己单位的施工管理人员和 BIM 团队人员之间都无法有效沟通交流,导致 BIM 管理与现场管理严重脱节,仅是为了完成 BIM 任务而做 BIM,管理两层皮的现象尤为严重。

（10）BIM 应用可能增加责任纠纷风险

传统的建设模式中各参与方的责任划分已经较为明确,采用 BIM 模式后,原有的合作模式发生改变,责任分配存在新问题,主要表现在 BIM 模型构建责任分配不清、BIM 各个专业参与方责任分配不清、BIM 纠纷解决方案缺乏等,给 BIM 应用造成很大潜在风险。在一个应用 BIM 技术的建设工程项目中,若模型数据在输入、更改和分享中出现错误,造成设计失误及施工失误,产生经济损失,相关合同或法规却没有明确是谁的责任,这将使得各方产生纠纷,同样的风险也可能会存在于总包与分包单位之间。

10.2.2　BIM 管理措施

尽管 BIM 工作的推广与发展仍面临着重重考验，但就总体发展趋势而言，BIM 技术的应用在我国正在由起步阶段向快速发展阶段迈进，工程行业的许多建设单位都已经在 BIM 技术的应用上有了或多或少的实践和思考。下文将结合某会展项目的实际 BIM 管理案例，为大型会展 BIM 管理措施方面提出几点建议，希望能够起到一定的借鉴意义。

1.尽早启动，专业介入

除了部分 BIM 应用启动得比较早、且已有项目实施经验的房产公司，目前大部分建设单位，尤其是像会展这样的公建项目临时组建的筹建部门，尚缺乏对 BIM 的深入理解，容易产生对 BIM 工作盲目乐观、期望值过高、困难预估不足、实施经验不足、纠偏不到位等问题。建议委托熟悉项目管理流程及特点、BIM 管理经验成熟、业绩类型丰富的咨询服务企业，采用 BIM 咨询服务、BIM 技术服务、BIM 监理等形式介入现场的 B1M 应用工作。一般 BIM 理念介入越早，BIM 工作启动得越及时，BIM 与项目的整合就越科学，后期应用的效果越显著。

2.准确定位

会展项目 BIM 管理工作的开展首先要根据项目实际情况，对 BIM 有相对明确的定位，不同的定位决定了不同的 BIM 应用点分析解构，也决定了后续的软硬件投入、专业人员配置、资金投入等。首先，应深入调研和征询各类参与方的 BIM 应用经验及协同工作习惯，在此基础上编制项目级 BIM 实施标准规范。该规范应涵盖 BIM 应用目标及原则、BIM 应用重点、BIM 工作组织架构及管理流程、建模精度标准和模型拆分标准、文件命名和存储标准、BIM 工作交付标准、BIM 应用软件标准等。其不但约束所有 BIM 服务商按项目建设要求应用 BIM，而且保证建设过程中交付的 BIM 成果能够高质量的服务于各阶段的应用需求（图 10-1）。

（1）做好前期策划，确定 BIM 应用重点

会展类项目一般建设规模大，工期紧，需在规定时间节点达到可供展览使用的要求，因此在工程建设前期，应做好前期策划，根据项目的重点难点，综合考虑各项限制条件，提出合理的 BIM 应用目标，以目标指引各种 BIM 活动。同时应充分考虑项目需求，BIM 技术上不能盲目追求模型的精细化及应用的广泛化，而应侧重于施工重点难点的分析模拟、现场安全风险的识别与管控等，以真正实现 BIM 的价值落地（表 10-3）。

BIM 应用：技术文件

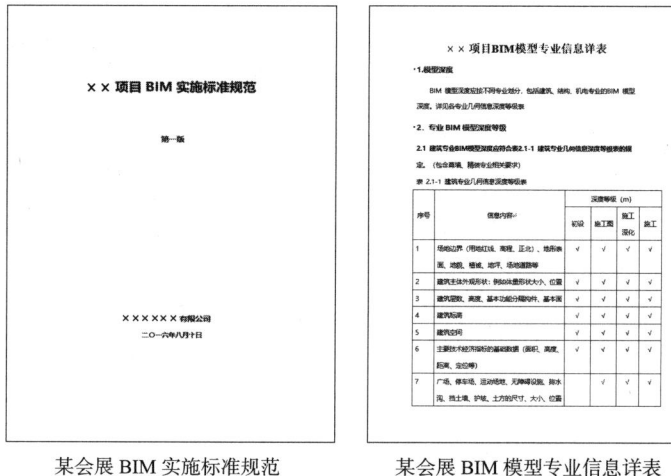

某会展 BIM 实施标准规范　　　　某会展 BIM 模型专业信息详表

图 10-1　某会展项目 BIM 前期策划技术文件

某会展项目各阶段 BIM 应用重点　　　　　　　　　　　　表 10-3

序号	项目阶段	本阶段 BIM 应用重点
1	前期策划阶段	1）制定项目级 BIM 实施标准规范 2）制定 BIM 实施工作手册 3）建立项目级 BIM 族库 4）总包招标文件的编制
2	方案阶段	1）建立 BIM 模型 2）建筑方案讨论、方案对比 3）三维可视化分析 4）人流仿真分析模拟 5）人员紧急疏散模拟
3	初步设计阶段	1）建立 BIM 模型 2）建立场地模型 3）碰撞检查 4）管线综合 5）净空分析 6）漫游视频
4	施工图设计阶段	1）建立 BIM 模型 2）建立场地模型 3）室外管线表达 4）碰撞检查 5）管线综合 6）提供复杂节点部位的平面图、剖面图、3D 透视图 7）净空分析 8）工程量统计 9）整合全专业模型 10）漫游视频

序号	项目阶段	本阶段 BIM 应用重点
5	施工阶段	1）培训各参建方 BIM 应用技术 2）配合施工监理实施 BIM 监理 3）指导、审核各方制定 BIM 实施方案 4）审核各参建方各阶段 BIM 成果 5）审核验收总包方最终竣工模型 6）驻场 BIM 工程师提供现场 BIM 应用指导及模型维护

（2）明确 BIM 组织架构及协同工作流程

以某会展项目为例，其 BIM 团队由建设单位、监理单位、顾问单位、总承包单位及各分包单位 BIM 成员组成。BIM 组织架构及协同工作流程如图 10-2、图 10-3 所示。

会展项目涉及参建方众多，BIM 协同工作难度大，按照"全员全专业全过程"的 BIM 应用要求，只有建立起清晰的组织架构，明确各参建方的 BIM 管理职责，各 BIM 工作参与方严格按照制定好的协同工作流程参与 BIM 管理与实施，在完成自身的 BIM 工作的同时与其他 BIM 工作相关方进行积极协作，才能共同推进 BIM 工作的顺利开展。

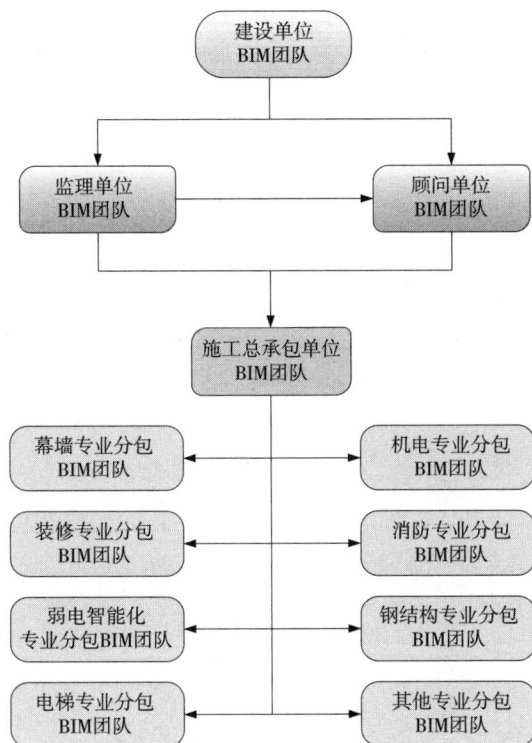

图 10-2　BIM 团队组织架构图

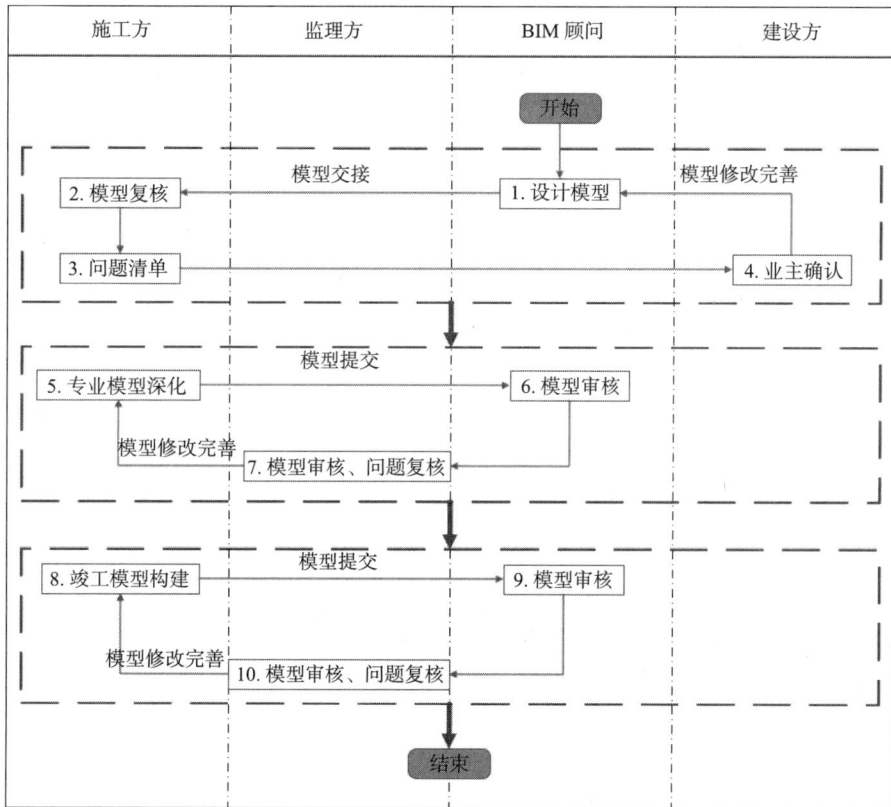

图 10-3　BIM 协同工作流程图

（3）专人负责 BIM 管理，合同约定 BIM 应用

在国内 BIM 应用尚未成熟的大环境下，BIM 管理工作仍然处于无规可依、无法可循、无人监管的"三无"状态。大型会展项目若想在各参建方中推广 BIM 应用，需明确建设方 BIM 负责人，并要求各单位安排专职 BIM 管理人员，共同组成项目 BIM 团队，一起推动 BIM 应用。另外，对施工单位来讲，完成基本的 BIM 建模、碰撞检查工作是必需的，但是额外的 BIM 应用并非其本职工作，可能只是锦上添花，往往施工单位并不愿意投入人力、物力，加之当前 BIM 的应用仍处于发展过程中，国内标准 BIM 合同示范文本并不完善，绝大多数的国内行业管理部门都还没有将其纳入管理范围，使得工程建设领域的相关参与各方都没有可以遵循的行为规范，也就没有法定的约束作用。因此建设方在拟定合同前，需充分调研并考虑项目需求，在合同中明确各参建方的 BIM 应用职责。利用合同条款规范和约束工程建设领域的各方行为和工作质量，有效应对在 BIM 项目应用中产生的实际问题，充分发挥 BIM 技术的优势为工程建设的管理目标服务。

3. 保证投入

BIM 应用有了明确定位后，对项目的投入也就有了相对明确的预算。BIM 的投入包括了硬件（包括网络服务器、工作站等）、软件（包括建模软件、运行平台、运维软件等）、BIM 管理及技术人员配备等方面。根据 BIM 建设内容和管理深度不同，各方面的投入都会有所变化，并不能一概而论。如除了基础的 Revit 建模之外，需要采用 Navisworks 运行碰撞检查；室内精装修方案演示需要 SketchUp、Lumion 等软件进行虚拟漫游，才能看到较好的演示效果；异形建筑的幕墙深化适合采用 Rhino，钢结构深化设计则需 Tekla 等；仅软件的选用就有很大的差距，B1M 技术人员的专业、数量、资质、技能也相应会有不同的要求。而国内较多选用的 BIM360、鲁班、广联达、斯维尔等协同平台也有不同的功能及合作方式，直接关系到 BIM 应用的成本投入。会展项目的 BIM 管理应在建设初期确保建设单位对费用投入的问题上有充分的预估，以保障后续工作的顺利开展。

4. 明确责任界定

会展项目在项目招投标阶段，应结合招标文件编制、询标答疑、合同签订等环节，充分与设计、总包、分包沟通既定的 B1M 实施目标，明确实施过程中的各方责权，保证 BIM 应用贯穿建设全周期。特别应事先约定的是各参建单位之间 BIM 工作的衔接、合同内容的界面、奖惩措施等方面的内容，以避免出现 BIM 工作责任不清、模型迟迟不能顺利移交、因没有统一标准导致的重复建模、BIM 里程碑节点滞缓，无法满足实施要求等情况的发生。

在施工过程中，因会展项目涉及专业广、参建单位众多、交叉作业多，利用 BIM 技术建立界面划分模型，可以直观、准确地反映工作面划分情况，有利于查找遗漏区域，保证各施工界面都有责任单位（图 10-4、图 10-5）。

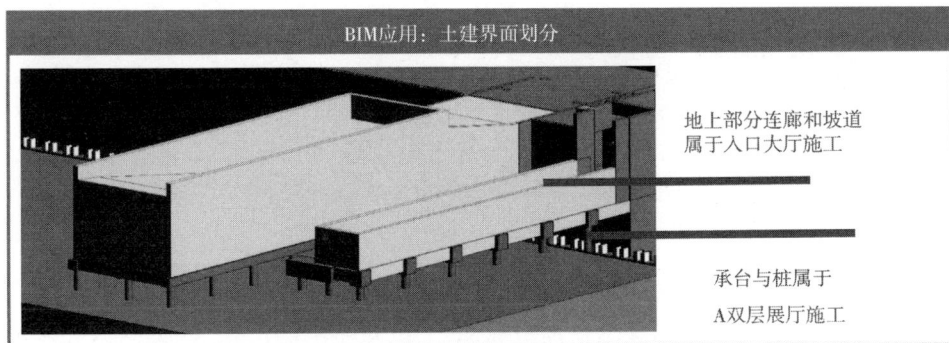

图 10-4　某会展项目土建界面划分

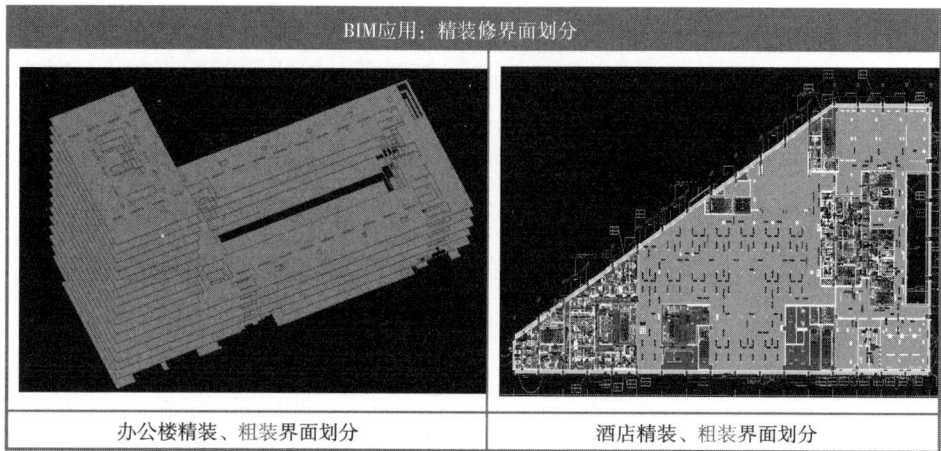

图 10-5　某会展项目办公楼粗、精装界面划分

5. 过程管控

大型会展的 BIM 实施目标一般都定位在全过程实施，且一般情况下为多方建模，BIM 模型使用方可能包括了建设单位、设计单位、施工单位、监理单位等。为保证各方模型能顺利衔接并实时共享，实施过程中应注意以下方面。

（1）统一各相关方建模软件

目前 BIM 软件繁多，特色各异，各软件数据兼容性差，导致 BIM 数据不能在BIM 参与各方之间无损传递，影响 BIM 的应用效率。不同专业采用的 BIM 软件不一样，相互之间有可能存在兼容性较差甚至不兼容问题，因此在建模软件选用时需慎重，根据项目应用 BIM 技术的程度及各参建方的 BIM 需求择优选择最适当的软件。

BIM 应用它不是一个软件或一类软件的事，而是涉及不同专业不同类别的多种软件，BIM 软件的孤立使用并不是真正的 BIM 应用，只有全生命周期的协同应用才是BIM 的价值所在。BIM 软件的协同是 BIM 协同应用的关键。

理论上 BIM 软件可以通过 IFC 进行信息传递和协同，但研究表明 IFC 在 BIM 软件中导入导出过程中会出现信息缺失、错误等问题，影响 BIM 软件的协同应用。目前，BIM 软件协作流程不明确，对软件及软件的协作性能及软件质量缺乏客观评价，BIM软件选择较盲目，容易导致软件使用过程中协作不畅，造成信息损失，并且导致软件应用成本和效果等难以控制。

上述问题阻碍了 BIM 技术的推广，严重制约了建筑行业生产率水平的提高。如何有针对性地选择合适的软件，既满足项目需要，又能尽量节约成本是用户最关心的问题。现就某会展项目 BIM 软件选用及应用过程中遇到的问题，提出以下几点建议：

1）土建、安装、精装修及弱电智能化专业建模软件一般选择 Autodesk Revit 系列，不过为实现建模的快速高效，可选择安装若干建模小插件，比如橄榄山快模、AGI 模盒、构件坞等，可实现快速翻模、批量处理等功能，部分插件中还有大量的构件和族库供用户选择使用。

2）Tekla Structures 是钢结构详图设计软件，也是国内最常用的钢构建模软件，输出的 IFC 格式文件可链接至 Revit 中，但是链接的文件不能被 Revit 识别和操作，并且特别容易卡顿；若仅为查看效果，可以选择 Navisworks 来实现轻量化操作，当然也会存在一些问题，比如 Revit 中一些颜色和系统的丢失，Tekla 中钢构件的部分信息不显示等。

3）常规造型的幕墙模型构建一般会采用 Revit 软件，但复杂曲面造型的幕墙须选用 Rhino 专业化建模软件，Rhino 导出 .sat 文件可作为一个体量对象导入到 Revit 中。

4）常规市政或园林公司做景观绿化工程一般用 SketchUp 来建模渲染，附挂于 Autodesk Revit 下专为景观从业者开发的 BIM 软件（如 Landcadd、Sitework 等）鲜为人知，其推广应用程度远远不足，BIM 在景观绿化工程中的应用也仅仅是秀而不实、浅尝辄止。若项目无强制性景观 BIM 应用需求，建议不予建模。

5）视频漫游、施工模拟制作的软件选择相当广泛，如 Navisworks、Lumion、Synchro 等（表 10-4）。

不同专业的 BIM 软件选用　　　　　　　　表 10-4

专业	应用软件	备注
土建、安装、精装修及弱电智能化	Revit	橄榄山快模、AGI 模盒、构件坞等插件，可实现快速翻模、批量处理等功能
钢结构	Tekla、Naviswork	Tekla 输出的 IFC 格式文件可链接至 Revit 中，但是链接的文件不能被 Revit 识别和操作
幕墙	Revit、Rhino	复杂曲面造型须选用 Rhino 专业化建模软件，导出的 .sat 文件可作为体量对象导入 Revit 中
市政、园林绿化	SketchUp	附挂于 Autodesk Revit 下专为景观从业者开发的 BIM 软件（如 Landcadd、Sitework 等），推广应用程度不足
漫游、施工模拟	Navisworks、Lumion、Synchro	——

（2）强调总承包责任，明确各方工作界面

会展类项目专业类型多，如土建结构、钢结构、金属屋面工程、幕墙、机电、消防、装饰装修等诸多专业，在施工的高峰阶段，至少有数十家专业队伍、分包单位同时参与工程建设，交叉作业繁多，因此需特别强调总承包责任，明确各参建方的 BIM

工作界面，尤其明确各专业交叉位置的模型检查及修改责任单位，否则极易产生扯皮现象（表10-5）。

各专业常见界面问题及建议

表10-5

序号	专业1	专业2	常见界面问题（部分）	建议
1	机电安装	弱电智能化	1）弱电桥架无布置空间； 2）专业间的碰撞检查及修改	机电安装一般在总包工作范围内，建议总包发挥总承包管理精神，在机电建模时提前考虑并预留弱电桥架空间，加强专业间的碰撞检查
2	机电安装	精装修	1）机电管综净高不符合精装修吊顶标高要求； 2）机电主干管与入户支管的连接及净高统一； 3）精装修天花点位布置	1）建议建设方要求精装修单位提前进场，并提供给总包机电净高控制要求； 2）建议精装单位在链接总包机电模型的基础上进行支管布置，以保证管线连接并统一一标高；精装模型应提交至总包进行链接检查； 3）天花点位应由精装修单位提供，总包机电在此基础上深化其工作范围内的喷淋等布置
3	机电安装	钢结构	机电管线与钢结构的碰撞及调整	建议由总包单位统一协调，并安排机电安装与钢结构的碰撞检查，由总包单位负责碰撞管线的调整
4	土建	电梯	电梯模型与土建模型的碰撞检查	建议由电梯单位负责碰撞检查，一般发生碰撞问题是因为建筑图和电梯详图不一致，或土建建模错误，如未预留电梯门洞等；问题报告提交总包后，由总包单位负责核查和修改
5	土建	幕墙	1）结构模型与图纸有偏差，导致幕墙预埋件与结构碰撞甚至悬空； 2）幕墙铝板等与结构碰撞	建议幕墙单位负责碰撞检查，问题报告交由责任人整改

（3）合理选择信息平台，提高信息处理效率

选择满足各参建方需求的信息平台是保证信息无障碍传递、得到高效处理的基础。会展项目在进行平台选择时应充分考虑协同平台满足模型的兼容性、轻量化、可维护等需求，并综合考虑性价比，不一味追求性能齐全，而应根据项目特点，选择适合在建项目定位、特点的协同平台。如果工期、投资允许，也可结合项目BIM应用具体需求，采用定制开发的形式，这将对管理单位在BIM定位、需求梳理、权限管理等方面提出更高的要求，并应安排具备一定的软件开发管理经验的人员介入现场管理。信息平台除了具备模型上传和文件存储的功能外，更应重点开发信息的传递和处理功能，应简单便捷并符合各参建单位管理人员的使用习惯。

确定了BIM协同工作平台后，应及时搭建BIM模型协同平台协同工作架构，明确各参建方的平台使用权限，明确各方模型维护工作内容，组织各方三维交底，实时进行工程变更内容及时更新维护，录入相关材料、施工、调试、验收等信息数据，并

保证数据真实准确，能在各参建方间有效传递。

以某会展项目为例，其采用的是广联达 BIM 协筑平台，各单位通过平台进行信息的传递与互通。平台上对会议纪要、设计变更等文件的下发设置了固定流程及抄送人，相关人员会收到文件下发的短信，以及时查看文件信息并作出处理措施。协筑平台的应用大大提高了文件流转和处理的效率，实现了信息的有效传递和互通，切实保证了各参建方的信息对称，可以及时准确地发布、传达和接收指令，减少沟通成本，提高沟通效率，实现项目精细化管理，成就项目与各参建方的共赢（图 10-6）。

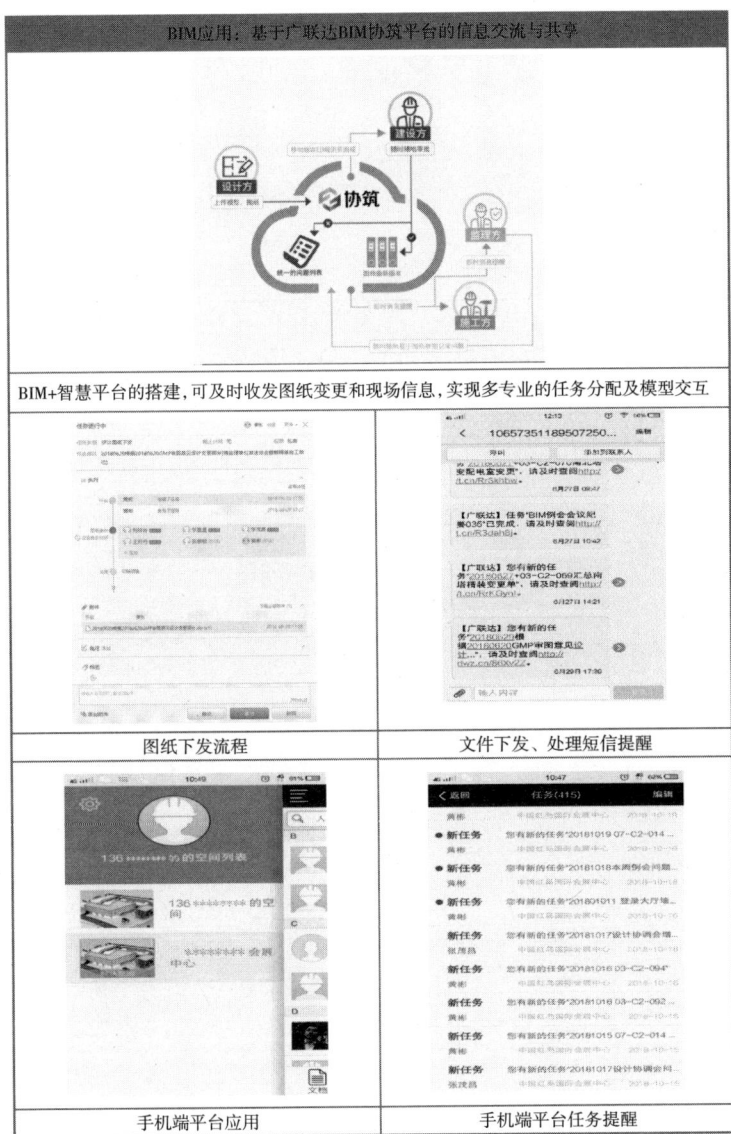

图 10-6　某会展项目广联达 BIM 协筑平台的应用

（4）制定 BIM 应用进度计划

会展项目体量大，在模型搭建过程中应合理进行模型拆分，分区域、分专业分配建模任务，并应结合工程实体施工计划进度，制定 BIM 应用进度计划，包括模型搭建进度、碰撞检查报告提交计划、施工方案模拟计划、模型工程量统计分析对比计划等，明确各阶段的成果性文件格式、提交的时间节点、责任人等信息，并按期按量进行进度跟踪，及时发现偏差，采取有效措施进行纠偏（图 10-7）。

BIM应用：某会展项目BIM应用进度计划

结构模型深化计划

序号	区域	部位	构造	开始时间	完成时间
1	酒店	B1	结构	2017.6.19	2017.6.25
2		裙楼（含主楼部分）	结构	2017.6.26	2017.7.2
3		主楼 7~15 层、机房、屋面	结构	2017.7.3	2017.7.9
4	办公楼	B1	结构	2017.6.19	2017.6.25
5		裙楼（含主楼部分）	结构	2017.7.10	2017.7.16
6		主楼 7 层以上	结构	2017.7.17	2017.7.23
7	单层展厅		结构	2017.6.26	2017.7.9
8	双层展厅		结构	2017.7.10	2017.7.23
9	中厅	地上部分	结构	2017.7.24	2017.7.30

结构模型深化计划

××项目办公楼精装模型提交计划

	模型完成时间	现场施工开始时间
样板段（T5T6T7客房走廊）	5月27日	
1F	6月17日	5月21日
2F	6月24日	5月4日
3F	7月13日	5月14日
4~6F（一标）	6月3日	5月10日
7~9F（二标）	6月10日	5月10日
10~17F（三标）	6月10日	5月10日

办公楼精装模型搭建提交计划

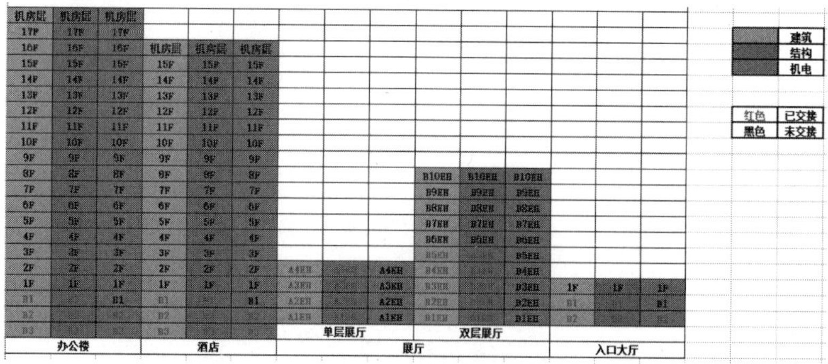

模型交接记录表

序号	施工方案	重点内容	成果文件	完成日期
1	施工进度模拟（跳仓法）	模拟施工过程检查进度计划	施工动画	2017.6.26
2	清水混凝土样板方案	配合深化设计，模拟施工过程	深化设计/模拟动画	2017.6.30
3	清水混凝土施工方案	配合深化设计	深化设计/三维模型	2017.6.30
4	群塔施工方案	模拟塔吊方案是否可行，检查重点区域	三维模型/分析报告	2017.6.30
5	预应力施工方案	配合方案及工艺交底	深化设计/施工动画	2017.6.30
6	外脚手架施工方案	通过软件验算架体安全参数	安全验算/三维模型	2017.7.15
7	高大模板施工方案	配合方案及工艺交底	三维模型	2017.7.15
8	型钢柱施工方案	模拟吊装过程	施工动画	2017.7.15
9	钢结构施工方案	模拟整体施工过程	施工动画	2017.7.30
10	砌体工程施工方案	配合方案及工艺交底	深化设计/三维模型	2017.8.15
11	砌体施工工艺	配合方案及工艺交底	工艺动画/样板模型	2017.8.15

施工方案模拟提交计划

图 10-7　某会展项目 BIM 应用进度计划

（5）建立周例会制度等 BIM 管理制度

在会展 BIM 管理工作中，应重视 BIM 工作和施工组织的结合，将周例会制度、月报制度等纳入 BIM 工作内容及与现场管理的衔接，明确对接的管理人员及职责。通过对上一次例会中关于 BIM 工作要求落实情况的检视、本期例会中出现的 BIM 问题及落实解决要求、以及对下一阶段 BIM 工作的要求，建立起良性循环的例会管理制度，确保各项 BIM 工作任务能按计划顺利完成（图 10-8）。

BIM应用： 会展项目BIM管理制度	
001 BIM例会20170605	2018年6、7月a单位BIM工作质量月度审核意见单
002 BIM例会20170610	2018年7月b单位BIM工作质量月度审核意见单
003 BIM例会20170619	2018年7月c单位BIM工作质量月度审核意见单
004 BIM例会20170626	2018年7月d单位BIM工作质量月度审核意见单
005 BIM例会20170703	2018年7月e单位BIM工作质量月度审核意见单
006 BIM例会20170710	2018年8月f单位BIM工作质量确认单
007 BIM例会20170718	
008 BIM例会20170724	
009 BIM例会20170801	
010 BIM例会20170807	
BIM例会制度	BIM月报制度

图 10-8 某会展项目 BIM 管理制度

（6）采用问题追踪和消项、现场反推 BIM 应用等创新管理办法

搭建设计模型的过程是对二维图纸进行全专业的校对，及时发现图纸存在的"错、漏、碰、缺"问题，应建立图纸问题追踪表，并形成图画纸问题报告，提交设计院进行复核和修改，争取将图纸问题在此阶段消灭，减少后期施工中的二次拆改。

施工过程中，BIM 发现的问题需及时反馈到现场予以沟通解决，形成消项清单，每周汇总提交 BIM 监督管理单位，有效改善 BIM 与现场脱节现象。另一方面，在项目实施的过程中，应深入结合现场，了解现场施工需求，要求 BIM 团队配合现场完成 BIM 应用，如通过三维模型划定各单位施工界面，更清晰明了；因房间功能改变导致的设计变更，是否能达到原净高，要求 BIM 团队事先用 BIM 进行变更后的管综排布，确定净高（图 10-9）。

（7）建设单位是全过程 BIM 应用管理的最大驱动力

建设单位在工程项目全生命周期管理中占主导地位，是联系工程项目各参与单位的中心，是工程项目的总负责方，是重要的责任主体，从建设项目决策规划阶段一直贯穿到工程项目运营阶段，可以说是覆盖了整个建设项目全生命周期。从工程项目全生命周期角度来看，建设单位对 BIM 技术开展应用有着较强的推动力和执行力，在建

BIM应用： 会展项目BIM问题追踪与销项

图纸问题追踪表

专业	编号	问题描述	问题位置	设计院意见	确认落实情况
建筑	1	门的大小标注有问题，此展厅有多处错误	展厅(2-G~2-H) (2-33~2-34)	门编号错误，后续调整	未修改
	2	门编号与实际大小不符，此展厅有多处错误	多处	门编号错误，后续调整	未修改
	3	平面图纸与立面不符，此展厅有多处错误	多处	此处有两樘门，防火门在内侧，立面所示的是幕墙装饰门	已修改
	4	无门标号，此展厅有多处错误	展厅(2-E~2-F) (2-18~2-20)	此处门为幕墙门，没有编号高度见立面图	待确认
	5	门编号缺失，图纸中有多处问题	登录大厅B2层（2-R~2-S）(2-20)	见人防院相关图纸	已修改
	6	门尺寸标注与图纸不符，登录大厅此多处此错误	登录大厅1F(1/2-H) (2-20)	标注错误，应为门宽2100	已修改
	7	墙体绘制不精确，图纸中有多处错误	登录大厅1F(2-H) (2-35)	此处已经修改	已修改
	8	此处是否应该有结构柱	登录大厅22.500标高(1/2-M) (2-34)	此位置已经调整	已修改
	9	门尺寸平面与立面不一致，此标高有多处错误	登录大厅0.00m标高(2-G) (2-34~2-35)	以立面为准，平面已经更新	已修改

图纸问题追踪表

土建碰撞问题追踪表

区域	编号	问题描述	问题位置	设计院意见	确认落实情况
单层展厅	1	结构开洞与建筑开洞大小不符（其余展厅类似位置也存在此问题）	轴(2-F~2/2-E) (2-16~2-17)	以结构图纸为准，建筑修改图纸	已修改
	2	结构开洞700，建筑开洞800（其余展厅类似位置也存在此问题）	轴(2-F~2/2-F) (2-16~2-17)	以结构图纸为准，建筑修改图纸	已修改
	3	建筑开洞，结构未开洞	轴(2-F~2/2-F) (2-18~2-19)	以建筑为准，结构补充板洞	已解决
	4	L4位置与水井后浇洞冲突	轴(2-M~1/2-L) (2-18~2-19)	结构图已经修改	已修改
	5	L4位置与水井后浇洞冲突	轴(2-T~1/2-T) (2-18~2-19)	结构图已经修改	已修改
	6	建筑开洞，结构未开洞（其余展厅类似位置也存在此问题）	轴(2-F~2/2-E) (2-14~2-16)	洞口调整，结构补充洞口	已修改
	7	建筑与结构开洞位置不符（其余展厅类似位置也存在此问题）	轴(2-G~2/2-F) (2-18~2-19)	以结构图纸为准，建筑已改图纸	已修改
	8	建筑开洞，结构未开洞	轴(2/2-Q) (2-18~2-19)	结构已修改图纸，此处以建筑为准	已修改

碰撞问题追踪表

图 10-9 某会展项目 BIM 问题追踪与销项

设单位主导 BIM 应用模式下，建设单位依靠其对工程项目的掌控能力和对各参建单位的协调管理能力，使得 BIM 技术应用从工程项目初期规划阶段一直延续到项目运营阶段，在这个过程当中，BIM 模型不断汇集各阶段不同专业、不同参建方的相关工程信息，使各参建单位在统一平台交流共享信息数据，确保工程信息数据能够快速、全面地向下传递，保证了信息数据的一致性和完整性，充分发挥 BIM 技术在工程项目全生命周期的信息数据优势，符合 BIM 核心理念和价值。

因此，会展项目 BIM 管理工作应从设计开始，尽可能为业主节约成本，让业主认同 BIM 价值，进而业主主导，资金问题迎刃而解，后续应用也会很顺利。

6. 后续衔接

BIM 技术在项目运维阶段的应用主要是通过运维管理系统对设计阶段和施工阶段的 BIM 模型和数据信息进行重组和处理后实现的。若项目运维阶段拟结合 BIM 应用，运维单位宜尽早介入，确定运维平台，以利于过程中明确各参建方的运维数据维护职责，并监督核查竣工模型的移交，保证顺利转入运维阶段的应用。

参考文献

[1] 住房和城乡建设部 . 关于推进全过程工程咨询服务发展的指导意见（征求意见稿）[S]. 建市监函 [2018] 9 号，2018.

[2] 沈翔 . 论全过程工程咨询的未来发展趋势 [J]. 中国工程咨询，2018，221（11）：11-16.

[3] 国家发展改革委，住房城乡建设部 . 关于推进全过程工程咨询服务发展的指导意见 [S]. 发改投资规 [2019] 515 号，2019.

[4] 陈剑飞，梅洪元 . 会展建筑 [M]. 北京：中国建筑工业出版社，2008.

[5] 杨毅 . 特大型会展建筑分析研究 [D]. 广州：华南理工大学，2012.

[6] 中国国际贸易促进委员会 . 中国展览经济发展报告（2019）[R].

[7] 乐云，李永奎 . 工程项目前期 [M]. 北京：中国建筑工业出版社，2011.

[8] 乐云，朱盛波 . 建筑项目前期策划与设计过程项目管理 [M]. 北京：中国建筑工业出版社，2010.

[9] 梁婷 . 基于建设项目全过程的投资控制研究 [D]. 西安：长安大学，2012.

[10] 祁璇 . 浅谈招投标过程中的重要环节资格审查 [J]. 黑龙江科技信息，2012，（02）：133-134.

[11] 吴朝晖 . 建筑防雷接地施工的主要问题及处理措施 [J]. 福建建材，2019，（7）：81-82.

[12] 梁笑锋 . 精装建筑电气设计特点及对策 [J]. 工程建设与设计，2014，（6）：102，105.

[13] 郭毅斌 . 简述 10kV 变配电室施工管理 [J]. 广东科技，2008，（6）：120-121.